让 "3·15" 走进百姓生活的每一天

刘晓红◎著

3.15
维权情怀

中国国际广播出版社

目 录 CONTENTS

《消法》十年伴我行

1993年末，为庆祝《消费者权益保护法》（简称《消法》）实施，让人们了解《消法》，营造良好的舆论氛围，市里成立了筹备组，我有幸参加。我们的宣传车深入到全市20多个乡（镇），出现在乡间村头、厂矿企业，还要督促有关部门，通知工商企业，设立咨询服务台、张贴宣传标语，喜迎《消法》实施。下乡归来，我又到印刷厂，对照着《人民日报》刊登的《消法》，逐字逐句校对《消法》单行本清样，直到深夜。

至今记得，《消法》实施的那天，古老的禹州城充满了节日气氛，大街上彩旗招展，宣传《消法》的标语口号悬挂在市区大街小巷。上午，市里召开了庆祝《消法》实施大会后，以30多辆宣传车为前导，市工商局、市消协联合有关职能部门的执法人员，工商企业的军乐队、锣鼓队、舞狮队，举行了环城游行，长龙般的宣传队伍，引来了众多市民止步观看。在活动主会场，人们争先恐后索要散发着油墨香的《消法》小册子。

1995年夏天，组织上分配我到市消协负责工作。消协工作看起来平凡，做起来琐碎，但它直接关系着每一位消费者的切身利益。法律是高深的，也是大众的。法律的生命在于实施，在于灵活运用。三十出头的我，充满了激情。

而今，我已到不惑之年，学《消法》、用《消法》、履行《消法》职能，处理消费纠纷，在维权道路上的酸甜苦辣、艰难坎坷，一幕幕又浮现在眼前。亲身经历消费者权益遭受侵害时，无奈的心酸内疚；面对经营者对侵害消费者权益漠然处之、无动于衷的态度，有过拍案而起的冲动；但更多的是为消费者讨回公道时感到的欣慰。

每年的春秋两季，农民使用假种子、假化肥的投诉剧增，靠《消法》难以解决这一农村的热点问题（《种子法》2000年12月1日施行。《种子法》规定：县级以上地方人民政府农业、林业行政主管部门分别主管本行政区域内农作物种子和林业种子工作）。我一面通过市、省新闻媒体发表情况反映、消费提示，另一方面，向市政府反映，引起了政府的高度重视。2002 年 4 月 16 日，市政府发布了《关于加强农业生产资料市场管理的通告》。现在，职能部门执法到位了，农资市场规范了，农民投诉少了，消协成为政府联系人民群众的桥梁和纽带。

针对消费者投诉热点，我通过市（地）、省、中央级新闻媒体发布消费警示，提醒消费者增强自我保护意识，督促经营者履行法定的义务。怎样让消费者更好地了解自己的九项权利，经营者履行好十项义务呢？宣传《消法》尤其重要。

1997 年起，市工商局、消协联合在禹州人民广播电台开播了《红盾之声》（今年改版为《消费之友》）专题节目，每周一、三、五播出，我是主要撰稿人。节目宣传《消法》、消费常识、维权知识，深受听众的喜爱。6 年来，不知为电台写了多少专题稿件，翻阅过多少相关资料，熬过多少个不眠之夜。

市场经济是信用经济、契约经济，也是法律经济。消费者的美好生活离不开经营者的诚信经营，经营者的生存、发展离不开消费者的货币选票，两者之间相辅相成，缺一不可。维护消费者权益，也是维护自愿、平等、公平、公序良俗、等价有偿、诚实信用的社会正义和公平底线，实现经营者和消费者之间以诚信友爱、公平正义为基石，有情、有义、有利，同心、同德、同赢的消费局面。

我在消协的 8 年里，带着对消费者的深厚感情，用心、用情、用法，依法处理消费者投诉，以高度的责任心依法维护消费者的合法权益，以求真务实的工作态度，把宣传《消法》、运用《消法》，维护消费者权益与尊重经营者的诚实劳动相结合，处理消费投诉数千起，自己连续多年被河南省工商局、河南省消费者协会评为"保护消费者权益先进工作者"。

（此文发表在《中国消费者报》2003 年 9 月 25 日第一版，获得中国消费者协会、中国消费报社联合举办的"我与消法"征文三等奖）

难忘"三位一体"

1995 年夏天，我到禹州市消费者协会负责工作。那时，《消法》实施不久，社会上对消费者权益的认识模糊，更别提消协的地位了。维护消费者权益工作看起来平凡，做起来琐碎，但它直接关系着每一位消费者的切身利益，把《民法通则》自愿、平等、公平、公序良俗、等价有偿、诚实信用的基本原则更加具体化。三十出头的我，充满了激情。

自己在学《消法》、用《消法》，履行对商品和服务进行社会监督，保护消费者合法权益的社会职能，依照中国消费者协会《受理消费者投诉规定》规范受理消费者投诉工作，有效调解消费者和经营者之间发生的消费者权益争议的同时，还思考着怎样让消费者更好了解自己的九项权利，经营者履行好十项义务呢？宣传《消法》尤其重要。

1995年起，市工商局、消协联合在禹州人民广播电台开播了《红盾之声》（后改版为《消费之友》）专题节目，每周一、三、五播出，我是主要撰稿人。节目宣传《消法》、消费常识、维权知识，深受听众的喜爱。十多年来，不知为电台写了多少专题稿件，翻阅过多少相关资料，熬过多少个不眠之夜。

1998年3月15日，国家工商局通过中央电视台"3.15"晚会，公布全国县级以上工商局开通"12315"消费者申诉举报电话的消息。"12315"投诉举报电话放在哪个科室呢？经过局领导研究，把"12315"投诉举报电话放在消协，由我负责"12315"投诉举报工作，紧挨着"市消费者协会"的牌子，又挂了"12315消费者举报投（申）诉中心"的牌子。

自己发挥"12315"受理消费者举报（申）诉中心的优势，实行"统一调度、统一指挥、快速反应"，做到"热情服务，快速反应，有诉必查，有查必果"。方便广大消费者投诉、举报，依法打击欺诈消费者和制售假冒伪劣商品的行为，及时有效地保护消费者权益，树立了工商行政管理服务窗口的良好形象。

2001年，国家工商局成立了"消费者权益保护局"，按照上级局要求，县级局也要成立消费者权益保护股。当时，张局长找到我讲：局里也准备成立消保股，现在局机关编制控制得紧，不让从所里抽人，所以，准备把消保股放在消协。你先把工作承担起来，局里对上也有个对口单位。我说："这样合适吗？"张局长讲："怎么不合适？"其实消协、12315、消保股都是做保护消费者权益工作，是大工商、大服务的概念，只不过分工不同，工作的侧重面不同罢了，依他看消协、12315、消保"三位一体"，更能形成合力，是消费者权益保护工作的拓展，不但为消费者服务，也要为经营者服务，维护公平竞争的市场秩序，服务的范围就更宽了，也避免工作推诿，为消费者、经营者服务工作会更出色。

不久，办公室又挂了消保股的牌子，这下子，消费者协会、12315消费者举报投（申）诉中心、消保股从名义上可真的"三位一体"了。在工作中，我也着重为企业、商户服务，处理许多涉及合同纠纷的事，社会效果好，消协也是为社会服务。

从这以后，社会上对我的称呼也多了起来，主任、科长、股长、会长、主席、秘书长都有，其实有任职文件的是市消费者协会秘书长。面对各种称呼，我无法解释，只有满口答应，但心里很安然，这是大家对我工作的认可。

十几年来，自己有责任、有担当、有情怀，以求真务实的工作态度，把宣传《消法》等法律法规，运用《消法》等法律法规，维护消费者权益与尊重经营者的诚实劳动相结合，发挥调解员、调度员、执法员"三位一体"的优势，因势利导，针对不同投诉、举报，及时转换身份、角色，经自己处理过的消费投诉数千起。自己连续多年被河南省工商局、河南省消费者协会评为"保护消费者权益先进工作者"，禹州市消费者协会被中国消费者协会授予"全国保护消费者权益先进集体"。

而今，我已到知天命之年，已离开"三位一体"工作岗位多年，在市工商局办公室负责新闻报道工作，反而觉得远离了新闻源，没什么新闻可写。工作着是美丽的、幸福的。心中常常留恋十几年从事消费者权益保护工作"三位一体"，充当监督员、裁判员、调解员、执法员忙碌而充实的日子，那是我心底暖暖的一抹亮色。

给我一双慧眼

我从事消费者投诉工作不觉十九年了。处理过数以千计的消费投诉、纠纷，其实，多数投诉，是消费者听了厂家、商家的虚假广告宣传引起。自己常用《广告法》《民法通则》等法律的慧眼来分辨、揭露欺骗、误导消费者的虚假广告宣传，用法律保护消费者的合法权益，规范经营者的广告经营活动。

广告业的健康发展，影响着、改变着人们生活、消费的方方面面，成为美化城市不可缺少的一道靓丽的风景线。广告是商家促销的催化剂、企业的"名片"、产品的"敲门砖"，"跟着广告感觉走"，跟着广告去消费已是多数消费者的选择。如果广告片面性宣传，就会涉嫌误导消费者。

记得2004年的冬天，我受理了许多消费者对某通信公司"买多少钱手机，送多少钱话费"的广告宣传的投诉。当时，通信公司在市区主要街道、销售网点悬挂、张贴的"买多少钱手机，送多少钱话费"的广告，许多消费者买了部4980元的手机，使用不到一星期就因欠费，到通信公司询问时，服务人员的解释让众多消费者哭笑不得："买多少钱手机，送多少钱话费"不假，你没买话费，让我们怎么送呢？"送多少钱话费"其实是"买多少钱的话费，送多少钱话费"（即"买一送一"），哪有空手套白狼的事，天下哪有免费的晚餐呢？消费者要求退手机或要求通信公司兑现广告宣传上的"买多少钱手机送多少钱话费"，遭到拒绝。

当我处理投诉时，通信公司以广告宣传画右下用小字标注"活动最终解释权归本公司"为由，表示对"买多少钱手机，送多少钱话费"的解释没有过错。我告诉通信公司的有关负责同志，广告的生命是真实，也是《广告法》规定的法律义务和责任，作为有影响力的大型服务企业，应当作自觉遵守《广告法》、维护公平、诚实信用的商业交易原则的典范。

人们常说：财大气粗、店大欺客，看来这话一点不假。介于通信公司对投诉调解不予配合，我通过《河南日报》《今日安报》等省级新闻媒体发表了题为《××广告让我很受伤》《让消费者空欢喜的商家广告宣传》，《许昌日报》用一个整版转载。同时，报纸刊登了通信公司"买多少钱手机，送多少钱话费"的广告宣传画，报社组织了有消费者、经营者、工商局、消费者协会、律师、法官参加的沙龙会，用《广告法》《合同法》等法律来揭露"买多少钱话费，送多少钱话费"的虚假广告宣传，解读"活动最终解释权"的违法之处，相关报道在社会上引起强烈反响。见报的当天下午，通信公司的经理带领相关人员，到消费者协会表示接受投诉调解，主动拆换违法广告宣传。在处理因商家虚假广告引发的消费投诉的同时，我经常利用新闻媒体采取以案说法的形式，揭露虚假广告宣传，提醒消费者别轻信商家虚假广告。

有人说我处理费者投诉有办法，社会影响好。殊不知，我工作离不开《广告法》，借《广告法》这一双法律的慧眼，把虚假、引人误解的广告宣传，看得清清楚楚，明明白白，真真切切，用法律保护消费者的合法权利，是《广告法》给了我智慧和力量。

让"3·15"走进百姓生活的每一天

3月15日是国际消费者权益日。"3·15"在中国已经变成家喻户晓的品牌符号和消费者权益保护的符号，是中国在市场经济发展当中的一个特定现象，也是保护消费者权益的代名词。每年的这一天，各地消协、工商、质监、卫生等相关执法监督部门都会走上街头，开展各种活动，前来咨询、投诉的消费者摩肩接踵，热情高涨，"3·15"受到人们的特别关注。

这种关注表明，在一些不法经营者唯利是图，制售假冒伪劣商品，从事欺诈活动，消费者权益受到侵害的情况下，人们希望能及时得到司法、行政保护，希望"3·15"能走进每一天。

我国已形成《消费者权益保护法》《产品质量法》《食品安全法》《合同法》《医疗事故处理条例》《商品房销售管理办法》及家电、农机、手机、电脑"三包"规定等以保护消费者合法权益为立法宗旨，规范经营者行为的法律法规体系。

各级人民法院也采取措施，方便消费者提起诉讼，及时审理了涉及商品房、医疗事故、汽车等领域的消费权益争议，依法支持了消费者要求经营者赔偿、加倍赔偿、赔偿精神损失的诉讼请求，增强了消费者的依法保护意识。

全国县以上的工商、质监、物价等部门，也相继开通"12315""12365""12358"消费者投诉举报电话，与此同时，有关部门从各自的职能出发，加强对市场的日常监督管理，认真受理消费者投诉举报，积极查处侵害消费者权益的案件，加大规范市场主体行为，推进诚实信用体系建设，营造安全放心的消费环境。

作为对商品和服务进行社会监督的维护消费者合法权益的消费者协会，认真履行法定职能，无偿为消费者排忧解难，起到了政府联系消费者的桥梁作用。

我国消费者权益保护工作，有法可依，有章可循，只要消费者学法、懂法、用法、明白消费、文明消费、科学消费；经营者恪守明礼诚信、遵纪守法、公平交易的社会公德、职业道德，自觉尊重维护消费者的九项权利；有关行政执法监督部门，树立执法为民的理念和保护消费者的权益就是维护人民群众的根本利益的思想，各司其职、加强监管、严格执法、热情服务，消除为罚款而打假的错误思想，"3·15"就会走进百姓生活的每一天。

维权离不开媒体的力量

我既是《许昌晨报》的热心读者，又是她的业余通讯员，通过晨报反映百姓的消费遇到酸甜苦辣，媒体帮助消费维权，几年来，晨报最让我感动的是她一如既往坚持正义，坚持维护消费者合法权益的立场。

2003年7月15日，禹州市方岗乡男青年杨某从许昌市区某中介服务站了解到北京招收保安的信息。在没有同家人商量的情况下，杨某借了800元钱报了名，杨某的父母亲得知情况后，不同意他外出打工，就找到中介服务站说明情况，请求退款。服务站却说他们已和杨某签订了招工合同，800元已用作报名费、体检费、计划生育费、保险费、订票费等，无钱可退。7 月 21 日，杨某与父亲到禹州市消费者协会咨询，我与杨某的家人一同找到中介服务站，他们以种种借口拒绝退款的要求，并以法庭相见相威胁。

我想到了《许昌晨刊》（《许昌晨报》的前身）开展的"话说社会中介服务"系列报道，有了主意。我对中介服务站的负责人讲，你们利用未经劳动部门批准备案的招工合同误导、欺骗农村打工者，我要通过媒体，给你们免费做个"广告"，让打工者再不上你们的当。中介服务的人深知媒体的力量，在权衡利弊后，极不情愿地退还了报名费。

事后，我把黑中介骗人的事告诉了《许昌晨报》热线记者，他们通过对该中介服务的暗访，就黑中介服务问题进行了报道。7 月 23 日，《许昌晨刊》将此事以《既然交了费你就休想退》为题，在头版显著位置一针见血地揭露了黑中介骗取钱财的伎俩。

此事见报的当天上午，我就接到黑中介服务站女老板的电话，她不住地埋怨，不该断了她的财路，媒体的力量真大。我给她说：是媒体的力量，更是法律的力量、社会道德的力量，也是消费者的力量。

事后，我想了许多，在市场经济的社会里，一个单位如果没有话语权，就没有地位和影响力，也不可能赢得社会的理解和支持，话语权是软实力的重要标志。利用媒体的力量，就是利用社会的力量、消费者的力量，放大消费者的话语权，也是对一些不诚信商家的一种威慑。要相信媒体的力量，利用媒体的力量，就是利用社会的力量、消费者的力量，把"12315"消费维权这一平台维护好。

"叔叔我要投诉"！

日前，河南省禹州市新天地初中一年级学生刘金龙，没想到他的投诉仅用一刻钟时间就解决了，连出言不逊、态度蛮横的服务员，也和蔼可亲地当面向他赔了礼，道了歉。

原来，刘金龙暑假期间在该市某商场电子游戏室看小伙伴们玩耍，服务人员见他站在一边，催他"赶快滚"。听了这话，使他感到自己的人格受到了伤害，便据理力争，要求服务人员承认错误或赔礼道歉，却遭拒绝。

刘金龙想到了禹州市工商局"12315"消费者投（申）诉举报中心。他气喘吁吁地跑到举报中心，进门第一句话"叔叔我要投诉"！举报中心工作人员听了他的投诉和要求，告诉他，消费者的人格尊严受《民法通则》《消费者权益保护法》的保护，商场服务人员的行为违反了法律规定，理应当面赔礼道歉，并支持维护人格尊严不受侵害。

刘金龙坐着"12315工商行政管理"执法专用车来到了商场，经举报中心工作人员了解，投诉情况属实。当班服务人员当面向刘金龙赔礼道歉，刘金龙惊喜的目光里充满了对"12315"工作人员的信任和敬重，他悄悄地告诉"12315"工作人员，这事可别让他爸知道了，知道了要挨打的。

中奖陷阱到校园　骗子盯上读书郎

作为一名消费者，你是否收到过这样一些邮寄宣传单，内容大多是知名企业为了向消费者表示感谢，特别举办有奖酬宾活动，消费者只要刮开宣传单上的刮奖区，就会发现有五角星标志，不同数量的五角星可以兑换不同的奖品，最高奖项是一辆轿车，其他奖项包括笔记本电脑、空调、手机等，很有诱惑力。

6月2日，禹州市苌庄乡中心学校初中三年级的朱同学就收到这样一封信，信封落款是"三星总公司"，信封里边有一套很精致的广告宣传单和刮奖卡一张，刮开后是一颗五角星。按照中奖说明：一颗五角星是一等奖，是8.3万元的爱丽舍家庭轿车，此外还有商务兑奖处、公证处监督电话号码及公证员的照片姓名。

他根据信中提供的兑奖电话（0131-93547178）致电该公司，对方称离河南太远，来人兑奖不方便，要求他按指定农业银行账号汇上400元的个人所得税和委托公证费，待成功拍卖奖品后，半小时内将拍卖价款汇给朱同学。朱同学的父亲看着刮奖卡上盖有"山东威海工商局消费者协会专用章"及"三星集团北京三星电子股份有限公司"鲜红的印章，惊喜过后，半信半疑，生怕有诈，让他到禹州市消费者协会咨询真假。

禹州市消费者协会工作人员仔细查看"三星总公司"的来信信封、广告宣传单和刮奖卡发现疑点不少：信封落款是"三星总公司"但没有具体的通信地址、邮编；信的邮戳是"山东阳谷"即山东省聊城市阳谷县，兑奖电话是0131-93547178，实际上山东省聊城市的电话区号是（0635），根本没有（0131）的电话区号，兑奖电话其实是联通手机号、刮奖卡上盖有"山东威海工商局消费者协会专用章"，明显违反了单位隶属的基本规定，实际是在诈骗。

禹州市消费消协会工作人员拨通"三星总公司"兑奖电话（0131-93547178），原来，朱同学的个人信息是对方从网站上了解到的，"三星总公司"利用信函以"中奖"名义进行诈骗，其提供的地址和公证书编号等均为虚假资料。

针对消费者对信函或手机短信"中大奖"咨询不断，消费者协会提醒消费者：广大消费者特别是在校学生，警惕有人冒充"公证员"以各种形式行骗。同时，提醒校方对学生进行相关教育，避免类似事件发生。在完全不了解或根本没参加中奖公司举行的任何活动，又收到类似的信函或手机短信时，千万不要因一时的好奇和贪欲掉进"中奖"的陷阱，除了拒绝外，还应立即向公安机关报案。

虚假误导　加倍赔偿

1997年5月26日，天气闷热。晚7点左右，奔波一天而疲惫不堪的河南省荥阳市化工集团公司碳素厂业务员王某，来到禹州市南关某旅社，问清房价费用及有席梦思床、电视、电扇等设施后，交了16元登记住宿。但到房间一看，与服务人员所介绍差之千里，床上被单脏乱、一坐吱吱响，黑白电视机只能收到一个频道的节目，又不清晰，没有电扇。消费者要求换房或退房，遭到拒绝。当晚王某只好投宿到禹州市楼外楼宾馆。回到荥阳后，心里怎么也咽不下这口气，给禹州市消费者协会写信投诉，要求旅社赔礼道歉，按照《消法》第四十九条规定"加倍赔款"。

禹州市消协对外地来信的投诉极为重视，立即进行了调查，情况属实。旅社的行为违反了《消费者权益保护法》第十九条："经营者应当向消费者提供有关商品或者服务的真实信息，不得作引人误解的虚假宣传"的规定。依照《消费者权益保护法》第四十九条："经营者提供商品或者服务有欺诈行为的，应当按照消费者的要求增加赔偿其受到的损失，增加赔偿的金额为消费者购买商品的价款或者接受服务的费用的一倍"；《河南省消费者权益保护条例》第二十九条关于：经营者故意告知消费者虚假情况，或者故意隐瞒其真实情况，诱使消费者购买商品或者接受服务的，为欺诈行为的规定。

经消协调解，旅店退还了收取的违约住宿费16元，依照《消费者权益保护法》第四十九条规定赔偿16元。

饭店宰客加倍赔偿

1998年2月5日，石家庄市河北华中汽车修理厂董先生一行五人到禹州出差。中午，他们在滨河路赵某开的个体饭店用餐时，根据菜谱要了6个菜、6碗羊肉汤、一瓶酒。可他们结账时，感到赵某开具的餐费175元，高于菜谱标价，便要求以菜谱标价为准。然而，赵某却厉声狡辩道：菜谱是1995年定的，早已过时，没来得及换。当董先生依法拒绝赵某的强制交易时，却遭到饭店人员的围攻、讥笑。无奈，他们只好交了175元。

事后，董先生等人便拿着赵某开具的收费单据、菜谱价格表，到禹州市消费者协会口头投诉，消费者协会当即受理，并电话通知赵某到协会接受调查。

经调查了解，饭店菜谱价格为：拌羊肉15元，实收20元；拌腐竹5元，实收10元；花生米5元，实收10元；烧牛肉15元，实收25元；醋熘白菜5元，实收10元；炸辣椒10元（实为咸小川椒）；羊肉汤6碗60元，实收60元；宁城老窖20元，实收30元。按菜谱价格应收125元，实收175元，其中，服务价格收费高于菜谱标价40元，收取炸辣椒10元。

依照《消费者权益保护法》《欺诈消费者行为处罚办法》，赵某不按菜谱价格表收费为欺诈消费者行为，应当承担赔偿责任。

经消费者协会调解，赵某当面向董先生等人赔礼道歉，退还了多收的50元，加倍赔偿50元，总计100元。

销售假冒五粮液　连退带赔一万八

日前，胡先生在禹州市一超市购买了两箱52度的五粮液，共付款12400元。没料想，当晚他和朋友饮用后竟出现头痛、皮肤过敏等不适症状。经鉴定，这两箱五粮液竟是假的。

胡先生是浙江人，目前在禹州市做生意。5月3日，他在禹州市区一超市购买了两箱52度的五粮液，每箱6200元，共付款12400元，超市开有税务发票。当时，老板打开一箱酒让他查看后用印有商家名称、地址和电话的胶带封好。当天晚上，胡先生请客，共喝了3瓶刚购买的五粮液。胡先生回到酒店房间后感觉身体不舒服，出现头痛、皮肤过敏等症状，遂到禹州市第二人民医院就诊。医生诊断后认为，胡先生可能是喝到假酒引起酒精中毒。第二天，他带着剩下的酒到禹州市工商局投诉。

禹州市工商局受理了胡先生的投诉，并与五粮液公司打假办取得联系。经鉴定，胡先生购买的五粮液为假冒产品。

消费者的合法权益应受法律保护。超市以其已按《食品安全法》的规定，查验该酒供货者的许可证和食品合格的证明文件，主观上并无过错，不知情为理由，愿全部退酒款，不愿承担相应赔偿责任，是没有法律依据的。

《消费者权益保护法》规定：经营者提供商品或者服务，造成消费者财产损害的，应当按照消费者的要求，以修理、重做、更换、退货、补足商品数量、退还货款和服务费用或者赔偿损失等方式承担民事责任。依法经有关行政部门认定为不合格的商品，消费者要求退货的，经营者应当负责退货。经营者提供商品或者服务有欺诈行为的，应当按照消费者的要求增加赔偿其受到的损失，增加赔偿的金额为消费者购买商品的价款或接受服务的费用的一倍。

《合同法》第113条（第二款）规定：经营者对消费者提供商品或者服务有欺诈行为的，依照《中华人民共和国消费者权益保护法》的规定承担损害赔偿责任。

特别注意的是，加倍赔偿制度充分弥补了消费者的实际损失和额外补偿，惩戒了经营者因实施欺诈而带来严重后果的行为。消费者要求更换、退款、赔礼道歉、赔偿损失、加倍赔偿等承担民事责任的方式，可以单独适用，也可以合并适用，是消费者的权利。

5月9日下午，经双方当事人和解，超市工作人员向胡先生赔礼道歉，退还酒款12400元，并赔偿消费者损失5600元。禹州市工商局已对销售假冒五粮液的超市立案查处。

禹州市工商局提醒消费者，购买高档酒最好到专卖店，并索要发票，在酒盒上加封标签，这是维权的主要证据。另外，各地五粮液旗舰店都有防伪查验机器，防伪查验机器同五粮液公司联网，只要是真正的五粮液，每一瓶都会有详细的出厂、流通记录，一经扫描就会显示出来。

餐具消毒收费　事先需要告知

2006年3月24日，因就餐前服务员没讲清楚，在一饭店使用真空包装的餐具后，被多收钱的河南省禹州市文殊镇的消费者杨先生觉得不合理，遂打电话向禹州市消协投诉。

当天中午，杨先生邀请朋友到禹州市郊的一家农家院饭店吃饭。服务员问："你们使用经过消毒的真空包装碗、筷吗？"杨先生与朋友同意使用。但结账时，杨先生发现账单上多了一项收费——餐具消毒费4元。服务员解释说，饭店内的消毒餐具是由专门的消毒公司打包后送来的，因此每套餐具要收取1元的消毒费，共4元。杨先生认为，虽然4元钱不算啥，但饭店应事先讲明，到结账再说收费，让自己心里不舒服。

禹州市消协的工作人员说，饭店有提前告知消费者使用消毒餐具要额外收费的义务，不能到了最后结账时再提出。这种做法违犯了《消费者权益保护法》的规定，侵犯了消费者的选择权、公平交易权。

经禹州市消协电话调解，该农家院饭店免除了杨先生的餐具消毒费。

免费背后有陷阱　捆绑服务藏猫腻

花 30 元钱既可以洗桑拿浴，搓背、按摩，又可以做美容！禹州某酒店推出迎新年洗桑拿浴的捆绑服务，让人怦然心动。

2006 年 1 月 24 日，禹州市朱阁乡的孙先生在该酒店洗了桑拿浴又美了容，可是等到付账时，服务生送上的账单却变成了 50 元。

据了解，孙先生洗完桑拿浴后，到该酒店的美容部美容，美容的过程中，美容师问孙先生要不要去脸上的死皮，孙先生说要，美容师便给他做了去死皮美容。付账时，孙先生看到账单变成 50 元，提出质疑，才知去死皮不在该酒店所说的免费美容当中，多出的 20 元钱便是因为去了死皮。

孙先生越想越觉得这 20 元钱花得冤枉，想通过这事，让消费者协会通过媒体发个消费警示，避免其他消费者陷入"捆绑服务"设的"陷阱"，于是，向禹州市消费者协会投诉。

消费者协会认为，作为消费者，孙先生依法享有知情权、选择权和公平交易权，美容师虽然过问过他要不要去死皮，却没有告诉他去死皮是另外收费的，该酒店的捆绑服务对消费者有误导之嫌。孙先生有权拒绝支付这 20 元钱。

在消费者协会的调解下，该酒店退还孙先生 20 元钱，表示在服务中要真正做到尊重消费者的知情权、选择权。

对此，消费者协会提醒消费者：过年期间，对商家的打折商品、捆绑等服务要当心，以免让贪利的商家钻了空子。

布料水浸全染色　消协调解物流赔

在禹州做生意的郭女士，2006年9月3日到郑州进布料，因带着不方便，交纳10元的托运费，通过郑州的物流公司（托运部）运回禹州。

9月5日上午，禹州物流服务部通知郭女士取货，郭女士发现袋子里的布料水浸染成了铁生锈的颜色，造成布料完全不能使用。物流部解释说：问题是郑州物流造成的，并要求郭女士同郑州物流联系。郑州物流说：货是9月3日发往禹州的，有发票做证，当天并没有下雨，不可能造成水浸，是禹州物流部造成的（9月4日禹州下了中到大雨）。禹州物流部以签订的物流货运单上载明"如不投保，不申报货物声明价值，一旦发生意外，托运方的赔偿金额不超过运费的20倍"的规定为由，拒绝全额赔偿。

郭女士在百般无奈的情况下，投诉到禹州市消费者协会。《合同法》第三百一十二条规定：货物的毁损、灭失的赔偿额，当事人有约定的，按照其约定；没有约定或者约定不明确，依照本法第六十一条的规定仍不能确定的，按照交付或者应当交付时货物到达地的市场价格计算。法律、行政法规对赔偿额的计算方法和赔偿限额另有规定的，依照其规定。《合同法》第六十一条规定：合同生效后，当事人就质量、价款或者报酬、履行地点等内容没有约定或者约定不明确的，可以协议补充；不能达成补充协议的，按照合同有关条款或者交易习惯确定。

经禹州消市协调解，9月6日下午，禹州托运部全额赔偿郭女士600元。

领导变动　水票也跟着作废？

日前，家住河南省禹州市滨河路的蒋先生拿着15张盖有公司公章"作废"的"纯净水"水票，气呼呼地向禹州市消费者协会投诉，讲述了他遭遇的烦心事。

原来，2003年春，蒋先生一次性买了禹州市某公司的50张桶装"纯净水"票（每张8元）。2005年3月13日，他打电话让公司送水。送水员看过他的水票后说："票作废了，要收钱（每张8元）。"蒋先生不解，问为什么作废，回答是"换老板了"。想讨说法的蒋先生专门来到公司的"纯净水"销售门市部询问，门市部的负责人说："公司的经理换了，我们已经在电视台发过两次公告，这15张纯净水票作废了。"

如果是因为公司负责人变更而自行宣布的水票作废，那岂不就是典型的"霸王合同"？在日常生活消费中，一些经营者往往以单位（负责人）分立、合并、变更等为由，拒绝履行相应的义务，使消费者合法权益受到损害。对此，法律有规定。

《民法通则》规定：企业法人分立、合并，它的权利和义务由变更后的法人享有和承担。

《合同法》规定：合同生效后，当事人不得因姓名、名称的变更或者法定代表人、负责人、承办人的变动而不履行合同义务。

《消费者权益保护法》规定：消费者在购买、使用商品或者接受服务时，其合法权益受到损害，因原企业分立、合并的，可以向变更后承受其权利义务的企业请求赔偿。

经营者不得以格式合同、通知、声明、店堂告示等方式做出对消费者不公平、不合理的规定，或者减轻、免除其损害消费者合法权益应当承担的民事责任。

格式合同、通知、声明、店堂告示等含有前款所列内容的，其内容无效。

《消费者权益保护法》对经营者使用他人营业执照和利用展销会、租赁柜台经营，损害消费者合法权益的行为，应承担的赔偿责任也有明确规定：使用他人营业执照的违法经营者提供商品或者服务，损害消费者合法权益的，消费者可以向其要求赔偿，也可以向营业执照的持有人要求赔偿。消费者在展销会、租赁柜台购买商品或者接受服务，其合法权益受到损害的，可以向销售者或者服务者要求赔偿。展销会结束或者柜台租赁期满后，也可以向展销会的举办者、柜台的出租者要求赔偿。展销会的举办者，柜台的出租者赔偿后，有权向销售者或者服务者追偿。

经禹州市消费者协会调解，"纯净水"公司表示蒋先生的水票继续有效。

轻信广告宣传　花钱招惹烦恼

去年 7 月，禹州市褚河乡阁街村农民许某因轻信商家的广告宣传"买车不用上牌照"，买了辆 3000 元的汽油助力摩托车，没想到屡次被公安交警查处，花钱招惹烦恼。近日，在工商人员的调解下，许某得到了退车款。

原来，2008 年 7 月份，许某在乡里摩托车销售店看到"买车不用上牌照"的广告宣传横幅，吸引了他的眼球，销售人员讲该车不需要上牌照，非常适合咱农村人使用，价钱也便宜，经济又实惠，许某买了辆助力摩托车。许某在使用该车的过程中，数次被公安交警以该车没有办理入户手续为由被查处。当许某到公安机关办理入户时，他才知道该车的合格证不符合规定，依照机动车管理的有关规定，不能办理入户手续。许某找到经销商要求退车，经销商以各种理由推诿。

今年 7 月 22 日，许某在万般无奈的情况下，到工商所投诉。工商人员经过调查发现，合格证上的排气量与实际的排气量不符，实际的排气量大，合格证上的排气量小。厂家、商家的行为违反《产品质量法》《消费者权益保护法》：产品质量应当符合在产品或者其包装上注明采用的产品标准，符合以产品说明、实物样品等方式表明的质量状况。经营者应当向消费者提供有关商品或者服务的真实信息，不得作引人误解的虚假宣传的规定。

经褚河工商所工作人员调解，参照家电《新三包》规定，消费者要求退货的，销售者应当予以退货，对已使用过的商品按本规定收取折旧费。折旧费计算自开具发票之日起至退货之日止，摩托车的折旧费为每日 0.2%。摩托车销售店扣除少量折旧费 700 元后，退还许某摩托车款 2300 元。

别让虚假医疗广告坑害乡下人

　　日前，在外打工的禹州市范坡乡已婚青年李某，看着电视里不断播放的医疗广告，出于好奇，买了一盒容量50ml，单价28元的"宫廷御液"药，回家使用后，没有达到说明上说的"效果"。妻子埋怨道：这药比"茅台"还贵，买三斤小磨油，咱家一年也使不完，你外面一定有"相好"（情人）的，盒上的画怪花哨，也不嫌丢人。

　　李某没想到花钱惹埋怨，便打电话到厂家，希望别再生产这类药，坑害人了。谁知厂家销售人员慢声低语地告诉他：这种病需要长期使用，够疗程才有疗效。李某听到"不易之论"，后悔自己好奇引来妻子的猜疑。

　　李某想到了消费者协会，他打电话告诉消费者协会的同志说：自己上这一回当，钱扔了没啥，只想让消费者协会提醒广大消费者，别买这类药，外包装怪花哨，有损风俗，不中用；还惹得夫妻生气、家庭不和；要让村里人知道丢人现眼；要再落个后遗症，这一辈子村里人可有"话题"了。希望政府有关部门加强对电视、广播、报纸的刊登药品广告的监管，街上电子眼多了，违章驾驶的人就少了，为啥？有人管，违章要罚款、扣分，严重的追究刑事责任。虚假广告充斥媒体，虽然有机制的问题，但更重要的是有关执法部门对虚假广告视而不见，没有严管重罚。查虚假广告，特别是令人厌恶的虚假医疗药品广告，老百姓最拥护，要知道农民挣钱不容易，别让虚假医疗广告坑害乡下人了。

　　消协的同志感谢他对消费者协会的信任。

　　虚假医疗广告主要表现：使用专家、患者的名义和形象做证明，含有不科学的表示功效的断言或保证，误导消费者。违法者无视人民生命和身体健康，发布虚假广告，骗取公众信任；广告经营单位明知广告违法，为了经济利益仍予发布，有关执法部门对虚假广告视而不见，监管缺失，没有严管重罚，使造假者和行骗者目的得逞。

　　消协的同志也给他出了个主意，让他打电话告诉厂家，自己把投诉材料送到了消费者协会。不料这法真灵，生产厂家听他电话里一讲，热情、急迫、恳切地说，快到消协把投诉书拿回来，按你说的发票上的价格加倍退款（给李某手机冲话费），同时，提醒道："也许你身体不适应这药，我们这样处理，够'负责'

了，别再声张了，彼此影响都不好。"

李某给消协的信中写道：我感谢消费者协会，在困难情况下帮助了我，使我受到了教育，消除了心理压力，维护了我的合法权益。

电话订书　小心有诈

8月12日上午9时，禹州市大张过滤设备有限公司的魏总经理急匆匆地来到古城工商所反映：收到一个所谓中国法制发行中心寄来的国内特快专递邮件，里面是一本《企事业实用法律全书》，内附汇款通知单和商业企业专用发票各一张，通知单称：贵公司订购的《企事业管理法律法规大全》一套。合计人民币玖佰玖拾捌元整（￥：998.00），请收到书后，及时将款汇入以下我中心指定的任一账号，收到后三天内将款汇出者，被刊登为重信誉守信用单位，通报全国各地信贷机构网络。

魏总经理对此感到十分困惑，因为首先公司此前从未向任何单位订购过该书；再者，该书寄件人为中国法制发行中心，而汇款通知单却盖的是华商信广（北京）文化发展中心的印章；其次，该书定价998.00元，而寄来的发票金额为798.00元。

就在魏总经理感到疑窦丛生之际，接到了一个自称是禹州市工商局法制科姓秦的女科长打来的电话，称工商部门为了提高企业法制观念，为该公司订购了一套《企事业管理法律法规大全》，该套书定价为998元，经工商部门协调，发行单位让利200元，望速将书款798元汇至通知单指定账户。

于是魏总经理带着邮件到工商部门核实此事。郭所长当即表示，工商部门从未向任何企业推销过任何书籍，禹州市工商局法制科也没有所谓姓秦的女科长。

目前各地不少企业屡屡接到订书电话，打电话的人往往自称是工商或者税务机关的工作人员，有的甚至干脆直接冒充是工商、税务机关的部门负责人，向企业推销工商、税务管理相关的书籍。不少企业信以为真，不愿或者不敢得罪行政机关，于是汇出书款，上当受骗。

利用电话通信手段虚报身份从事书籍推销活动，是目前一些书籍推销商惯用的诈骗手法。不仅骗了企业的钱财，也破坏了政府机关与企业的关系。对于这种欺诈行为，除了公安等有关机关要加强打击外，企业在接到类似电话时，也应多长一个心眼。

提货单"沉睡"三年仍有效

在市区工作的侯先生，在清理办公桌时发现了一张没有标明日期的服装专卖店提货单。提货单上写着"凭此单在 60 天内，提取价值 380 元服装一套"，还注明"发票已开，只可提货，不可退款"。这让侯先生想起提货单是 2004 年春节前夕朋友送给他的。当时，他去服装店取货时，没有合适的颜色，店里的服务人员说，等下次进货，再来取也不晚。由于平常事多，侯先生也没在意。

时隔 3 年，侯先生拿着没有标注生效期的提货单，找到已更换服装品牌而未换老板的专卖店。老板承认提货单是店里 3 年前发的，不过提货单的有效期是 60 天，早作废了。侯先生据理力争，提货单的有效期为 60 天，但从什么时候算起呢？老板说怪服务员疏忽，忘填写时间了，不认可提货单有效。

侯先生到消费者协会投诉。根据《民法通则》《合同法》：当合同双方或多方就有关合同内容约定不明确时，可以协议补充；不能达成补充协议的，当事人就合同履行期限不明确的，债务人可以随时履行，债权人也可以随时要求履行，但应当给对方必要的准备时间的规定。经消协调解，服装专卖店按侯先生的要求，兑付了价值 380 元的服装一套。

少提醒一句　赔款 200 元

"谢谢工商替俺做主，要不是我一分钱也得不到。"7 月 2 日上午，禹州市郭连乡党楼村的朱先生拿到 200 元的赔偿款，连声感谢禹州市工商局"12315"

工作人员。

原来，朱先生家中的院子里种了几棵用于观赏的桃树和杏树，近日来，他发现果树生虫，便到邻村的一家农资店买了一瓶价格为4.6元的农药。喷药后，没想到虫子没死，果树竟然死了。

朱先生看着枯死的果树，非常心痛，他怀疑是买到假农药造成果树死亡。但农资店的店主说，果树死亡的原因是朱先生没有按农药的说明使用，用药过量造成的。买农药时粘贴在瓶子上的使用说明脱落，使用多大药量，店主当时也没有提醒。于是，朱先生将此事投诉到禹州市工商局"12315"投诉中心。

接到投诉后，禹州市工商局"12315"投诉中心工商人员对农资店的合法性、进货渠道、进货发票进行了检查，没发现任何疑点。最后，在多方核实的情况下，工商执法人员认为，农资店在出售农药时，应向消费者讲明使用方法和注意事项，农资店店主未履行事前告知义务的行为侵害了消费者的知情权。

赠卡消费不兑现　影楼侵害知情权

2003年底的一天，河南省禹州市电厂李某等人代表24名消费者到该市消协口头投诉：

2003年11月1日，在某商场购买"200元商品后，加送100元的婚纱照"（活动截止日为2003年11月16日）。

当众多消费者前去该市"风情婚纱摄影楼"影楼照相时，影楼店堂告知：每卡还须交48元，卡不退款，否则，不得接受任何服务（包括一张黑白照片），艺术照最低消费标准148元。影楼的"最终解释"，引起众多前来的持卡者不满，认为自己的消费权益受到侵害。

禹州市消协工作人员分别找到商场、风情婚纱摄影楼，结合庆《消法》颁布实施十周年活动，赠送《消法》《合同法》等消费法律法规丛书，并指出，商家的"单方最终解释"违反了《消法》第二十四条："经营者不得以格式合同、通知、声明、店堂告示等方式做出对消费者不公平、不合理的规定，或者减轻、免除其损害消费者合法权益应当承担的民事责任。格式合同、通知、声明、店堂告示等含有前款所列内容的，其内容无效。"《合同法》第四十一条："对格式条款的理解发生争议的，应当按照通常理解予以解释，对格式条款有两种以上解释的，应当做出不利于提供格式条款一方的解释，格式条款和非格式条款不一致的，应当采用非格式条款。"影楼的做法侵害了消费者的知情权、公平交易权，有误导消费、欺诈消费者之嫌，应当承担相应的违约责任。影楼老板表示：要学法、懂法，在经营中守法，以诚信取信于消费者。

考虑到冬季天短，持卡照相的络绎不绝，还有从乡下20公里外赶来的人们，经过不到15分钟的调解，影楼老板当众声明：免费为每个持卡的消费者照婚纱、艺术照3张（照片相送），对当天不能拍照的，逐卡登记，改日来照，继续有效。

擅自移动空调　不享受"三包"

自认为新买的空调安装的位置不合适，禹州市的孙女士就私下找人进行了调整。没想到重新安装完毕后，却发现空调出了毛病。她去找空调经销商协调，对方却说，根据"三包"规定，用户如果未经允许擅自移机，出了毛病就不能享受免费"三包"服务。

6月下旬，孙女士购买了一台壁挂式空调。空调由经销商派人安装好后，只过了不到半个月，由于空调挂机正对着床头，凉风吹得很不舒服，孙女士就与经销商联系，对方答应可以免费移机一次，但"要等安装工人有空再来"。可四五天过去了，始终不见经销商派人来。心急之下，孙女士就让丈夫找来熟人帮忙，把空调移到了新的位置。

然而移机后，空调却出现了噪音大、制冷效果差的问题。孙女士与经销商联系，要求其按照"三包"规定解决问题。可经销商派人到现场察看之后，认为空调故障是由于孙女士擅自移机造成的，拒绝承担全部责任。

孙女士向消费者协会咨询，消费者协会告诉她：根据法律规定，虽然家用空调属于"三包"商品，但国家《部分商品修理更换退货责任规定》中有这样的规定："非承担'三包'修理者拆动造成损坏的，不实行'三包'，但可以实行收费修理。"

消费者协会提醒消费者：空调出厂时只是"半成品"，必须由专业的安装人员安装后才能使用。如果要移机，也必须由专业人员来负责。如果因为私自移机出现了问题，就难以享受到"三包"服务。

为下岗女工讨回"加盟保证金"

2004 年"十一"前夕，当禹州市电厂的下岗女工人陈女士从消协同志的手中接过一万元"保证金"时，眼含感激的泪花，感谢三地消协情暖下岗工。

陈女士下岗后，迫于生计，准备在禹州市区找个门店做服装生意。7 月间，她在郑州与国外某知名服饰河南总代理签订了"特许加盟经销方合同书"，按规定交纳了一万元的"保证金"。

市场如战场，没有品牌就没有市场，经过仔细了解才知道，经销的品牌服装价格每件都在五百元以上，价位较高，如果做品牌服装生意，除去房租、统一装修、首付货款，没有十多万元就开不了业，自己是下岗工人，没有经营"名牌"的实力。多次往返郑州，要求终止合同，退还"保证金"，河南总代理以"特许加盟经销方合同书"明文规定：乙方终止加盟，不得退还"保证金"为由，拒绝退还。

危难之际，她看到电视上报道：全国消协开展点评"霸王合同"活动，便想到，服饰总代理提供的不也是格式合同、"霸王合同"吗？便到禹州市消协咨询。

在市场活动中，格式条款合同的提供者处于优势地位。禹州市消协认为，由于河南总代理提供的格式条款合同——"特许加盟经销方合同书"，违背了《合同法》，"合同当事人的法律地位平等，一方不得将自己的意志强加给另一方"的原则规定和《合同法》第三十九条对格式条款的要求。

关心、帮助、维护下岗工人的合法权益，是全社会的共同责任。禹州市消协决定以点评格式合同活动为契机，为下岗工人解忧。

鉴于合同的签订地跨地区，禹州市消协及时向许昌市消协汇报，力求得到郑州市二七区消协的支持。

9 月 24 日上午，禹州市消协、许昌市消协的负责同志与陈女士一起，携带有关材料到服装总代理所在地——郑州市二七区消协。二七区消协的同志当即找到河南总代理，讲解《合同法》对格式条款合同的规定和国家关心下岗工人的政策，总代理当场退还"保证金"一万元。这便有了开头的一幕。

激情签约加盟　"违约"痛失三千

春节过后，禹州市古城镇小集村的王先生，看到市区一家经营风味传统小吃的门店里，天天排队买食品的人们宛如长龙，门庭若市，正愁没生意做的他，不由得心里痒痒。

几经打听，禹州开店的总代理告诉他，现在做这生意，讲究品牌，实行加盟连锁经营。禹州的加盟连锁经营已满，如果想加盟，可以做许昌市区的连锁经营服务的总代理，不过要交 2.5 万元的加盟保证金，如果有了总代理权，收取的加盟费就非常可观。

3 月下旬，王先生经受不住无限商机和丰厚利润诱惑，按约定将 2.5 万元汇到指定的账号上（没有单位或姓名），也顾不上看加盟合同书，就签名、按了指印，连加盟合同书也没要，就到许昌市区发展加盟商去了。

一个月过去，王先生在许昌市也没有发展一户加盟商，得到的却是家人的埋怨和责备。

他看到有的加盟门店，开业不到二十来天就门可罗雀，挂出"此店转让"的牌子，于是，就准备放弃加盟总代理，禹州总代理只退还他一万元的加盟费，并鼓励他别泄气，否则，按"加盟合同书"的约定，终止合同，不再退保证金了。

王先生听后，有苦难言，自己后悔当时没留"加盟合同书"，也没留汇款凭证，打官司，就是打证据，没有证据，就是有理也说不清。他想到电视上讲，今年全国消费者协会继续点评不平等格式"霸王"合同，使他看到了一线希望，于是，到禹州市消费者协会咨询。

在市场交易活动中，当事人的法律地位是平等的，一方不得将自己的意志强加给另一方；应当遵循自愿、公平，诚实信用等原则，履行各方的权利和义务。经禹州市消费者协会调解，禹州总代理又退还给王先生加盟费 1.2 万元。

消费者协会特别提醒：在连锁加盟飞速发展的今天，确实很多经营者从连锁加盟中找到了致富成功的捷径。可是，连锁加盟是一把"双刃剑"，加盟者不但在发展模式和商品进货渠道等诸多方面受制于人，还有可能上当受骗，

（1）以加盟为幌子，实卖设备；

（2）搞特许加盟，背后"圈钱"加盟诱人；

（3）加盟诱人，实为诈骗；

（4）加盟公司往往拿出一份固定格式合同让创业者签订，这些合同多数是单方面偏向加盟公司，而对创业者则十分严格苛刻，限制条款相当多。如果创业者不仔细分析，往往在将来出现纠纷时，自身的利益很难得到保护。由于特许加盟合同是比较专业的合同，建议广大创业者在签订前，最好请相关专业的律师帮助审核。

钧瓷扑朔迷离　工商按图索骥

2002年10月18日中午，濮阳高新技术产业开发区潘星乘车到华夏第一都——禹州市，立即被古朴典雅、釉面浑厚的钧瓷所吸引。他在市区钧瓷店几经选择，买了标注为晋佩章（中国陶瓷艺术大师）制作的玉壶春等三件传统工艺钧瓷，合计1100元。

钧瓷市场，新工艺瓷、仿古瓷、传统工艺瓷良莠不齐，同一品种，有的价格相差几百元。为慎重起见，潘星到某钧瓷研究所进行了鉴定，为仿冒品，价值不过七八十元。这一结果令他大吃一惊，从豫北到豫南，千里迢迢，买赝品，扫兴。

下午四时许，潘星找到禹州市工商局"12315"消费者申诉中心投诉。"12315"工作人员发现，其买的钧瓷底部虽有"刘山人"标记，却没有注册商标®或商标申请已获申请登记"TM"的标记，即便是出自晋佩章之手的钧瓷，由于没有商标注册，在市场上其产品也得不到《商标法》的保护，"12315"工作人员到钧瓷店，告诉店主：经商要以诚为本，如鉴定为仿冒品，要双倍赔偿。店主却坚定地说："保证是真货。"

"12315"工作人员当场对潘星购买的钧瓷进行封箱。为了顾客合法权益不受侵犯，"12315"工作人员提出，与店主、顾客一同乘车到离市区七十里外的中华名镇——神垕，请晋佩章大师亲自鉴定，各方应允。

车到神垕工商所，副所长张建伟与"12315"工作人员携带钧瓷先去西大街16号晋佩章家。晋老逐一查看瓷器后，连声说："不错，是我做的，你们看，瓶底有我'刘山人'的标志。""12315"工作人员告诉晋老：消费者买商品，认的是商标，法律保护的是注册商标，而不是名称（字号）。晋老听后很有感触地说：钧瓷传统工艺要靠继承、创新、发展，市场经济讲法制，企业有名气了，更离不开用法律来保护字号。

当潘星来到晋老的书房时，眼莹似玉皓如瞳、纤纤清脆口心声的钧瓷使他赞不绝口。再看看自己买的三件钧瓷，与这里刚出窑的瓷比起来一点也不逊色。晋老还详细介绍了一件完美钧瓷应具备的标准，讲述了以"刘山人"作为自己制作钧瓷标记的由来。

夕阳西下，潘星紧握"12315"工作人员的手说道："禹州没白来，看来中华名镇——神垕，见到了老艺人，知晓了'家有万贯，不如钧瓷一片'的由来，买到了地道的钧瓷，碰到了诚信为重的老板，亲身感受了工商机关的热情服务。过几天，我还来。"

订做西服不合体　店家退款又赔礼

最近，禹州市电信局工作人员贾某同丈夫到该市某毛料服装店选购西服。她的丈夫看好了一套毛料西服，试穿后不合身，店员说：可以订做，店里有裁剪师傅，有此颜色的毛料，连工带料一套 670 元，不过得先交预付款 300 元。她的丈夫欣然同意。裁剪师傅便量体裁衣，让他们一个星期后来取西服。

一周过后，贾某同丈夫到服装店取西服，她的丈夫穿上订做的西服很不合体，上身前下摆系扣后高高翘起，店员忙表示再修一下，修后穿上仍然"高高翘起"。他们便要求退还预交款 300 元。店员说：上衣可以退，裤子没有问题不能退，要扣除裤子工料费 230 元。穿西服要配套，仅有裤子没有上衣，怎么行？几经交涉，店员坚持"原则"，寸步不让。

贾某向禹州市消费者协会投诉。消协受理后，经调查，情况属实。依照《消费者权益保护法》第四十七条"经营者以预收款方式提供商品或者服务的，应当按照约定提供。未按照约定提供的，应当按照消费者的要求履行约定或者退回预付款；并应当承担预付款的利息、消费者必须支付的合理费用"的规定，经消协调解，服装店退还了预收款 300 元，并向消费者当面赔礼道歉，消除了贾某夫妇俩心中的怨气。

小心信函、短信设"中奖"骗局

2005年8月5日，禹州市的李先生收到香港雅龙集团昆明分公司寄来的信，信里边有一套很精致的公司简介和刮奖卡一张。一刮开来是二等奖。一部19万元多的广州本田汽车，而且还有公证处号码、公证员等，李先生根据函中提供的兑奖电话致电该公司，对方称河南离昆明太远，来人兑奖不方便，要求李先生先按指定账号汇上1100元的手续费和委托拍卖费，待成功拍卖奖品后半小时内将拍卖价额汇给李先生。怕有欺诈，李先生到禹州市消费者协会咨询真假，经查询雅龙集团昆明分公司没有经工商登记注册，提供的地址和公证书编号等均为虚假资料，是以"中奖"名义进行诈骗。他们是从网站、电话号码簿、报纸杂志了解到的收信人的名称、地址。信函或手机短信以"中奖"名义进行诈骗的特点：

1.将某公司包装成一个冠冕堂皇、获奖无数，甚至有特殊关系的名优企业，借此消除消费者戒心。

2.指定银行账号，要求先汇出所谓的"手续费、税费或中途被扣押款"，等等，一步步诱骗消费者陆续汇款。

3.行骗人员留下的联系电话都是无须登记身份资料的号码或者登记假冒资料的套卡电话，事发后难以追查。

4."中奖者"往往与抽奖公司相距很远，"中奖者"难以亲临该公司兑奖，行骗人员往往要求"中奖者"以"代为拍卖并兑换成现金"的方式领取，要求消费者汇款。

5.举办所谓的抽奖活动的"公司"大多没有登记注册或根本不存在，难以监管和约束。

针对消费者对信函或手机短信"中大奖"咨询不断，消费者协会提醒广大消费者：在完全不了解或根本没参加中奖公司举行的任何活动，又收到类似的信函或手机短信时，千万不要因一时的好奇和贪欲掉进"中奖"的陷阱，除了拒绝外，还应立即向公安机关报案。

谨防婚纱摄影"缩水"

"拍婚纱照免费化妆，赠送照片……"这是时下一些婚纱影楼招徕顾客的承诺。日前，禹州市郭连乡的胡女士打电话到消费者协会咨询，她交了 2490 元钱，在市区影楼照了 100 多张婚纱照，影楼让她选出其中的 30 张，冲洗成 27 寸彩色相片。取照片时，胡女士却发现赠送的照片都是 20 寸的，比影楼承诺的少了 7 寸，婚纱照片"缩水"属不属于欺诈消费者行为呢？《欺诈消费者行为处罚办法》《河南省消费者权益保护条例》规定，经营者在向消费者提供商品或者服务中，采取虚假或者其他不正当手段使销售的商品分量不足的，属于欺诈消费者行为。

依照《合同法》《消费者权益保护法》的规定：经营者提供商品或者服务有欺诈行为的，应当按照消费者的要求增加赔偿其受到的损失，增加赔偿的金额为消费者购买商品的价款或者接受服务的费用的一倍。但由于该影楼只是口头表示了以上服务承诺，胡女士也没有索要相关书面承诺或清单，经消协调解，影楼退还胡女士 600 元。

为此，消费者协会特别提醒：选择婚纱摄影时，消费者要尽量选择经营规模较大、信誉较高、技术设备条件好的影楼。同时，谨防服务"缩水"。如遇到自身合法权益受到侵犯，要注意保存好证据，依法维权。

汽油涨价　油卡缩水

"为了省钱，自己半年前办理 600 升的汽油卡，可汽油涨价后，加油站仍以现行油价收费，这合理吗？"12 月 5 日，到禹州市消费者协会投诉市某加油站违约行为。

今年 4 月初，在汽油没有涨价前，耿先生在城郊的一家加油站办理了一张加油卡，加油卡只能在该加油站消费。加油站为了招揽生意，向耿先生承诺油价保值等优惠条件。为了多省钱，他特地买了 600 升 93＃汽油，并按当时的价格支付了 1800 多元的油价款。汽油涨价后，他一直以为加油时的油价仍是没涨价前的价格。可前些日子，他意外发现消费的汽油升数与加油卡实际库存少了 42 公升。

加油站告诉他，当初购买的油价并不是一成不变，而是随行就市。当时汽油 3 元一公升，由于今年下半年国家两次对零售油提价，涨到现在每公升 4.14 元，加油站把油卡的油按现行的市场价计算，要补齐每升的差价款，折合成汽油刚 42 公升。耿先生说，当初之所以购买这么多的汽油，就是想多省点钱。如果事先说明"油价随行就市"，自己也不会花钱买 600 升加油卡。耿先生认为，自己付款在先，加油站加油缩水，有强制交易之嫌，加油站以负责人、承办人的变动为由，拒绝了他的要求，耿先生到禹州消协投诉。

经该消协调查，加油站没有证据证明当初办油卡所说明的"油价随行就市"，故意隐瞒油价属于执行政府定价的商品，"油价随行就市"法律有规定的重要事实，加油站的行为有误导消费之嫌，属违约行为，耿先生主张按照当初的油价是合理合法的。

依据《合同法》《消费者权益保护法》相关规定，经该消协调解，12 月 5 日上午，该加油站将折扣的 42 升 93＃汽油归还给了耿先生。

天上不会掉馅饼　"免费清洗"有陷阱

六一期间，河南省禹州市一家黄金屋打出了金首饰以旧换新的广告，顺店镇顺北村民康女士的首饰在该店以旧换新后，竟然变"瘦"了。

6 月 2 日，市区一家黄金屋打出"黄金以旧换新，5 克以上只扣除 0.2 克"的广告。康女士看了该广告，将自己共计 6.9 克的两枚戒指拿到该金店换了一条黄金屋声称有 7.02 克的项链，又补给商家 33.6 元。

6 月 11 日，康女士 1 岁多的儿子将她换来的这条项链一把扯断，康女士找到给她换首饰的黄金屋老板请求修复，但店老板以活动结束为由拒绝修理，康女士只好到别的金店进行修复。因为害怕自己的项链有损失，康女士要求给她修项链的金店先给她的项链称重，这才发现自己换来的这条项链只有 5.01 克，比商家承诺的 7.02 克少了 2.01 克。康女士找到给她换项链的黄金屋讨说法，店老板说：不排除康女士调包的可能。

无奈之下，康女士拿着有关票据找到了禹州市消费者协会，经调解，黄金屋这才同意让康女士从店里再拿一枚 2.01 克的戒指。

赊店老酒　五年后兑奖不言迟

2003 年 1 月 2 日上午，当河南省禹州市夏都办事处的韩先生接过盐源食品公司康经理转交的 1000 元奖金时，不禁赞叹不已。

原来，去年 12 月 6 日，韩先生在家招待好友，俗话说：朋友来了有好酒，酒是陈的香。韩先生拿出存放了近 6 年的赊店老酒待友。不料，装酒的盒子被撕破时，一张印有"奖 1000 元"的获奖卡掉了出来，大家惊喜不已。

第二天，韩先生找到赊店老酒总销售处兑奖，回答是：已过 5 年，哪还有奖？

随后韩先生来到禹州市消费者协会咨询。禹州市消费者协会将酒盒、获奖卡传真到河南赊店酒厂。销售公司王经理看后表示，酒厂 1997 年 1 月生产销售的酒，获奖卡有效。为了方便消费者领奖，可以将身份证复印件、酒瓶、酒盒及获奖卡转交赊店酒厂在禹州市的总经销——盐源食品公司的康经理，由他代领。

在市场竞争中，一些经营者为多销商品，经常开展有奖活动，吸引消费者，但在兑奖时，却花招百出，有的不以现金兑付，用商品折合现金，有的质次价高，有的用处理品。而当消费者有异议时，经营者又往往以所谓的"最终解释权"为盾牌，置消费者的合法利益于不顾。以诚为本是经营者成功的基石，是赢得消费者的法宝，希望有越来越多的企业能像赊店老酒那样一诺千金，诚信经营。

打折赠送商家说了算?

9月10日教师节,河南省禹州市李老师来到某商场,看到大厅正门"庆祝教师节,教师凭教师证买商品打九折(仅限教师节一天)。凡购买商品满300元赠随身听一台"的广告,深为商场尊重教师的风尚而感动。

经服务员推荐,李老师决定买一台名牌复读机,价格是350元。可付款时,服务员只愿送随身听,不肯打九折。李老师不同意,找来部门经理,经理愿打九折,但不送随身听。由于李老师对复读机渴望已久,于是在久争无果的情况下买了下来。

事后,李老师进行了认真思考,认为赠送的随身听虽不值几个钱,但送随身听是针对每个消费满300元的消费者而言,而打九折是针对特殊消费者(教师)而言,并有时间限制,商场打折、送赠品是对消费者同一消费行为的两个要约,自己已接受要约邀请,商场应兑现打折、送赠品的承诺。

权衡一番后,李老师来到禹州市消费者协会投诉。

消协人员经调查,确定情况属实。商场利用店堂空间、设施发布的广告,受《合同法》第十五条、第十九条(第一款)、《消费者权益保护法》第十九条、《广告法》第九条、《店堂广告管理办法》第十一条的约束。广告内容真实、合法是广告主、广告经营者、发布者应尽的法律义务。商家利用节假日做广告、搞促销,无可厚非;但广告内容应不做引人误解、虚假的广告宣传,促销的商品不得有假冒伪劣。当经营者与消费者就广告格式条款发生争议时,依照《合同法》第四十一条"对格式条款的理由解释发生争议时,应当按照通常理解予以解释。对格式条款有两种解释的,应当做出不利于提供格式条款一方的解释。"

经消协调解,商场最终赠给李老师一台随身听。

组团未成耍歪招　谎称"景点有暴雨"

因组团未成，旅游公司竟称"景点有暴雨"，并以此为由取消组团旅游。后经当地消协调解，旅游公司退还了游客定金，并向游客赔礼道歉。

9月14日，河南省禹州市民王先生等4人报名参加该市某旅游公司组织的张家界五日游（23日至27日），价格是每人900元。当时，王先生向这家旅游公司交纳了1000元的定金。

9月23日一大早，王先生兴冲冲地准备出门时，却突然接到这家旅游公司打来的电话，工作人员告诉他，张家界地区这几天（23日至26日）有大到暴雨，为了维护他和其他游客的利益，公司决定取消这次组团旅游。他听后非常扫兴。

为了解张家界的真实天气情况，王先生便上网查看了"张家界政府公众信息网"的天气预报，发现9月23日至26日当地天气以阴晴天为主，风力<3级，温度在19℃~28℃，非常适宜外出旅游，并无大到暴雨。他据此怀疑是旅游公司组团人数不够，才谎称旅游景点有大到暴雨。

9月25日上午，王先生拿着旅游公司收取的定金收据和从网上下载的张家界天气预报，向禹州市消费者协会投诉。经调查确认，张家界地区的天气，非常适宜外出旅游，并无大到暴雨。

依照《民法通则》《合同法》《担保法》：当事人可以依照约定一方向对方给付定金作为债权的担保。债务人履行债务后，定金应当抵作价款或者收回。给付定金的一方不履行约定的债务的，无权要求返还定金；收受定金的一方不履行约定的债务的，应当双倍返还定金的规定。

《担保法》还规定：定金应当以书面形式约定。定金的数额由当事人约定，但不得超过主合同标的额的百分之二十。最高人民法院《关于适用〈担保法〉若干问题的解释》规定：当事人约定的定金数额超过主合同标的额百分之二十的，超过的部分，人民法院不予支持。

旅游公司收取的1000元"定金"超过了主合同标的（3600元）的百分之二十（720元），旅游公司违反了《担保法》的规定。

消协认为，王先生实付的是"定金"，而非"订金"（"订金"属于预付款性质，它不起担保作用）。旅游公司违约在先，应当双倍返还定金。旅游公司谎报旅游景点有大到暴雨，有欺诈之嫌。

经消费者协会调解，当事双方本着自愿、诚实信用的原则解决纠纷，旅游公司经理当面向王先生赔礼道歉，退还定金1000元，并表示对王先生下次参加他们的组团旅游给予价格优惠。王先生也放弃了得到双倍返还定金的权利。

短信雾里看花　消费还须提防

很多朋友的手机都收到过一些信息台发来的短信，但是让人大惑不解的是，手机费却因为短信暗地里多出了不少钱。

禹州市的史先生就遇到了手机短信息带来的烦恼。5月份以来，史先生手机短信息的铃声经常响个不停，打开一看不是推销商品和非法服务，就是中巨额奖、诱人的发送短信参加竞猜或抽奖，更有甚者是不健康的短信。从广告短信中看不出按短信条数收费还是按月收费，不到一个月梦网信息费40多元，自己也不知道如何取消这烦人的短信，他认为短信提供商的做法是强行服务，侵害了消费者依法享有的自由选择服务的权利，于是，史先生打电话向禹州市消费者协会投诉。

经禹州市消费者协会调解，电信公司关闭了史先生手机的梦网信息功能，并向史先生表示歉意。那么，消费者如何避免落入不法短信运营商的陷阱呢？

首先要分析自己的手机话费构成，尤其要特别关注"数据业务费"或是"短信网关费"，这两项收费最有可能隐藏信息费；其次，一旦觉得自己的某项费用有问题，可以直接拨打电信公司的服务电话进行详细查询；第三，各地的电信基础运营商都设有一个可以取消所有定制短信服务的代码，用户可以拨打当地移动或联通的服务电话询问这个代码，自行取消定制业务，也可以请求营业员代为取消短信定制业务。

办卡消费图便宜　想得实惠再讨价

　　禹州市民李先生在美发店办了两次储值卡，不但没有得到实惠，反而惹来一肚子气。今年3月13日，李先生打电话投诉，消费办卡遇到的烦心事。

　　"平时，我有在美发店理发和刮脸的习惯。一次，我在一家美发店看到他们正在搞活动，如果办一张100元的储值卡，理发和刮脸每次只需8元钱。"李先生说，感觉很划算的他立即办了一张100元的储值卡。但消费了一次后，李先生再次去理发时发现这家店"不翼而飞"了。无奈的他只好自认倒霉。

　　2012年1月，在禹州市区另一家美发店理发的李先生禁不住商家"办300元消费卡，理30次发，每次10元"的活动诱惑，又办了一张储值卡。"没想到，之前承诺的理发10元，第二次就变成了20元，而且去一次涨一次，想便宜就要砍价。"李先生说，办卡消费图的是实惠，现在美发店单方说涨价就涨价，而且店里每次价格变化都没有任何公示，有失诚信，这让他感觉十分生气。

　　随后，窝火的李先生打电话向禹州市工商局投诉。

　　《消费者权益保护法》规定：经营者与消费者进行交易，应当遵循自愿、平等、公平、诚实信用的原则。经营者和消费者有约定的，应当按照约定履行义务，但双方的约定不得违背法律、法规的规定。经营者不得以格式合同、通知、声明、店堂告示等方式做出对消费者不公平、不合理的规定，或者减轻、免除其损害消费者合法权益应当承担的民事责任。

　　在禹州市工商局工作人员的协调下，3月14日下午，商家退还了李先生储值卡内的全部余额。

　　现在类似因办储值卡引起纠纷的案例有很多，消费者在消费时一定不要被商家的宣传冲昏头脑，对于办卡要三思而后行。消费者一定要多留点心眼，确定对方的营业资质，看看营业执照。付款入卡时一定要量力而行，不可草率为之，避免一次投入过高，承担过大风险。同时，美容美发业经营者有义务事先向消费者明示价格、服务效果及注意事项和存在的风险等。

中奖兑现招烦恼　不做广告把钱掏

　　购物中了奖——电动自行车一辆，当禹州市的郑先生拿着购物小票到商场兑现时，服务人员让他买 50 元的鞭炮，以示庆贺，还要他拿着购物小票，推着电动自行车，配合拍广告，在市电视台播放 5 天，否则，郑先生要掏 1200 元，才能把电动自行车领走。日前，禹州市消费者协会成功调解了这起有奖促销引起的纠纷。

　　3 月 26 日，禹州市的郑先生看到市区一商场举行商品抽奖活动，一等奖是标注价值 2300 元的电动自行车一辆，郑先生在商场买了 14.6 元的食品，当看到购物小票上的号码是一等奖的中奖号码时，他喜出望外。当郑先生拿着购物的小票到商场兑现时，服务人员让他买 50 元的鞭炮，以示庆贺。放过鞭炮，又要他拿着购物小票，推着电动自行车，配合电视台拍广告。郑先生不同意，商场负责人表示，郑先生要掏 1200 元广告费，才能把电动自行车领走。郑先生将此事投诉到禹州市消协。

　　消费者协会认为，商家举办有奖促销，让利于消费者，无可厚非；但应当依照《零售商促销行为管理办法》的规定进行，对奖品领取要明示相关条件。经消费者协会调解，商场免除 1200 元广告费，郑先生将电动自行车领走。

《荣誉》与我有缘

　　中央电视台一套、河南电视台都市频道黄金时间正在播出 21 集电视连续剧《荣誉》，我和妻子争先观看。公安干警用自己的实际行动捍卫了警徽的尊严和国家的荣誉。剧里湖中"红船"（固定在湖中的游船）里的戏，是在我们禹州白沙水库实镜拍摄。我不由想到，与《荣誉》剧组有一段不解之缘。

那是，2002年11月12日的下午，两位胸带"中央电视台电视剧制作中心《荣誉》剧组"醒目标志的工作人员，来到禹州市工商局"12315"消费者投诉中心，当时，我值班，剧组人员讲明来意：电视连续剧《荣誉》有两集需要在白沙水库"红船"拍摄。根据剧情，需要一套组合家具。11月9日，他们在禹州市一家具大楼，选择了一套价值14000元的家具。因为拍电视剧，有些道具属一次性过镜消费，租比买更实惠。同商家协商，付定金后，可随时拉货，并立下字据："付家具定金1000元"，租金改日商谈。

回到"红船"，经测量家具尺寸比船梯宽，船梯窄，靠小汽艇往"红船"搬运，家具无法上船，他们找到家具大楼要求返还"订金"，店主以字为凭，法律规定"定金"，不能退还。他们一时搞不清"订"与"定"的区别之处，货未出店门，一字失千元，钱虽然不多，心里感到窝囊，请求"12315"帮助。

我热情地接待了他们，在民事活动中，当事人的法律地位是平等的。"订金"与"定金"都是在合同履行前，一方当事人预先给付对方的一定款项，都具有预先给付性质，在合同履行后，都可以抵货款或收回。不同之处是：定金是当事人在向对方给付的具有债权担保作用的货币。

《担保法》第九十条、第九十一条、《民法通则》第八十九条（第三款）、《合同法》第一百一十五条规定：定金应当以书面形式约定。当事人在定金合同中应当约定交付定金的期限。定金合同从实际交付定金之日起生效。定金的数额由当事人约定，但不得超过主合同的标的百分之二十。付方不履行合同的，无权要求返还定金；收受方不履行合同的，应当双倍返还定金。依照法律规定，剧组无权要求返还定金1000元。

我以案说法，剧组人员知晓"定"与"订"之别。我也感到事情蹊跷，以《合同法》相送，让其留下字据、联系手机号码，与商家协商后再说。

鉴于家具未离商家店门，湖中不像陆地，搬家具在水面无立足之地，事后，剧组人员立即通知商家的事实。我与商家探讨：解决纠纷要本着明礼诚信，从实际出发，实事求是，而且《荣誉》宣传的是河南，树立的是河南形象，为我们禹州留下了人文景观，旅游资源，作为禹州人是不是该为《荣誉》做点什么呢？商家听我言之有理，爽快地退还了"定金"1000元。

11月14日中午，我同妻子与中心工作人员驱车40公里，到白沙水库风景区，乘船登上位于湖中的"红船"，将1000元"定金"交还给《荣誉》剧组人员时，他们十分感动，破例领我们观看了《荣誉》"红船"拍摄现场，让我们大开眼界。

我与移动的难解之缘

　　1992 年的夏天，我到深圳出差，在深圳做生意的新疆朋友邀请我喝早茶。朋友相见，并没有感到有多大的变化，只是他手里拿着的比对讲机还大的"砖头块"，引起了我的好奇。经朋友解释，才知道是"大哥大"，能移动打电话，一部 2 万多元。在那个时代，"大哥大"是身份和财富的象征。

　　1995 年我到禹州市消费者协会工作，那时的"大哥大"是模拟机，县级市接收信号差，使用者寥寥无几，独领风骚的是腰里挂的 BP 机（传呼机）。也许是公款或大款消费的缘故，当时我很少接到对"大哥大"的投诉。

　　1997 年着天，昔日的"大哥大"身价跌到万元以下，也被屈称为手机。"旧时王谢堂前燕，飞入寻常百姓家。"手机成为大众消费品，使用手机的人们也渐渐多了起来，但同时，用户对话费、网络信号等投诉逐日剧增。有时为处理投诉，我一天往返邮电局四五趟，邮电局的领导风趣地说：把消费者协会搬到邮电局来办公吧。

　　1998 年秋天，邮电分家，移动归电信局。手机的价格、入网费、月租费大幅度下降，那时候，也是移动发展的新时期。

　　记得 1998 年年底，一位月工资不到 600 元的移动用户，一个月的手机费却 600 多元，他对话费有异议，要求拉当月的话费清单。电信让他先交话费再说，他拿着交费单到消协投诉。禹州电信是移动的代办处，不具备拉话费清单的能力，为此，我专程到许昌拉话费清单。因为查询的人多，话费清单又是针式打印，很慢，大概等了 2 个多小时。经核对清单，发现电信局重复收费 230 多元，依照《消费者权益保护法》第四十九条：经营者提供商品或者服务有欺诈行为的，应当按照消费者的要求增加赔偿其受到的损失，增加赔偿的金额为消费者购买商品的价款或者接受服务的费用的一倍。《河南省消费者权益保护条例》第二十九条：经营者故意告知消费者虚假情况，或者故意隐瞒真实情况，诱使消费者购买商品或者接受服务的，为欺诈行为。经营者对商品或者服务价格的收费高于标价的为欺诈消费者行为，应当按照消费者的要求增加赔偿其受到的损失，增加赔偿的金额为消费者购买商品的价款或者接受服务的费用的一倍。经我调解，电信部门很不情愿地承担了加倍赔偿460多元。

1999年，电信与移动分家。分家后的移动禹州经营部非常重视用户投诉，几任经理经常听取消协的意见和建议，共同探讨如何更好地为用户服务，把投诉处理"消化"在移动大厅，责成相关部（室）要积极配合消协处理投诉。与此同时，他们还不断完善、提高服务的硬环境、软环境，实现电话投诉、网上投诉，提升了移动的整体形象。

我在消费者协会工作，见证了移动从无到有，由小到大，由大到强的发展历程，我既是移动的监督员，又是宣传员，也是移动的一名普通用户，我觉得，自己能积极参与维护移动用户的合法权益，是我平生最大的幸事。

移动倾听用户的声音

去年的春天，移动公司开展"交一年月租（180元），送150元话费"活动，真情回报移动老用户，深受移动用户的欢迎。

记得"3.15"国际消费者权益日过后，移动用户对移动公司"交一年月租，送话费"活动，实际送的是100元的基本话费，50元的IP（长话费）并"享有最终解释权"产生质疑，打电话或到禹州市消费者协会咨询投诉的较多，他们认为移动公司的"最终解释权"侵犯了客户的知情权、选择权、公平交易权，"最终解释权"是典型的"霸王"合同，要移动公司将150元送成基本话费。

面对涉及数万移动用户的权益，作为对商品和服务进行社会监督，维护消费者合法权益的消费者协会负责人的我，深感责任重大。人们常说：财大气粗。移动公司的领导能听消费者协会的"解释"吗？我怀着忐忑不安的心情，手拿《消法》《合同法》，来到移动禹州营业部反映消费者对送话费"最终解释权"投诉，禹州营业部的领导身感为难：下属只有执行权，没有决策权。

我给营业部的领导赠送《消法》《合同法》，解释《消法》《合同法》对"最终解释权"的规定。

《消法》第二十四条规定：经营者不得以格式合同、通知、声明、店堂告示等方式做出对消费者不公平、不合理的规定，或者减轻、免除其损害消费者合法权益应当承担的民事责任。格式合同、通知、声明、店堂告示等含有前款所列内容的，其内容无效。

《合同法》第四十一条规定：对格式条款的理解发生争议的，应当按照通常理解予以解释。对格式条款有两种以上解释的，应当做出不利于提供格式条款一方的解释。格式条款和非格式条款不一致的，应当采取非格式条款。

依照法律规定，商家的"最终解释权"只能有利于消费者，而不利于商家。听我以案说法，营业部的领导感谢消费者协会的监督，表示将消费者协会的"解释"马上转告许昌分公司的领导，依法诚信经营行为，维护好移动用户权利是移动人不变的宗旨。

没多久，移动公司主动删除了"最终解释权"，将150元全都送成基本话费。打电话或到消费者协会咨询投诉"送话费"的没了。

维权离不开《产品质量法》

《产品质量法》颁布实施10年了，自己在消协工作处理过消费投诉上千起，消费纠纷涉及商品质量和服务质量。消协调解消费纠纷，常用《消法》，对涉及商品质量投诉，就离不开《产品质量法》，如果引用《消法》处理商品质量投诉，有时处理效果不理想，经营者认为消协拉偏架，偏袒消费者，心里不服。

在工作中，我着重把《消法》与《产品质量法》有机结合，灵活运用。记得处理韩城办事处居民张女生铁锅断把投诉，用《产品质量法》调解，社会效果好。

那是，2001年9月18日，禹州市韩城办事处居民张女士在日杂品店买一个7元钱带塑料把的铁锅。

23日下午，张女士在热油时，不料铁锅的塑料把从中间断成两节，连锅带油掉落在地上，滚烫的油溅到她的脚面上，家人忙送她到医院治疗。病愈，找到日杂品店主说理，可店主只答应换锅，不愿赔偿。没办法，张女士到市消协投诉。

我受理投诉后，同双方当事人一起查看了断成两半的把柄，发现断裂锅把中间断面有2/3的砂眼，柄把存在明显的质量缺陷。店主认为：从许昌购进的锅每个批发价6.6元，卖锅只赚0.4元，锅也不是自己生产的，换锅不成，还要赔偿损失，实在想不通。

我赠店主《产品质量法》，讲解《产品质量法》的原则，从法律上来说，作为经营者，所承担的责任和义务是平等的，不因为经营额小，赚得少，就免除对其所售商品所承担的质量责任和赔偿责任。

《产品质量法》规定：谁销售商品，谁对商品负责；谁生产产品，谁对产品质量负责，并承担相应的民事责任。

店主如何赔偿因锅把存在质量缺陷给消费者造成的损失，承担相应的民事责任呢？《产品质量法》第四十四条有明确规定：因产品存在缺陷造成受害人身伤害的，侵害人应当赔偿医疗费、治疗期间的护理费、因误工减少的收入等费用。造成残疾的，还应当支付残疾者生活自助具费、生活补助费、残疾赔偿金以及由其扶养的人所必需的生活费等费用；造成受害人死亡的，并应当支付丧葬费、死亡赔偿金以及由死者生前扶养的人所必需的生活费等费用。特别给他讲：原《产品质量法》是"抚"养，修改后《产品质量法》为"扶"养，"抚"改为"扶"，一字千金，抚养成人，扶老携幼，承担的法律上的责任就更重了。

我告诉店主先行承担赔偿责任后，可依照《产品质量法》第四十三条规定：属于产品的生产者的责任，产品的销售者赔偿的，产品的销售者有权向产品的生产者追偿。

我动之以情，晓之以理，以案说法的工作方法，使店主身感《产品质量法》是保护消费者权益，明确产品（商品）质量责任的法律，是为百姓做主的法律，何况人人都是消费者，消费者权益同样受《产品质量法》保护。在我的调解下，店主愿先行承担赔偿责任，一次性赔偿张女士医疗费、护理费、误工费等损失600元。

事后，我支持店主向法院提起诉讼，要求供货者及厂家赔偿损失，锅厂愿意和解，赔偿店主损失1000元。

《产品质量法》修订后，我在《法制日报》发表了题为《〈产品质量法〉强化消费者权益保护》的文章。工作的实践让我深深感到，《产品质量法》与《消法》是保护消费者安全消费、明白消费的法律，日常消费维权，人人离不了。

女生退货遭嘲笑　消协维权到校园

"真没想到消费者协会叔叔工作这么负责，细心周到。"2006年11月14日下午，当禹州市二高三（4）班的沈小露接过禹州市消费者协会工作人员转交的 40 元退款，眼里含着晶莹的泪花，感激之情，溢于言表。

原来，11 月 4 日，沈小露与同学来到禹州市钧州大街一专卖鞋店，心想专卖店的商品质量有保证，几经挑选，讨价还价，买了一双 40 元的休闲鞋。

11 月 7 日上午穿后，不到两天，休闲鞋都开了胶。12 日下午，趁学校放假，她与同学找到专卖店，没想到，服务人员告诉她：因为是断码处理鞋，不能退换，只能粘粘。既然是断码处理鞋，买的时候怎么没有告诉呢？粘后还开胶该咋办？她据理力争，要求退换，没想到招惹来不明真相人们的围攻和嘲笑。

自己在城里读书，全靠在农村靠种地的父母亲省吃俭用供养，深知这 40 元钱的来之不易，委屈中，她想到了消费者协会，她连夜给消费者协会写了投诉信。11 月 12 日下午 5 时许，她与同学一起趁休息空隙，把鞋、投诉材料送到禹州市消费者协会。

经消费者协会调解，专卖店退还鞋款。考虑到在校高三学生学习紧张的实际，禹州市消费者协会工作人员到学校，当面向沈小露同学转交了退鞋款 40 元，还向她赠送了《消费者权益保护法》，鼓励她好好学习，不要辜负父母的期望。

彩电无彩战士愁　消协高效解其忧

最近，驻禹州某部队战士张涛打电话到禹州市消费者协会，感谢消协高效率地为军人解忧。

原来，张涛借同事的 25 寸彩电，看节目，两周后，准备退役的张涛发现彩电无光无彩。他从同事口中探听到，彩电是去年 8 月在一电器公司所买。于是，他便把彩电搬到电器公司，请求尽快修理或更换，公司人员回答：修修再说。

退伍时间逐渐临近，虽几经催问，彩电修理仍然无望，总不能留下无光无影的彩电离开部队，10 天后，张涛心急无奈，打电话向消协投诉，希望消协理解他此时的心情，及时维护消费者的权益，使他愉快地离开部队。消协的工作人员立即行动，找到电器公司，向经理讲明：彩电是国家规定的"三包"商品，出现质量问题，公司应按"三包"规定更换，为子弟兵服好务是我们全社会应尽的责任和义务。经理忙派车去郑州为张涛更换了彩电。

张涛投诉的第二天，他就将同品牌、同型号的崭新彩电送还同事，如释重负。

热水袋伤人　经调解获赔

　　2005 年 2 月 10 日，在禹州市火龙镇扇刘村做生意的刘先生，花 5 元钱买了一只标识为"江苏扬州生产"的热水袋。2 月 11 日晚，其八岁的儿子在熟睡中突然大叫起来，原来，在使用该热水袋取暖时，热水袋袋颈处突然齐口断裂，将其左腿大面积烫伤，便到村子的诊所治疗。时逢新春佳节，刘先生打电话到禹州市消费者协会咨询，愿春节过后，调解解决。

　　3 月 4 日下午，双方本着诚实信用、和解的原则，经消费者协会调解，热水袋的店主补偿刘某其子医药费等 260 元。

　　消协提示从法律上来说，作为经营者，所承担的责任和义务是平等的，不因经营额小、赚得少，就免除对其所售商品承担的质量责任或赔偿责任。

　　诚实信用、尊重社会公德是民事活动的基本原则之一。消费者与经营者发生消费纠纷后，消协工作人员要依法调解，而非按照消费者提出的过高要求后与经营者讨价还价，因此确定合理的索赔要求更有利于消协调解成功，有助于消费者在短期内维护自己的合法权益。

　　特别提醒非正常投诉，实际上是消费者维权不当，原因是不完全了解《消法》《产品质量法》《最高人民法院关于审理人身损害赔偿案件适用法律若干问题的解释》《最高人民法院关于确定民事侵权精神损害赔偿责任若干问题的解释》等法律法规有关赔偿的规定。另外，对自己权益的主张往往提出过分的要求，导致索赔时与商家内部规定的标准相去甚远。由于市场上商家赔偿的一些先例，使消费者在质量维权方面滋生了一些畸形欲望，抓住企业怕事态扩大的心理，把损失无端扩大，索赔漫天要价，最后，导致索赔无果，法律不支持，自讨没趣。

"公主"折磨人　消协解烦恼

1997 年 5 月，禹州市王先生的妻子在禹州市某摩托车公司花 1.2 万元买了一辆公主女式踏板摩托车。

王妻使用"公主"不到一个月，行驶里程不足 1000 公里，发动机机体漏油，公司修理人员爽快答应"修理"。10 天后，当她到公司取摩托车时，只见"公主"已是满身灰尘、油垢。

7 月中旬的一天中午，烈日炎炎，她骑"公主"上班途中，发动机突然熄火，无法启动。她只好雇人力架子车将"公主"拉回公司修理，因误了接班时间，还受到同事们的埋怨。

9 月初的一天傍晚，她骑着"公主"下班回家，途中"公主"自动熄了火，无论如何"开导"，"公主"一声不语。这时，两位男青年骑着一辆摩托车，突然停在"公主"旁，没等她明白过来，价值 2000 多元的金项链被一个歹徒拽走，工具箱小提包里的两千多元营业款被洗劫一空。另一名歹徒推着"公主"发动欲走，"公主"生人熟人一个样——默默不语，歹徒懊丧地丢下"公主"，乘摩托车离去。望着公路两边比人高的玉米地，她推着"公主"，心里充满恐惧。

"公主"到家一年有余，发动机拆修 5 次，修理时间长达一个多月。为给"公主"治"病"，王妻曾雇用过人力架子车、三轮车、机动三轮车、微型工具车。今年 6 月，"公主"旧病复发，公司的售后服务车将"公主"拉回继续修理。王妻看着自己的"公主"被拆得七零八落，而今年流行的此型号的"公主"新车单价才 8000 元，自己的"公主"行驶不到 5000 公里，屡次"病倒"，没勇气再为"公主"服务了。7 月 6 日，丈夫只好受妻委托，到市消费者协会投诉。

两轮摩托车、轻便两轮车和残疾人三轮摩托车属国家规定的"三包"商品。摩托车售出之日起 7 日内，发生性能故障，消费者可以选择退货、换货或修理；售出之日起 15 日内，发生性能故障，消费者可以选择换货或者修理；摩托车"三包"有效期 1 年或行驶 6000 公里，超过其中一项，则"三包"失效。"三包"有效期自开具发票之日起计算，扣除因修理占用、无零件待修及不可抗拒力造成的延误时间。

根据王先生反映的情况，市消协到摩托车经销公司了解情况，向公司负责人讲解《消费者权益保护法》《新"三包"规定》、原国家机械工业部《摩托车商品修理更换退货责任实施细则》。最后，公司按用户要求，更换了汽缸体活塞、化油器、曲轴箱，并在消协人员、王先生在场的情况下，进行安装调试，承诺该发动机实行终身免费维修。

"公主"车给王先生和妻子带来的烦恼，在消协的帮助下解决了。

修理者不慎冰箱爆炸　消费者投诉纠纷化解

最近，消费者任某得到了 1700 元的赔偿，一股积压的怨气终于春风化雨，得以消释。

1996 年 6 月 20 日下午，河南省禹州市夏都办事处邢口村的任某，将自己于 1993 年 5 月花 2050 元钱购买的某牌 BCD—205A 型电冰箱，送到位于禹州滨河路东侧的特冷设备专业维修站修理，并充加氟利昂。

维修站工作人员收取 70 元修理费后，便开始修理冰箱。因修理人员违反操作规程，电冰箱压缩机当场爆炸着火，压缩机钢片飞向四周。在场和过路的人们被眼前发生的一切惊呆了：任某被火烧着了眉毛、头发，现场一片混乱。惊慌之后，人们都为钢片没有伤害到任某而感到庆幸。

当时，任某以电冰箱报废、身体也受到损害为由，要求维修站赔一台同型号的电冰箱和一定的精神损失费，但维修站对此持有异议。因双方持不同看法，赔偿数额悬殊太大，没达成协议。任某积压了一肚子怨气，想找机会发泄。

过了两天，他又冷静下来。他想到了禹州市消费者协会。6 月 22 日，他投诉到了禹州市消协，市消协受理投诉后，经过做工作，维修站表示同意调解。

此后一段时间，消协的同志结合本案实际，向双方耐心讲解《民法通则》第一百零六条："公民、法人由于过错侵害国家的、集体的财产，侵害他人财产、人身的，应当承担民事责任。"《消费者权益保护法》第十六条："经营者和消费者有约定的，应当按照约定履行义务，但双方的约定不得违背法律、法规的规定。"第三十五条："消费者在接受服务时，其合法权益受到损害的，可以向服务者要求赔偿。""新三包"规定第六条："修理者承担因自身修理失误造成的责任和损失。"第十三条:"对已使用过的商品按本规定收取折旧费。"(家用电冰箱的折旧费,从开具发票之日起,至退货、换货之日止,按发票价格,每日按 0.05% 折旧率收取折旧费)

双方听了消协工作人员的讲解,明白了法定的权利和义务,相互达成谅解,同意按新"三包"规定,对电冰箱作适当折旧,同时考虑现行市场电冰箱价格,维修站同意精神损失费可以象征性地给予赔偿。最后维修站赔偿了任某各种损失费共计 1700 元。一起可能大动干戈的纠纷,合法合情地得到了调解。

买彩电几年不如意　诉委屈多方给支持

1992 年 12 月 30 日,河南省禹州市邮电局退休工人曹先生,在河南省华通实业公司花 2480 元,购买了一台某电视机厂生产的某牌 21 英寸彩电,买时没有开箱试机。回家打开电视机时,机壳后冒出火苗,不出图像。曹先生找华通实业公司换货,该公司的人说,现在没有这种型号的电视机,等来货后再换。谁知道,过了一段时间再去,发现该公司已经倒闭了。

曹先生无奈,于 1993 年 4 月 20 日,花 150 元钱雇车去河南省许昌市,找到了该电视机生产厂特约维修站。经鉴定:显像管漏气报废,需要由厂方修理。曹先生多次给厂方去快件信,均没有收到厂方答复,后又多次打电话,厂方让把电视机寄去。曹先生因怕厂方不讲信誉,一直没敢寄。

1995 年 3 月 15 日,曹先生在禹州市消费者协会举行的纪念"3.15 国际消费者权益日"宣传咨询活动中,向消协投诉。消协及时地把曹先生的投诉书寄到生产厂。但直到同年 10 月 9 日,厂方才来函,让曹先生将电视机寄回厂方。当天,曹先生将购机发票、保修卡连同电视机一起寄给了厂方,并先后 3 次去信告诉厂方。

1996 年 2 月 8 日,曹先生怀着焦虑的心情,向消协反映电视机寄出后 4 个月没有回音。消协的同志立即打电话到厂方,厂方答复:电视机收到了,处理意见信已寄出。

1996 年 2 月 13 日,曹先生收到了厂方的处理意见:显像管漏气不属于质量问题,让曹先生寄 1200 元钱,更换显像管。消协认为,厂方的处理意见不负责任,便多次打电话调解，但厂方拒绝履行法律义务。

消协认为厂方违反《民法通则》《消费者权益保护法》《产品质量法》的有关规定。遂支持曹先生于 1996 年 6 月 6 日，向禹州市人民法院起诉。

1996 年 7 月 13 日早 7 点、晚 19 点的中央人民广播电台（第一套）《新闻纵横》节目，对此事进行了详细报道。

8 月 8 日，曹先生收到了厂方更换了显像管的电视机，性能达到了说明书的要求。但曹先生向法院表示不撤诉，要求厂方依法赔偿因电视机质量问题给他带来的经济损失（雇车费、误工费、电话费、托运费）。

9 月 30 日，禹州市人民法院开庭公开审理此案，被告拒不到庭而缺席。禹州市人民法院依照《民事诉讼法》《产品质量法》的规定，依法做出一审判决：一、被告赔偿原告经济损失 505.1 元，于判决生效后 5 日内结清；二、本案受理费共计 206.5 元，由被告承担。目前，此判决已生效。

买来的计算器"贪污"销售者赔偿 800 余元

2005 年 1 月 14 日，禹州市方山镇方山村从事煤炭经营的方某，在镇上的超市买了一部价值 10 元的计算器。方某使用中发现，每天卖煤的吨数与实际收取的钱数相差上千元，问题出在哪里呢？方某百思不得其解。1 月 16 日下午，他给装了 14.6 吨的拉煤车结账时，发现 14.6 吨（每吨 310 元）煤应该是 4526 元，奇怪的是计算器显示的是 3526 元，整整少了 1000 元。方老板拿着计算器，到禹州市消费者协会方山分会投诉。

禹州市消协方山分会的工作人员对计算器进行演示后发现，当积数本应显示 4，这部计算器显示的却是 3，计算器在设计程序上存在缺陷。消协工作人员认为，依照《消费者权益保护法》《产品质量法》的有关规定，超市应对销售计算器的质量负责，并承担销售者对缺陷商品先行赔偿的责任。

1 月 17 日上午，经河南省禹州市消协方山分会调解，超市退还方某计算器款 10 元，并先行赔偿方某损失 800 元。

赠送商品也应该保证质量

春节前夕，禹州某通信公司开展交月租送名牌保暖内衣一件，商家按店堂广告的承诺，赠送纯羊毛保暖内衣一件（合格证标明：羊毛91%、思卡9%）。

张先生穿后，发现内衣既不保暖又不舒服，怀疑是假，但按合格证的防伪密码拨打免费查询电话，回答是：真品。张先生将内衣送到国家法定的纤维检验机构检验，结果：前身羊毛4.2%化纤95.8%，后身两袖羊毛1.6%化纤98.4%。结论为：不合格产品。张先生到禹州市消费者协会投诉，要求商家按承诺提供质量合格的纯羊毛保暖内衣，并承担鉴定费、车旅费、因误工减少的收入等费用。

《民法通则》规定：民事活动应当遵循自愿、公平、等价有偿、诚实信用的原则。

《合同法》规定：赠与人故意不告知瑕疵或者保证无瑕疵，造成受赠人损失的，应当承担损害赔偿责任。

《商标法》规定：商标使用人应当对其使用商标的商品质量负责。

使用注册商标，其商品粗制滥造，以次充好，欺骗消费者的，由各级工商行政管理部门分别不同情况，责令限期改正，并可以予以通报或者处以罚款，或者由商标局撤销其注册商标。

《广告法》规定：广告不得含有虚假的内容，不得欺骗和误导消费者。广告中表明推销商品、提供服务附带赠送礼品的，应当标明赠送的品种和数量。

《产品质量法》规定：生产、销售的产品，不得掺杂、掺假，不得以假充真，以次充好，不得以不合格产品冒充合格产品。

《消费者权益保护法》规定：经营者以广告、产品说明、实物样品或者其他方式表明商品或者服务的质量状况的，应当保证其提供的商品或者服务的实际质量与表明的质量状况相符。

经禹州市消费者协会调查，商家提供的赠品，确为某名牌企业生产。依照《合同法》《商标法》《广告法》《产品质量法》《消费者权益保护法》等法律法规的规定，商家应当对赠品的质量负责。经调解，商家按张先生要求支付了合理费用，赠品按市场价值，以现金兑付。

当心瓷砖"傍"名牌

2006 年 5 月 24 日，禹州市的李先生到一家瓷器批发部购买墙裙印花砖。店主一再向李先生推荐山东省淄博市铭帝建陶有限公司生产的瓷砖，并保证质量绝对可靠。李先生便购买了 1320 元的墙裙印花砖。

可是，把瓷砖拉回家施工后，李先生发现墙裙印花砖用纸一擦掉颜色，不是山东省淄博市铭帝建陶有限公司的产品。李先生随即将剩余的瓷砖拉回该陶瓷批发部要求退货，但陶瓷批发部老板却百般搪塞，坚持说是正宗产品，不予退货。无奈，李先生向禹州市消费者协会投诉。

当地消协立即派人调查，发现这家陶瓷批发部以自己生产的墙裙印花砖，冒用他人品牌。经调解，该陶瓷批发部经理向李先生当面赔礼道歉，退还 1320 元瓷砖款，并恢复室内原状。待李先生购买墙裙印花砖后，由该陶瓷批发部负责重新装修。

啤酒瓶爆炸伤人　依法维权获赔

2005 年 4 月 9 日，禹州市顺店镇顺北村村民周某与朋友在饭店喝啤酒时，被突然爆炸的啤酒瓶碎片炸伤左腿，"深达骨肢"，花去治疗费上百元。

近日，周某对啤酒厂商进行投诉，由于双方在补偿费用的数额上引发争议，无法和解，周某与啤酒厂的代表请求禹州市消费者协会调解。禹州消协维权有道，周某获赔。

在调解过程中，市消协遵循两个基本原则：第一是合法原则，即调解必须在查明事实，分清是非的基础上，依照法律法规进行。第二是自愿原则，即调解应充分尊重当事人的意愿，必须在双方当事人完全自愿的基础上进行。

在双方当事人现场，消协工作人员做出客观分析认为，通常引发啤酒瓶爆炸伤人有两种情况：一是啤酒瓶的质量不符合国家标准；二是由于外力的作用。工作人员还告诉双方当事人，对于赔偿数额较大的投诉，消费者、厂方（销售方）都到事故现场，在消协等有关调解部门工作人员的监督下，将爆炸后的啤酒瓶碎片当场密封，送到"司法部司法鉴定科学技术研究所"进行鉴定，认定啤酒瓶是否符合国家标准或外力作用引起爆炸，分清责任。其检验费用依照国家《有关消费争议的商品送检规定》的收费标准收取，检验费用由争议当事人协商支付或由消费者先行支付，责任确定后，依照《产品质量法》的规定，承担相应的法律责任。

经消协实地调解，在查明周某酒瓶爆炸的缘由、分清责任后，又经双方在协议上签字，啤酒厂一次性补偿周某损伤费450元。此投诉得以妥善解决。

特别提示

1. 在购买、饮用瓶装啤酒时，消费者要索取并保留购货凭证或是国家税务专用发票，一旦出现问题，找销售者交涉，如果没有凭证一切的承诺都是口说无凭；

2. 辨别所购买的啤酒是否注明生产厂家、注册商标、生产批号、生产日期，是否假冒他人商标；

3. 酒瓶是否使用"B"字标识；

4. 在开启时，要尽量远离身体，尤其是头部、面部，以免造成不必要的伤害；

5. 消费者在维护自己的合法消费权益时，一定要有理有据有节，否则弄巧成拙，事与愿违；

6. 要有食品安全常识，生活中注意自身安全防护，做到轻拿轻放，尽量避免瓶体之间、瓶体与其他物品之间发生碰撞；

7. 家中不宜存放过多啤酒，应随购随饮，注意将啤酒放置在离人群较远处，或是小孩不易触碰到的地方，并将啤酒放置于阴凉处；

8. 夏季不要购买接近保质期的饮品，最好在开封前注意观察饮品是否浑浊，以免误食；

9. 开启后，发现口味异常，要在开封后第一时间将保留原样的饮品拿到卫生防疫站检测；

10. 如发现有以上问题的啤酒，消费者千万不要购买和饮用，应依照《产品质量法》立即向当地工商、质监或消协等部门投诉举报。

啤酒瓶爆炸伤人　厂家赔偿 2.88 万

日前，河南省禹州市人民法院审结了一起啤酒瓶爆炸伤人赔偿案，河南省某啤酒生产厂家一次性赔偿消费者杨某人民币 28800 元。

8 月 27 日，禹州市花石乡农民杨某，在亲戚家喝啤酒时，由于瓶装啤酒瓶爆炸，酒瓶碎片扎入右眼，在医院接受治疗后，经法医鉴定中心鉴定：右眼为七级伤残。杨某以啤酒瓶存在质量缺陷造成人身损害为由，向禹州市消费者协会投诉啤酒生产厂家，要求赔偿。啤酒生产厂家对啤酒瓶的质量和是否为内力作用产生的爆炸有异议。禹州市消费者协会将爆炸后的啤酒瓶，送交司法部司法鉴定技术研究所进行了鉴定，结果为"啤酒瓶碎片完整，瓶身厚度不符合国家标准"。因双方对赔偿数额悬殊过大，禹州市消费者协会支持消费者向法院提起诉讼。

禹州市人民法院审理认为：啤酒生产厂家所生产的啤酒瓶身厚度不符合国家标准，致使消费者身体受到伤害，应负主要责任；消费者开启方法不当，应负一定责任。在审理过程中，法院依据消费者权益保护法进行调解，在区分责任的基础上，当事人双方终于达成了调解协议，啤酒生产厂家　次性赔偿消费者杨某人民币 28800 元。

礼花炸伤脸　厂家赔三千

2004 年 2 月 6 日 18 时许，在河南省禹州市中华药城做药材生意的周先生花600 元钱买了一箱名叫"辉煌之夜"的礼花弹，由其正读高中的儿子按说明书的要求在街道上燃放。没想到礼花弹刚一点燃，人还没撤离，礼花弹就升空爆开，并且一连发射8枚，周先生的儿子当场被炸伤脸部。不知何因，箱里剩余的一半（8枚）礼花弹完好无损，未燃。周先生将儿子送到该市人民医院救治，同时与经销商联系。没想到经销商到医院时怠慢、推诿，言行过激，极大地伤害周先生家人的感情，因害怕儿子脸上留下疤痕，周先生又连夜将儿子送到郑州医治。

周先生认为其子按说明书上的要求燃放（礼花弹应在点燃一分钟后升空），礼花弹应依次燃放，剩余的一半（8枚）礼花弹未燃，认为礼花弹存在质量缺陷，便拿着剩余的一半礼花箱，到禹州市消费者协会投诉。

消费者协会认为：依照《消费者权益保护法》第十八条、第二十二条：经营者应当保证其提供的商品或者服务符合保障人身、财产安全的要求。对可能危及人身、财产安全的商品和服务，应当向消费者做出真实的说明和明确的警示，并说明和标明正确使用商品或者接受服务的方法以及防止危害发生的方法。经营者应当保证在正常使用商品或者接受服务的情况下其提供的商品或者服务应当具有的质量、性能、用途和有效期限的规定。

超市应保证所经销礼花弹符合国家规定的质量标准，确保人身、财产安全。依照《消费者权益保护法》《产品质量法》规定，谁销售商品，谁对商品负责；谁生产产品，谁对产品质量负责，并承担相应的民事责任的基本原则。禹州市消费者协会与生产、批发、零售商协调，由于周先生、超市、烟花销售公司、湖南省浏阳市某烟花厂对礼花弹伤人的起因，各持己见，对赔偿的数额，相差甚远。禹州市消费者协会依照《产品质量法》的规定，建议将其剩余的8枚礼花弹提请农业部烟花爆竹质量监督检验测试中心进行鉴定后，根据当事人自愿的原则，在事实清楚的基础上，分清是非再进行调解。

日前，烟花厂不愿提请对礼花弹质量进行鉴定，愿息事宁人，一次性赔偿周先生儿子医疗费、精神损失费等共计3000元。

退电器一波三折　找工商一叶知秋

2003年，正在整修的禹州某宾馆，在"12315"消费者投诉举报中心的帮助下，使存在质量缺陷的自动电热保温瓶全部得以退货。

原来，今年夏天，该宾馆在郑州家电批发市场，购进了客房用的自动电热保温瓶134个，单价75元，使用时出现电热保温瓶没水不能自动断电，造成了两个保温瓶线路烧焦，报废。

宾馆多次同广东厂方、郑州经销商联系退货，厂方、经销商坚持就事论事，愿更换产品，若全部退货，到郑州再说。去郑州退货，一怯不全退，二怕打白条。河南省工商系统开展的"服务型工商活动"深受社会赞誉。宾馆与市工商局"12315"消费者投诉举报中心联系，希望能出面调解。电热保温瓶的质量，危及宾馆及顾客的人身、财产安全。中心人员查看被烧的热水瓶，没有中国电工产品认证委员会颁发的家用电器认证"长城"标记，《产品质量法》第十三条规定："可能危及人体健康和人身、财产安全的工业产品，必须符合保障人体健康和人身、财产安全的国家标准，行业标准；禁止生产、销售不符合保障人体健康、财产安全标准和安全的工业产品。依照《产品质量法》第二十六（第一款）、第四十条和《消费者权益保护法》第十八条、第四十条、第四十四条，郑州经销商理应先行退货。中心工作人员同宾馆经理一同去郑州退货，经销商表示：这批产品的温控板存在质量问题，厂方已经整改，愿全部调换，若退货，无款，只能打白条。

中心工作人员向经销商赠送了《消费者权益保护法》《产品质量法》，有针对性地给予讲解，并电话与广东厂方讲明，质量为本、诚信为重、执行"三包"是企业生存之道。厂方同意退货，经销商当场退款 10050 元。

消协一片情　老农两行泪

2006 年 4 月 28 日 17 时许，在禹州市某水泥厂，当家住漯河市临颍县黄帝庙乡张村的老农张某得到 5000 元的赠款时，眼里流着泪水，感激禹州、临颍两地消费者协会解了乡下人燃眉之急。

原来，2006 年 2 月，张某在本乡买了 10 吨水泥盖新房，没想到，打过门梁的水泥凝固不好，有的还脱落。看着快盖起的三间房，他和妻子傻了眼，多次找到水泥经销商要求赔偿损失，经销商让他找在禹州市的水泥厂。临颍与禹州隔着许昌、漯河两个市，欲哭无泪的张某找到临颍县消协投诉，4 月 28 日上午，临颍县消协同志同张某，专程到禹州市消协请求协调处理。禹州市消协与临颍县消协一同找到禹州某水泥厂家。

现在，一些不知名水泥厂在未与知名水泥厂签订商标使用合同的情况下，恶意印制与知名厂家相同、相似、近似的含有商标、质量认证、标识的包装袋，以假充真，偷梁换柱，侵害知名厂家、消费者的合法权利，利用人们图便宜的心理，为农民建房埋下隐患。知名厂家与建房受害农民都是假冒侵权水泥的受害者。禹州消协提出把该厂的水泥现场取样，送国家水泥检验机构鉴定。

看着风尘仆仆赶来的禹州市消协、临颍县消协的负责同志，望着满脸忧愁、生活绝望的老农，听着禹州、临颍两地消协述说老农盖房艰辛与准备婆媳妇的喜悦，及假冒水泥使老农的生活陷于绝境，水泥厂的厂长被两地消协为民服务的真情所打动，出于人道同情，当场捐赠给张某现金 5000 元；禹州市消协告知张某可以依法追究假冒水泥经销商的责任，要求民事赔偿。

袋子水泥缺斤短两允许吗？

修房盖屋离不了水泥。当您成袋、成吨、成车购买、使用水泥时，也许注意的是品牌，但对袋装水泥的量值是否准确，并不在意。如果出现量值不准、缺斤少两情况怎样索赔呢？禹州市消费者协会受理了一起袋装水泥缺斤少两的投诉。

2004 年 7 月，禹州市钧台办事处居民朱先生盖房共用袋装水泥 98 吨，比预算的用量多出许多，他百思不得其解。当他将剩余的 2 吨袋装水泥，逐一过磅后，发现每袋达到 50 公斤的寥寥无几，大多在 48～49 公斤。他找到负责拉货的货车主和厂方的销售人员，得到的答复是：编织袋装水泥在装卸过程中易损耗，根据有关规定允许偏差，因此，编织袋上标明：每袋允许偏差正负 1 公斤。

为了证明水泥偏差超过标准，自己的公平交易受到侵害，他又去厂方买了车水泥，拉到工地后，通知厂方质检、销售人员到场，将水泥逐袋卸下过磅，达到 50 公斤标准的不多。

9 月 16 日，朱先生到禹州市消费者协会投诉。消费者协会认为：厂方理应按照《产品质量法》《计量法》《消费者权益保护法》的规定，编织袋装水泥出厂时，允许每袋有误差，但必须保证每吨水泥计量准确，即 20 袋水泥的重量等于 1000 公斤，水泥及包装材料有其特殊性，偏差应符合国家和地方有关规定。按照《欺诈消费者行为处罚办法》和《河南省计量监督管理条例》有关条款的规定，计量偏差超过国家和河南省有关规定，给用户和消费者造成损失的，责令补足商品数量，增加赔偿商品价款一倍的损失。

厂方听消协以案说法，合情合理，按消费者的要求赔偿了水泥，并表示要严格实施岗位质量责任制，确保袋装水泥量值准确可靠，让用户和消费者放心。

谨防摩托变成"黑户"

买摩托车的目的是为了出门办事方便，而今，禹州市浅井乡的李女士却无法方便起来，因为她的车落不上"户口"，属公安交通部门严查之列。

2004年6月26日，李女士购买了一辆某品牌摩托车。当时，经销商介绍，农村摩托车免上牌照，不需要办理任何手续。

随着公安交通部门农村乡镇交警中队的建立，在农村行驶的摩托车也纳入《道路交通安全法》管理的范畴。今年10月份起，公安交通部门开始严查农村乡镇无牌车，一旦被查出，除交罚款外，还必须补办一切手续。李女士主动到乡里的公安车辆管理站办理"户口"上牌照。工作人员经上网查验《国产机动车整车合格证信息通报系统》，没有这车的目录，即该车属国家不允许生产的、属于黑摩托，不能入户上牌照。

为此，11月4日，李女士要求经销商帮忙上牌入户，得到的答复是：该批车因手续不全挂不上牌。李女士自感受骗，打电话到禹州市消协咨询投诉。

消协工作人员咨询车辆管理部门得知，《国家发展改革委、公安部关于规范机动车整车出厂合格证明管理的通知》规定：今年7月1日起，摩托车换发国家统一监制的合格证，每一辆摩托车的合格证都有唯一的编码，编码最终进入国家统一的数据库，公安交管部门负责车辆登记时，核查机动车合格证，合格证不合规定的视为"黑车"，不予注册登记（上"户口"、办牌照）。

既然不允许生产为什么又在流通领域里出现呢？厂家答复，他们有摩托车的合格证，质量绝对没有问题。对于这个难缠的问题，消协工作人员仍在继续协调处理中。

据了解，此类投诉该消协已受理多起，工作人员在此提醒消费者，买摩托车不要贪图便宜而购买假冒伪劣车，要重视车辆本身的质量和安全性。

新车藏"内伤"　　修理露了馅

　　2005 年 10 月 23 日，禹州市消费者顾某驾驶刚买来不到半天的微型面包车，在行驶中发生了车辆追尾，造成前保险杠受损。到汽车售后服务部修理时，修理人员告诉顾某，保险杠有曾经修理过的痕迹，车的后尾彩色装饰条也是翻新的。花 53500 元买了辆肇过事的车，让顾某感到十分窝囊。他找到汽车销售商要求换车或者退款，遭到拒绝。

　　10 月 24 日上午，顾某到禹州市工商局夏都工商所"12315"消费者申诉举报站投诉。

　　人们常说"货卖一张皮"，这里的"皮"指货物的包装，或者叫作"皮相""扮相"。好的包装可以增加货物的"卖相"，勾起人们的购买欲，所以说"货卖一张皮"是有道理的。汽车是大件的耐用消费品，消费者格外注意车的品牌和外观。新车在运输过程中意外发生事故，对汽车经销商来讲是一个损失，如果"带伤"的车经过"翻新"，故意隐瞒实情，以优惠价卖给消费者，就有欺诈消费者行为之嫌了，消费者依照《消费者权益保护法》《欺诈消费者行为处罚办法》的规定，可依法要求汽车经销商加倍赔偿，汽车经销商岂不"赔了夫人又折兵"。

　　公司隐瞒车辆的真实情况（碰撞修理过），向消费者销售翻"新"车，侵害了消费者的知情权（了解权）、公平交易权，为欺诈消费者行为。当天下午，经过"12315"消费者申诉举报站工作人员的调解，该汽车销售商为顾某更换了一辆新的同品牌、同型号的微型面包车。

理智维护权益　换车又得补偿

　　在河南省禹州市工作的王先生，2005年6月1日在郑州购买了一辆日本产的轿车，售价10.52万元。

　　王先生驾驶该车行驶返回禹州的路上，发现将车档放到四档时车身发抖，便同郑州汽车售后服务联系。服务人员告诉他，到第一次例行保修时，检查一下再说。例行保修时维修人员讲，车身发抖是正常现象，如果是质量问题，在两年或5万公里内负责免费修理。

　　王先生听后心里很不是滋味，明明是质量问题，怎么说没事呢？他先后数次到郑州找到经销商，后经日本厂家和北京代办处的专家鉴定，确认是变速箱存在质量问题。从2005年8月下旬开始，厂家先后为王先生的车换了3台变速箱，仍然是车身发抖。

　　王先生想不通：花十多万元，上了牌照的车却是辆带病车。于是，他要求换车或退车，经销商却以"温和"拖延的态度相持。

　　"买车容易修车烦，退换难于上青天"。王先生准备将车"装饰"一下，驾驶自己的车到郑州做"广告"，朋友提醒，先到消费者协会咨询投诉。

　　禹州市消协工作人员告诉他：解决消费纠纷，应尊重社会公德，在法律范围内，有理、有节、有度地解决问题，任何超越社会公德、法律范围的过激行为，都不利于消费纠纷的解决。

　　家用轿车不属国家"三包"产品，依照《合同法》《产品质量法》和《消费者权益保护法》的规定，汽车厂家、经销商当对生产、销售的产品质量负责，并承担相应的民事责任。参照《汽车三包草案》（征求意见稿）"在整车三包有效期内，因产品质量问题修理占用时间累计超过35日的，或者同一质量问题累计修理5次后，又出现质量问题的，消费者凭三包凭证、维护和修理记录、购车发票，由销售商负责更换同品牌型号整车。"

　　补偿费的计算对整车更换或换货时，消费者应向销售商支付合理使用补偿费用，使用补偿费用计算公式：$[（车价款（元）\times 行驶里程（km））/1000]\times n$。使用补偿系数$n$由制造商在0.5%至0.8%之间确定，并在三包凭证中明示。

消费者维护自身权益也要讲政治。长期以来，日本国内总有一些势力矢口否认日本发动侵略战争的性质和罪行，竭力美化军国主义战争，并为已经被历史钉在耻辱柱上的甲级战犯扬幡招魂。这些做法，不仅违背了日本政府在历史问题上的承诺，而且背离了中日关系的政治基础，严重伤害了中国和亚洲有关国家人民的感情。如果，王先生的购车遭遇被媒体深入追踪报道，必将引起社会的高度关注，引起国人的愤激之情。

2005 年 10 月，王先生把消协的意见转化为自己的主张，再次向经销商提出换车的要求。这次经销商满足了王先生的要求，同意换车，免收车辆使用费，并补偿了部分车辆购置税 4000 元。

家用汽车"三包"规定

从 2004 年第一次征求意见开始，经过近十年等待，2013 年 1 月 15 日，国家质检总局正式对外发布了《家用汽车产品修理、更换、退货责任规定》（简称"汽车三包"），将于 10 月 1 日起开始施行。消费者终于盼来了汽车三包，家用汽车产品不退不换的历史从此结束。

"汽车三包"实行谁销售谁负责"三包"的原则，明确家用汽车产品修理、更换、退货责任由销售者依法承担，销售者承担"三包"责任后，属于生产者的责任或者属于其他经营者的责任的，销售者有权向生产者或其他经营者追偿。

免费修车三包有效期不低于 2 年或 5 万公里，以先到者为准。包修期和三包有效期自销售者开具购车发票之日起计算。

家用汽车产品的包修期限不低于 3 年或者行驶里程 60000 公里，以先到者为准。在包修期内，家用汽车产品出现质量问题，消费者凭三包凭证由修理者免费修理，其中包括工时费和材料费。

自销售者开具购车发票之日起 60 日内或行驶里程 3000 公里内（以先到者为准），发动机、变速器的主要零件出现质量问题的，消费者可选择免费更换发动机、变速器；易损耗零部件在其质量保证期内出现质量问题的，消费者可选择免费更换易损耗零部件。

五种情况可以退车、换车。在家用汽车产品三包有效期内，发生下列情况之一，消费者选择更换或退货的，销售者应当负责更换或退货：

一、自销售者开具购车发票之日起 60 日内或者行驶里程 3000 公里之内（以先到者为准），家用汽车产品出现转向系统失效、制动系统失效、车身开裂或燃油泄漏，消费者选择更换家用汽车产品或退货的，销售者应当负责免费更换或退货。

二、在家用汽车产品三包有效期内，因严重安全性能故障累计进行了 2 次修理，严重安全性能故障仍未排除或者又出现新的严重安全性能故障的。

三、发动机或变速器累计更换 2 次后，或者发动机、变速器的同一主要零件因其质量问题，累计更换 2 次后，仍不能正常使用的。

四、转向系统或制动系统、悬架系统、前 / 后桥、车身的同一主要零件因其质量问题，累计更换 2 次后，仍不能正常使用的，消费者选择退货时，销售者应当负责退货。

五、在家用汽车产品三包有效期内，因产品质量问题修理时间累计超过 35 日的，或者因同一产品质量问题累计修理超过 5 次的，消费者可以凭三包凭证、购车发票，由销售者负责更换。

家用汽车产品符合更换条件，销售者无同品牌同型号产品，也无不低于原车配置的产品向消费者更换的，消费者可以选择退货，销售者应当负责为消费者退货。家用汽车产品符合退货条件的，销售者应当自消费者要求退货之日起 15 个工作日内向消费者出具退车证明，负责为消费者按发票价格一次性退清货款。

合理使用补偿费用的计算按照"汽车三包"规定更换或者退货的，消费者应当支付因使用家用汽车产品所产生的合理使用补偿，销售者依照"汽车三包"规定应当免费更换、退货的除外。

合理使用补偿费用的计算公式为：[（车价款（元）× 行驶里程（km））/1000] × n。使用补偿系数 n 由生产者根据家用汽车产品使用时间、使用状况等因素在 0.5% 至 0.8% 之间确定，并在三包凭证中明示。

修理时间超过 5 日，应当提供备用车。在家用汽车产品包修期内，新规指出，因产品质量问题每次修理时间（包括等待修理备用件时间）超过 5 日的，应当为消费者提供备用车，或者给予合理的交通费用补偿。补偿标准由双方协商来定。

"汽车三包"规定，修理时间自消费者与修理者确定修理之时起，至完成修理之时止。一次修理占用时间不足 24 小时的，以 1 日计。

免除三包责任条件在家用汽车产品包修期和三包有效期内，存在下列情形之一的，经营者对所涉及产品质量问题，可以不承担汽车三包的责任：

（一）消费者所购家用汽车产品已被书面告知存在瑕疵的；

（二）家用汽车产品用于出租或者其他营运目的的；

（三）使用说明书中明示不得改装、调整、拆卸，但消费者自行改装、调整、拆卸而造成损坏的；

（四）发生产品质量问题，消费者自行处置不当而造成损坏的；

（五）因消费者未按照使用说明书要求正确使用、维护、修理产品，而造成损坏的；

（六）因不可抗力造成损坏的。

在家用汽车产品包修期和三包有效期内，无有效发票和三包凭证的，经营者可以不承担本规定所规定的三包责任。

卖劣质柴油五百　遭双倍赔偿千元

元月9日晚，禹州市无梁镇的董先生驾驶东风"前四后八轮"载重车，在郑禹公路某加油站加了500元的负10号柴油（每升4.48元）后，行驶不到2公里，发现车没有劲。

当装上石子后，车的发动机没有了往日的力量，上个小坡排气管只冒蓝烟，董某根据多年的驾驶经验判断，一定是油的质量问题，幸亏发现得早，要是烧坏了油泵，不得花几千块去修理？于是，他打电话到禹州市消费者协会咨询该咋找加油站索赔。

经营者故意告知消费者虚假情况，或者故意隐瞒真实情况，诱使消费者购买商品或者接受服务的，为欺诈行为。加油站销售的柴油掺杂、掺假，以假充真，以次充好的行为，依照《欺诈消费者行为处罚办法》的规定，为欺诈消费者行为。

根据《合同法》《消费者权益保护法》：经营者提供商品或者服务有欺诈行为的，应当按照消费者的要求增加赔偿其受到的损失，增加赔偿的金额为消费者购买商品的价款或者接受服务的费用的一倍。

10日上午，董先生找到加油站，经和解，依法得到赔偿1000元。

禹州市消费者协会将此事及时告知油站辖区的工商所，工商所依法查处加油站。

换风机牵动两省　找工商柳暗花明

2008 年 8 月 19 日下午，禹州市减速机厂炼铁炉的风机出现故障，风扇不转，炉火失去风力渐渐小了下来，刚融化的铁水慢慢失去了耀眼的光泽。

厂长忙与郑州经销处联系，可对方的电话、手机不是无人接，就是"你所呼叫的用户联系不上"或"被叫用户忙"电脑话务员的回声。

夜幕降临，厂长望着炉里逐渐凝固的铁水和已卸下的价值 11800 元的风机，想到 40 多名工人停工，签订的合同不能履行，耽误不起时间啊！他又想到工商局开展的"服务型工商"活动，决定去试试。

第二天一大早，他到辖区方山工商所诉说原委，所长鲍俊伟听后，深感事情重大，同禹州市"12315"投诉举报中心联系，中心派人乘厂里车一同去郑州协商换货。

到郑州找到风机经销处，已是下午 2 点多了，敲门无人应。向房东打听，才知道经理回湖北厂里去了，业务员去信阳两三天后才回来。

怎么办呢？"12315"工作人员打电话到湖北某风机厂，询问到了驻郑州经销处程经理的住宅电话号码。

程经理接到禹州"12315"工作人员的电话，被禹州"服务型工商"的工作作风所感动。但人在湖北，货在郑州；当天换货，爱莫能助。经"12315"工作人员因势利导，程经理愿破先例，电话联系在郑州的老乡，让其负责办理验货、换货手续，并告知房东打开仓库门。

当更换过的生铁炉风机被叉车装到禹州市减速机厂的车上时，郑州市区已是华灯初上，万家灯火。

伪劣种子坑农怎赔偿?

2004年6月上旬,禹州市文殊镇贺庙村农民黄某,在某代销店买了3.5公斤玉米种(每公斤6元)。播种出苗后,二亩半地的玉米长得参差不齐,苗叶干黄,凭多年的种田经验,黄某知道买的是假玉米种子,要求代销店赔偿损失,遭到拒绝后,黄某到禹州市消协投诉。

消协工作人员实地查看黄某地里玉米和剩余的种子,然后到代销店,依照我国《种子法》《河南省实施〈中华人民共和国种子法〉办法》《消费者益保护法》的规定,耐心调解,店主赔偿黄某种子款、有关费用和可得利益损失1000元。

种子不同于一般商品,是有生命的高附加值商品。其质量优劣关系着农民的收成和希望,种子的价值不仅仅在于种子本身的价值,它还包括更多的附加值、可得利益。伪劣种子造成使用者歉收或绝收,除了赔偿种子价款外,还要赔偿有关费用和可得利益损失。

在实际工作中,消费者协会受理起类似伪劣种子赔偿投诉相当棘手,有的虽说进入了司法程序,但往往出现种子使用者赢了官司,却得不到赔偿的尴尬局面。原因之一就是不少种子经营单位资金短缺,根本无力赔偿种子使用者可得利益损失,因为种子的可得利益远远高出种子本身的价值。那么,购买使用了假种子怎样索赔呢?

经营者向当地农民销售假劣种子、农药、化肥的行为,依照《欺诈消费者行为处罚办法》规定,应视为欺诈消费者行为。依照《合同法》的规定,经营者对消费者提供商品或者服务有欺诈行为的,依照《消费者权益保护法》的规定承担损害赔偿责任。《消费者权益保护法》规定:经营者提供商品或者服务有欺诈行为的,应当按照消费者的要求增加赔偿其受到的损失,增加赔偿的金额为消费者购买商品时价款或者接受服务的费用的一倍的规定,购买到假劣种子的农民要求经营者增加赔偿其受到的损失,增加赔偿的金额为购买种子价款的一倍,这也是通常说的"1+1"加倍赔偿。

当农民使用假劣种子遭受损失时,可依照《种子法》《河南省实施〈中华人民共和国种子法〉办法》的规定,要求出售种子的经营者予以赔偿。

《种子法》规定：种子使用者因种子质量问题遭受损失的，出售种子的经营者应当予以赔偿，赔偿金额包括购种价款、有关费用和可得利益损失。经营者赔偿后，属于种子生产者或者其他经营者责任的，经营者有权向生产者或者其他经营者追偿。

《河南省实施〈中华人民共和国种子法〉办法》规定：种子使用者因种子质量问题遭受损失的，出售种子的经营者应当予以赔偿。赔偿额包括：

（一）购种价款。

（二）有关费用。包括购买种子支出的交通费、住宿费、种子保管费、鉴定费、误工费等。

（三）可得利益损失。农作物种子使用者遭受的可得利益损失，按其所在乡（镇）前三年同种作物的单位面积平均产值乘以实际种植面积减去其实际收入计算；无统计资料的，可以参照当地当年同种作物的单位面积平均产值乘以实际种植面积减去其实际收入计算；无参照农作物的，按照资金投入和劳动力投入的一倍以上二倍以下计算；田间产量鉴定按照国家有关规定执行。林木种子使用者遭受的可得利益损失，按购种价款和有关费用的三倍以上五倍以下计算。

这台饲料粉碎机该不该退？

2004 年 11 月，朱阁乡农民吴某买了台 700 元的 JWFC400 型多功能性饲料粉碎机，回家按规定调试好，粉碎不到 100 公斤红薯渣，粉碎机中轴断裂。第三天，吴某找到门市部，要求换货，店主说：没有配件，也没有同型号的粉碎机，要退货，等到有了配件，试试后再说，吴某无奈，到市消费者协会投诉。

饲料粉碎机是国家制定的《农业机械产品修理、更换、退货责任规定》目录中所列产品，整机和主要部件，在一年的三包有效期内，实行谁销售，谁负责修理、更换、退货（简称为三包）的原则。

《消费者权益保护法》第四十五条规定：对国家规定或者经营者与消费者约定包修、包换、包退的商品，经营者应当负责修理、更换或者退货。在保修期内两次修理仍不能正常使用的，经营者应当负责更换或者退货。

《产品质量法》第四十条规定："售出的产品有下列情形之一的，销售者应当负责修理、更换、退货，给购买产品的消费者造成损失的，销售者应当赔偿损失：（一）不具备产品应当具备的使用性能而事先未做说明的；（二）不符合在产品或者其包装上注明采用的产品标准的；（三）不符合以产品说明、实物样品等方式表明的质量状况的。"

《农业机械产品修理、更换、退货责任规定》第十四条、第十六条（第二款）、第十八条规定：产品自售出之日起15日内发生安全性能故障或者使用性能故障，农民可以选择换货或者修理，销售者应当按照农民的要求负责换货或者修理。内燃机、拖拉机、联合收割机、农用运输车以外的产品，换货后15日内发生安全性能故障和使用性能故障的，农民可以要求退货，销售者应当负责为农民免费退货。三包有效期内，符合换货条件的，销售者因无同型号同规格产品，或者因换货后仍达不到国家标准、行业标准或者企业标准规定的性能要求以及明示的性能要求，农民要求退货的，销售者应当予以免费退货。

消费者协会工作人员依照《消费者权益保护法》第四十五条、《产品质量法》第四十条、《农业机械产品修理、更换、退货责任规定》第十八条的规定：三包有效期内，符合换货条件的，销售者因无同型号同规格产品，或者因换货后仍达不到国家标准、行业标准或者企业标准规定的性能要求以及明示的性能要求，农民要求退货的，销售者应当予以免费退货的规定，依法调解，店主退货款700元。

注：土壤耕整机械、种植机械、植物保护和管理机械、收获机械、场上作业机械、排灌机械、农副产品加工机械、畜牧机械渔业机械的整机和主要部件三包有效期一年。

解决种子质量纠纷有途径

"二月里来好风光，家家户户种田忙。"人们播撒的种子，是有生命的商品，种子、农药、化肥等农资也是高附加值的商品，其质量优劣关系着农民的收成和希望。俗话说："人误地一晌，地误人一年。"农民一旦购买使用了假劣农资，所造成的损失事后难以弥补。

种子质量的高低直接关系到农业生产的安全、农民的收成和农村社会的稳定。由于种子经营存在销售点多、品种繁杂、规格不一、质量参差不齐，以及还存在制售假劣种子和不规范经营行为等现象，当种子经营者和种子使用者之间发生种子质量纠纷时，应遵照《种子法》《消费者权益保护法》的规定，通过以下途径解决种子质量纠纷：

1. 协商和解。如果发生种子质量纠纷，种子使用者要立即取证，将留存的种子及包装袋和发票（收据）妥善保管，对种植的农作物的田间要取样、拍照或录像，这是处理种子质量纠纷最重要的证据。然后与种子经营者交涉，双方要就发生的问题进行认真的分析，明确双方责任，如双方达成协议，与种子经营商和解。

2. 申请调解。当种子经营者和使用者无法协商和解时，双方或一方向当地农业行政主管部门或消协等部门提出申请调解。

（1）对留有样种的，有关部门委托有种子质量鉴定权限和资质的种子质量检测单位依照国家相关标准，采取合法程序进行种子质量检验，并出具具有法律效力的检验报告，管理部门依此依法进行处理；

（2）对没有留样种的，可由管理部门组织专家进行现场鉴定；

（3）对既没有留样种又没有现场可供鉴定的，可遵循自愿、平等、诚实信用的原则进行协商调解。

3. 仲裁起诉。种子经营者和使用者不愿通过协商、调解解决或者协商、调解不成的，可以根据种子经营者和使用者之间的协议向仲裁机构申请仲裁。种子经营者和使用者也可以直接向人民法院起诉。

相关规定：《种子法》第四十一条：种子使用者因种子质量问题遭受损失的，出售种子的经营者应当予以赔偿，赔偿额包括购种价款、有关费用和可得利益损失。经营者赔偿后，属于种子生产者或者其他经营者责任的，经营者有权向生产者或者其他经营者追偿。

农机有了"三包"

2010年3月13日，国家颁布了新的《农业机械产品修理、更换、退货责任规定》（以下简称《农机三包》），于2010年6月1日起施行。

《农机三包》对质量问题、农业机械产品用户、生产者、销售者、修理者等用语进行了清晰的释义。

农机（包括整机和主要部件）"三包"有效期不少于一年。"三包"有效期自开具发票之日起计算，三包有效期包括整机三包有效期，主要部件质量保证期，易损件和其他零部件的质量保证期。扣除因承担三包业务的修理者修理占用和无维修配件待修的时间。

《农机三包》规定，农机产品实行谁生产、谁销售、谁负责三包的原则。《农机三包》特别强调，销售者与农机用户另有约定的，销售者的三包责任依照约定执行，但约定不得免除依照法律、法规以及本规定应当履行的义务。

《农机三包》规定，生产者应当在销售区域范围内建立农机产品的维修网点，与修理者签订代理修理合同，依法约定农机产品三包责任等有关事项。生产者应当保证农机产品停产后五年内继续提供零部件。

《农机三包》规定，销售者销售农机产品时，应当建立销售记录制度，并按照农机产品使用说明书告知产品适用范围、配置等方面内容，对购买者进行必要的操作、维护和安全注意事项的培训。对实施生产许可证管理、强制性产品认证管理的农机产品，销售者有义务验明生产许可证证书和生产许可证标志、认证证书和认证标志。对于进口农机产品，还应当提供海关出具的货物进口证明和检验检疫机构出具的入境货物检验检疫证明。

为确保用户购买产品在三包有效期内及时保质维修，新《农机三包》规定，修理者应当与生产者或销售者订立代理修理合同，按照合同的约定，保证修理费用和维修零部件用于三包有效期内的修理。修理者应当严格执行零部件的进货检查验收制度，不得使用质量不合格的零部件，认真做好维修记录，记录修理前的故障和修理后的产品质量状况。

"三包"有效期内产品发生故障，修理者应自送修之日起40天内排除故障并保证正常使用。因修理造成产品损坏的，修理者负责为农民赔偿产品本身的损失，费用由修理者承担；自送修之日起超过40日未修好的，修理者应在修理状况中如实记载；销售者应当凭此据免费为农民更换同型号同规格的产品，然后依法向生产者、修理者追偿。

"三包"有效期内符合换货条件的，销售者因无同型号同规格产品，或者因换货后仍达不到标准规定的性能要求及明示的性能要求，农民要求退货的，销售者应免费退货。

《农机三包》规定，对赠送的农机产品，不得免除生产者、销售者和修理者依法应当承担的三包责任。

《农机三包》明确了农机用户因三包责任问题与销售者、生产者、修理者发生纠纷时，解决的途径；产品质量监督部门、工商行政管理部门、农业机械化主管部门在各自职责范围内，应当认真履行三包有关质量问题监管职责。

附：内燃机、拖拉机、联合收割机、插秧机整机的三包有效期以及主要部件的名称、质量保证期

一、内燃机（指内燃机作为商品出售给农机用户的）

1. 整机三包有效期
①柴油机：多缸 1 年单缸 9 个月
②汽油机：二冲程 3 个月、四冲程 6 个月
2. 主要部件质量保证期
①柴油机：多缸 2 年、单缸 1.5 年
②汽油机：二冲程 6 个月、四冲程 1 年
3. 主要部件应当包括：内燃机机体、气缸盖、飞轮等。

二、拖拉机

1. 整机三包有效期
大、中型拖拉机（18 千瓦以上）1 年，小型拖拉机 9 个月
2. 主要部件质量保证期
大、中型拖拉机 2 年，小型拖拉机 1.5 年
3. 主要部件应当包括：内燃机机体、气缸盖、飞轮、机架、变速箱箱体、半轴壳体、转向器壳体、差速器壳体、最终传动箱箱体、制动毂、牵引板、提升壳体等。

三、联合收割机

1. 整机三包有效期：1 年
2. 主要部件质量保证期：2 年
3. 主要部件应当包括：内燃机机体、气缸盖、飞轮、机架、变速箱箱体、离合器壳体、转向机、最终传动齿轮箱体等。

四、插秧机

1. 整机三包有效期：1 年
2. 主要部件质量保证期：2 年
3. 主要部件应当包括：机架、变速箱体、传动箱体、插植臂、发动机机体、气缸盖、曲轴等。

美丽不能以容颜为代价

"男人爱潇洒，女人爱漂亮。"你看大街上的美容店不是多了起来？那承诺全方位服务的广告，顺应着女人们的爱美之心。只要是美容美发，差不多都在经营美体减肥项目，从减肥食品、药品到减肥器材应有尽有，减肥的手段也是五花八门，节食减肥、吸脂减肥、针灸减肥、按摩减肥等，"人造美女"不是梦。然而，在美容设备简陋、美容试剂及药品存在缺陷、市场上假冒伪劣化妆品屡禁不止的情况下，有的美容师想"妙手回春"，却因自身知识、技术和经验的局限或主观的疏忽大意，引发的美容消费纠纷不断。

笔者所在的消费者协会就接到了因轻信美容店的虚假广告宣传而受害的美容消费者的投诉多起，做双眼皮手术而双眼红肿，只好戴墨镜外出；想让皮肤细嫩洁白，没想到变成了"包公"脸；想消除脸上雀斑，反而长出"胡须"……美容变毁容，这给女性们造成的精神上、名誉上的创伤和痛苦是难以随着岁月的流逝而淡忘的。她们请求消费者协会告诫想去美容的人们，莫轻信虚假广告宣传，要正确对待自己的容颜，莫为一时虚荣而到街头小店进行医疗美容，否则适得其反，无颜见人。

医疗美容和生活美容是两类不同性质的美容，在技术标准和管理上都有不同要求。

生活美容包括美容知识咨询与指导、皮肤护理、化妆修饰、形象设计和美体等服务项目。

医疗美容，是指运用手术、药物、医疗器械以及其他具有创伤性或者侵入性的医学技术方法对人的容貌和人体各部位形态进行的修复与再塑（手术减肥术）等医疗项目。

国家对美容这一行业有严格的规定，《河南省消费者权益保护条例》第三十条规定：美容美发业经营者应当使用符合国家质量、卫生标准的材料和器具，并事先向消费者明示价格、服务效果及注意事项和存在的风险；因经营者的责任达不到约定服务效果的，应当按照消费者的要求免费重做或者退还已收取的费用；给消费者造成人身伤害或者其他不良后果的，应当依法承担相应的法律责任。不具备国家规定资质或者资格的，不得从事医疗美容服务。

国家工商局颁布的《企业经营范围用语规范》《核定个体工商户经营范围用语规范》中规定，对从事美容服务的经营者申请办理营业执照时，工商机关核准经营范围为，美容（不包括整容业）即生活美容。

国家卫生部发布的《医疗美容服务管理办法》规定，未领取《医疗机构执业许可证》的任何单位和个人，不得开展医疗美容。

消费者协会提醒您：

（一）美容院（店）只能从事生活美容。

（二）要想享受医疗美容服务，应到有《医疗机构执业许可证》的专业医院，让有执业医师资格的、具有三年以上从事美容项目的医师为其美容，走正常的渠道，这样才能使自己的身体健康得到保障。

（三）莫被美容院（店）里悬挂的假证件所迷惑，贪图小便宜，给自己的心理、生理包括外形带来抹不去的创伤。

（四）如果因美容而造成毁容，消费者既可及时向卫生行政管理部门申诉，又可依照《医疗事故处理条例》《消费者权益保护法》的规定，向人民法院提起民事诉讼，以维护其合法权益不受侵害。

医疗广告莫轻信　当心耽误你的病

你相信吗？"治病不打针不吃药，不用药物治疗，急性病一分钟见效……凡是中医能治的多种慢性疾病、疑难杂症及非抢救性疾病都能医治。"宣称有如此神奇疗效的产品就是由湖北某公司生产的治疗仪。然而，患有慢性气管炎的禹州市文殊镇中学退休教师李老师投诉，该产品不仅不能治病，反而差一点送了他的命。2006 年 12 月 18 日，经常听广播的李老师在听了河南某电台的"专家讲座"后，花 1268 元在禹州市某大药房购买了一台带调频收录机的"对气管炎有疗效"的治疗仪。然而，使用该仪器仅三四天，他咳嗽、哮喘得更加厉害，打电话咨询"专家"，被告知这是病在恢复的症状，要做到"三坚持"：坚持听广播、坚持治疗、坚持勤洗脚。他哮喘得厉害，便到医院打了四天吊针，病情得以稳定。他说如果按"专家"要求的"三坚持"，自己早没命了。

为了讨要说法，李老师曾多次找药房退货，遭拒绝；为免使更多患者受到误导，他打电话到电台患者热线，准备诉说受骗上当的经过，被导播切断。2007年2月16日上午，他到禹州市消费者协会投诉。禹州市消费者协会认为，医疗器具对疾病仅"有一定的辅助治疗作用"，某电台所做的广告严重夸大治疗效果，违反了《广告法》的规定。经禹州市消费者协会调解，药房退还李老师1268元，并当面赔礼道歉。

对此，消费者协会提醒市民，不要轻信所谓的"万能"治疗仪，尤其是老年消费者，还须擦亮眼睛，谨防各种夸大其词的医疗广告。同时，也希望有关部门加大对虚假医疗广告的处罚力度。

中老年当心"免费健康讲座"

入秋以来，禹州市消费者协会接到许多老年人诉苦电话：在广告的诱导下，参加在宾馆、酒店举办的免费健康讲座，免费检查下，花几百元、几千元买"药"、保健用品服用无效的经过。借此，禹州市消费者协会提醒广大中老年患者提防违法销售圈套，有病要去正规医院、药店，看病、买药，勿信"游医"免费健康讲座，免费检查。

在相对集中的社区和公园，常常看到一些热情的年轻女士在向中老年人发放免费参加健康讲座的入场券，或者免费的各项身体检查。入场券上通常变相为某种保健品做着宣传，大部分都是一些没有听过名字能治百病的新药，大多写着对高血压、高血脂、糖尿病、类风湿和风湿性关节炎、风湿性心脏病以及失眠都有疗效，千篇一律。

老年人因为退休金收入比较稳定，有一定的消费潜力和投资欲望，所以推销这些保健品的往往以免费检查、免费讲座为幌子，让老年人放松警惕，从而购买他们的产品，最终受骗上当。

这些"药"或保健用品（有的是国家免检产品）除了渠道来源不明，质量无法保证外，保健品本身就是无治疗效果的非药品，现在却冒充药品，强调其药用疗效。老年人应该在消费活动中提高维权意识，不要轻信各种虚假宣传，尤其要明白保健食品不是药品，不能治疗疾病，以免受到误导耽误病情，影响身心健康。如果发现有这样的行为，应当向当地的工商行政管理部门或药品监督部门投诉举报。

联谊会藏"玄虚"　　老年人被"忽悠"

2005 年 9 月 24 日，经某保健用品售后服务人员的上门热情劝说，家住禹州市夏都办事处御史坊的陈老先生和老伴，到宾馆参加某保健用品举办的"健康联谊会"，与会的多是患老年疾病的夫妇。

"健康联谊会"上保健用品单位的专家做保健卫生的讲座，大讲其保健床上用品特有的功效、疗效，让与会人员感受"早买早受益、早买早健康"的消费氛围。公司售后服务人员非常热情，送茶送水，问寒问暖，连上卫生间都"尾随"。与此同时，公司免费为老年人检查身体，有文艺节目演出，还有免费午餐。

陈老先生和老伴经不起售后服务人员的真情"忽悠"，迫于"健康联谊会"特有的环境、情面，买了一套价值 9860 元的床上保健用品，服务人员打的将陈老先生和老伴送回家，并亲自把保健用品铺到床上。由于家里现钱不够，首付5000 元的现金，打了 4860 元的欠条。

服务人员走后，陈老先生和老伴看着 9860 元的床上保健用品，咋看也不值，又小心翼翼把它收起来。打电话找售后服务人员要求退货，没想到回答是：我们的保健用品是"国家免检产品"，不存在质量问题，退货要收取相应的折旧费用。

陈老先生到禹州市消费者协会书面投诉。保健用品单位以举办"健康联谊会"的形式，推销商品，诱导消费者购买商品，使消费者的知情权、选择权、公平交易权受到侵害，其行为有悖于诚实信用的原则和公认的商业道德，保健用品单位以提供的产品是"国家免检产品"为由，退货要收取相应的折旧费用，违法了《消费者权益保护法》的规定。

10 月 10 日，经禹州市消费者协会调解，保健用品单位给予全额退货，退还给陈老先生现金 5000 元。

警惕街头"免费"咨询

在市区街道上，经常看见三两个"医生"设摊为路边行人咨询服务。如果这些是由正规医疗机构组织，由真正的医生来咨询，对普通居民来说无疑是件大好事。然而，当设摊咨询被不法人员利用而成为骗钱的手段时，那你就要小心提防了。

设摊"咨询"是真是假其实不难鉴别，消费者只要留心摊点的位置选择、招牌设立和人员的言语，就大体上可以知道这个摊点的真假。一般来说，以推销药品、保健食品为目的的"咨询"，摊点都会选择在药店门口以及市场人流密集的地方，摊点上会摆放一些诊断器具，挂些人体脉络图等，以增加真实效果。有的还配以音乐和宣传资料，吸引行人驻足观看。设摊的人员和咨询的消费者往往还没说几句话，马上就断言消费者的健康存在种种问题，随即拿出早已准备好的药品和保健品，大肆吹嘘其疗效。有时候，还会有几个"敲边鼓者"围在边上七嘴八舌地附和着，鼓动消费者掏钱购买。这种"咨询"，肯定是骗人的。

以推销产品为目的的"咨询"摊点，往往由假冒的医生担当推销员。近年来，由于利益的驱使，一些真正的医生也参与其中，他们名正言顺地打着各大医院的幌子，竭力推荐消费者购买自己推销的产品。医生的参与使得这类摊点可信度增加不少，但是，其推销产品的初衷是不会变的。消费者可以用心观察，如果某个打着大医院旗号的"咨询"摊点，总是在某种病症的治疗方式上推荐使用一种产品，那十拿九稳是这种产品的"药托"。

所谓的"咨询""义诊"，总是以为消费者免费体检为开头，逐步把消费者往"身体状况存在严重问题"的结论上推。由于免费是它最让人心动的招牌，不少消费者，特别是老年人就容易放松警惕，陷入这些摊点的圈套中，买一堆对自己毫无用处的产品，甚至是假药，丢了钱财，误了病情，害了身体。

为此，消费者协会提醒广大消费者；平时购买保健品要加强自我防范意识，求医问药须到正规的医疗机构，不要轻信所谓的"免费"测试，"咨询"宣传，以免上当受骗。

路边商品小心买

当禹州市浅井乡石料厂的席老板拿到退还的工具款，不禁感叹道：路边的商品便宜，要小心买呀！

2004年10月，席老板在禹州市区南关一马路边手推车摊点，花90元给厂里装石料的铲车买了一套修理工具。当修理铲车时，被卸的螺丝"岿然不动"，使用的工具却"龇牙咧嘴"。原来，买的工具钢性和柔性不够，有假冒之嫌。

席老板找到摊主，摊主却理直气壮地说："工具都用坏了，咋退？也不想想，这么便宜的工具到哪里去买？"小商贩卖假劣商品，还倒理直气壮了。席老板到禹州市消费者协会投诉，经消协调解，摊主当即全额退款。

消协提醒：买五金电料工具及其他涉及人身财产安全的商品，要到有固定场所、有执照的门店，莫忘索要购物凭据或发票。路边流动摊点上的商品要小心买：

一是商品的质量没保证；

二是流动摊点"流动"性大，出了质量问题没法找；

三是流动摊点便宜劣质的五金电料工具，涉及到人身财产安全，当心便宜的工具，会惹出大祸灾来。

包修≠保修

消费者买家电时，企业做出了终身免费保修承诺，真等到维修时却收到了更换零部件及维修人工费用的清单，企业解释说因为保修并非包修。包修和保修，听起来差不许多，写起来也只有一字之差，可正是"失之毫厘，差以千里"。生活中因"包"与"保"一字之差引起的纠纷常在发生。

河南禹州市的王先生 1999 年 4 月冲着某品牌"终身免费保修"的承诺，购买了一台价值 5000 多元的全自动洗衣机。起初一切正常，今年以来，洗衣机的电机、电脑板却出现故障。王先生拿着发票、保修卡等找到该品牌的维修部。当维修人员检查完故障后，给张先生开出了一张更换零部件及维修费用清单。最初就是冲着"终身免费保修"承诺才购买的王先生当然不同意付费。但当他投诉至当地消协后才知道，"包"与"保"虽一字之差，但在维修中却有收费与免费的区别，王先生只好付了维修费。

《消费者权益保护法》规定，对国家规定或者经营者与消费者约定包修、包换、包退的商品，经营者应当负责修理、更换或者退货。在保修期内两次修理仍不能正常使用的，应负责更换或者退货。这里"包修"和"保修"显然内涵不同。

"包修"的含义是在包修期内无须消费者支付任何费用的维修。在"三包"期内，一定是包修。

对于"保修"，从法律角度来看，国家没有明文规定，如果按字面解释，可以理解为"保证、担保"之意，如此说来，"保修"可能收费，也可能不收费，实际上收费的多，免费的少。

目前，众多厂家给消费者的是保修卡，在包修期内并非无论何种原因，厂家都包修，比如因个人使用、维护、保管不当造成损坏的，消费者就应付费由厂家"保修"。

随着市场竞争的日益加剧，优胜劣汰是必然规律，将不断有家电企业被市场淘汰。一些企业"10 年包修""终生保修"等承诺无法履行，导致类似消费投诉不断出现。

在此，消协提醒消费者，享受优质的售后服务是每个消费者的权利，遇见以"终身保修"招揽生意的商家，消费者一定要多个心眼，不要被不实的承诺迷了眼。针对众厂商售后服务承诺中普遍存在"包修"与"保修"的专业术语，消费者必须弄明白这些专业概念，才能保证自身的利益。

网购要退货注意啥?

随着互联网的快速发展,网购已逐渐成为国人的重要消费渠道之一。消费者对一些电商在促销活动中,虚构交易、虚假好评、先涨后降、高标低折等违法行为投诉不断,网上购物退货难。2014 年起实施的新消费者权益保护法(以下简称《消法》)设立了"七日无理由退货"制度,加大了消费者权益保护力度。但该制度规定主要是突出原则,存在退货适用范围理解不同、商品完好标准争议不断、退货程序规定不详等问题。为此,国家工商总局公布《网络购买商品七日无理由退货暂行办法》(以下简称办法),细化了网购退货重要内容。

一、不适用无理由退货商品,网店须设置确认程序

《消法》曾对不适用无理由退货的"四加一"情形做了规定,包括:消费者订做的商品;鲜活易腐的商品;在线下载或者消费者拆封的音像制品以及计算机软件等数字化商品;交付的报纸或者期刊等四类不适用无理由退货的商品。此外,还有其他根据商品性质并经消费者在购买时确认不宜退货的商品。

实际中,一些电商擅自对不适用无理由退货的商品范围进行扩大解释。办法在综合考虑保护消费者权益和保障企业正常经营情况下,补充了经消费者在购买时确认可以不适用七日无理由退货的商品。

(一)消费者订做的商品;

(二)鲜活易腐的商品;

(三)在线下载或者消费者拆封的音像制品、计算机软件等数字化商品;

(四)交付的报纸、期刊;

(五)拆封后易影响人身安全或者生命健康的商品,或者拆封后易导致商品品质发生改变的商品;

(六)一经激活或者试用后价值贬损较大的商品;

(七)销售时已明示的临近保质期的商品、有瑕疵的商品。

此外,网络商品销售者应采取技术手段或其他措施对不适用无理由退货的商品明确标注,并在商品销售必经流程中设置显著的确认程序,供消费者对单次购买行为进行确认。

二、商品是否完好，有了界定标准

不少网民担心，商品开包使用会影响无理由退货。有的经营者不仅要求商品本身完好，还要求商品包装必须完整，甚至要求商品不得拆封、试用。这一定程度上限制了消费者的权利。也有消费者滥用无理由退货制度，过度试用商品，给经营者带来困扰。"如何界定商品是否完好？办法分三方面给出明确标准：保持原有品质、功能，商品本身、配件、商标标识齐全的，视为商品完好。消费者基于查验需要而打开商品包装，或者为确认商品的品质、功能而进行合理的调试不影响商品的完好。超出查验和确认商品品质、功能需要而使用商品，导致商品价值贬损较大的，应当视为商品不完好。

办法进一步提出三大类商品"不完好"的判定标准：

（一）食品（含保健食品）、化妆品、医疗器械、计生用品的必要的一次性密封包装被损坏的；

（二）电子电器类进行未经授权的维修、改动、破坏、涂改强制性产品认证标志、指示标贴、机器序列号等，有难以恢复原状的外观类使用痕迹，或者产生激活、授权信息、不合理的个人使用数据留存等数据类使用痕迹的；

（三）服装、鞋帽、箱包、玩具、家纺、家居类商标标识被摘、标识被剪或商品受污、受损的。

三、退货走四步，经营者首问和赔偿先付制度应建立

"七日从哪天开始算""钱应该退到哪""用了优惠券怎么办""退货运费谁来担"办法明确规定了各方主体的规定动作、时间节点和延误责任。具体分为四步：

第一步，选择无理由退货的消费者应当自收到商品之日起七日内向网络商品销售者发出退货通知；自签收的次日开始算。

第二步，网络商品销售者收到退货通知后应当及时向消费者提供真实准确的退货地址、联系人、联系电话等有效联系信息。

第三步，消费者获得上述信息后应当及时退回商品，并保留退货凭证。

第四步，网络商品销售者应当在签收退回商品之日起七日内向消费者返还已支付的商品价款，退款方式比照购买商品的支付方式。如果消费者不能一并退回赠品，经营者可以要求消费者按照事先标明的赠品价格支付赠品价款。如果退货后不能达到免运费活动要求，网络商品销售者在退款时可以扣除运费。

四、电商不履行七日无理由退货怎么办？

消费者可向工商行政管理部门，包括履行工商行政管理职能的市场监督管理

部门投诉举报。工商行政管理部门应当及时受理和依法处理消费者有关七日无理由退货的投诉、举报，及时受理和依法处理消费者有关无理由退货的投诉、举报。发现经营者存在拒不履行无理由退货义务，侵害消费者合法权益行为的，应当依法查处，同时将处罚信息通过全国企业信用信息公示系统公示。

直销与传销的区别

近些年来，直销与传销，让普通消费者雾里看花、水中望月，分不清直销与传销有啥区别。特别是一些抱着一夜暴富梦想，陷入传销陷阱的人们，经过"洗脑"，身不由己，利令智昏。真是一人搞传销，全家不安宁，传销是亲人坑亲人、亲戚坑亲戚、朋友坑朋友。随着《直销管理条例》《禁止传销条例》的颁布实施，消费者该如何辨别直销和传销呢？

传销是指组织者或者经营者发展人员，通过对被发展人员以其直接或者间接发展的人员数量或者销售业绩为依据计算和给付报酬，或者要求被发展人员以交纳一定费用为条件取得加入资格等方式牟取非法利益，扰乱经济秩序，影响社会稳定的行为。

传销的明显特征：1.传销的商品价格严重背离商品本身的实际价值，有的传销商品根本没有任何使用价值和价值，服务项目纯属虚构；2.参加人员所获得的收益并非来源于销售产品或服务等所得的合理利润，而是他人加入时所交纳的费用。

直销是指销售人员以面对面的说明方式而不是固定店铺经营的方式，把产品或服务直接销售或推广给最终消费者，并计算提取报酬的一种营销方式。不同的公司，这些直接销售人员被称为销售商、销售代表、顾问或其他头衔，他们主要通过上门展示产品、开办活动或者是一对一销售的方式来推销产品。

直销与传销的区别：

1.推销的商品不同。传销的产品大多是一些没有什么品牌，属于质次价高的商品。而直销的商品大多为著名的品牌，在国内外有一定的认知度。

2.推销员加入的方式不同。传销是要求推销员加入时上线要收取下线的商品押金，一般以购物或资金形式收取"入门费"。国家对直销企业及其分支机构招募直销员有严格的规定，直销企业对拟招募的直销员进行不收取任何费用的业务培训和考试，考试合格后由直销企业颁发直销员证。未取得直销员证，不得从事直销活动。

3. 营销管理不同。传销的营销管理很混乱，上线推销员是通过欺骗下线推销员来获取自己的利益。采用"复式计酬"方式，即销售报酬并非仅仅来自商品利润本身，而是按发展传销人员的"人头"计算提成。直销的管理比较严格，推销员是不直接跟商品和钱接触的。自己的业绩由公司来考核，由公司进行分配。

4. 根本目的不同。传销的根本目的是无限制地发展下线，千方百计通过扩大下线来赚钱。而直销最终面对的终端用户是客户，进行商品交易。

经营者无影无踪　消费者何去何从？

门店转让，使所有在店里办卡的消费者被"卡"的现象，在我们的日常消费中，屡屡发生。当消费者轻信经营者承诺的办"卡"带来的方便、实惠，享受充值大派送优惠的时候，谁会料到会出现"人面不知何处去，桃花依旧笑春风"的尴尬局面呢？

预付款消费是目前兴起的一种商业营销手段，广泛存在于美容、健身、餐饮、家政服务、商场超市经营等领域，经营者通过给予消费者一定优惠的手段，吸引消费者办理消费卡，并收取预付款。看似优惠模式，实则暗藏风险。由于预付款消费是先付款后消费，时间跨度长，消费者无法预料商家在经营中的变故，有时因经营者关、停、并、转等情况，无法继续进行约定好的各项服务，甚至无法及时挽回经济损失。

市场经营有风险，谁能保证一个门面、一个行当，能干三年五载？消费者要适度消费，理性消费，切莫以贪图便宜的方式吃大亏。经营者无影无踪，消费者何去何从？被经营者"卡"住的消费者，可依照以下方式进行维权：

一、消费者愿意接受经营者提供的商品或服务，经营者接受消费者的现金，为消费者办理消费卡，在法律上，经营者与消费者订立的消费合同已经成立，经营者应当按照约定全面履行自己的义务，为消费者提供服务。

《合同法》规定：合同生效后，当事人不得因姓名、名称的变更或者法定代表人、负责人、承办人的变动而不履行合同义务。当事人在订立合同过程中有下列情形之一，给对方造成损失的，应当承担损害赔偿责任：（一）假借订立合同，恶意进行磋商；故意隐瞒与订立合同有关的重要事实或者提供虚假情况；（二）有其他违背诚实信用原则的行为。当事人一方不履行合同义务或者履行合同义务不符合约定的，应当承担继续履行、采取补救措施或者赔偿损失等违约责任。

《民法通则》：企业法人分立、合并，它的权利和义务由变更后的法人享有和承担。企业法人对它的法定代表人和其他工作人员的经营活动，承担民事责任。公民、法人违反合同或者不履行其他义务的，应当承担民事责任的规定。

二、可依照《消费者权益保护法》《河南省消费者权益保护条例》《工商行政管理机关受理消费者申诉暂行办法》《工商行政管理所处理消费者申诉实施办法》《无照经营查处取缔办法》的规定，向经营者所在地的消协或相关行政管理机关进行投诉。《河南省消费者权益保护条例》规定：经营者故意告知消费者虚假情况，或者故意隐瞒真实情况，诱使消费者购买商品或者接受服务的，为欺诈行为。《河南省消费者权益保护条例》第四十九条规定：经营者以骗取消费者预付款；以虚假的"清仓价""甩卖价""最低价""优惠价"或者其他欺骗性价格销售商品或提供服务的为欺诈行为。可依照《消费者权益保护法》第四十九条：经营者提供商品或者服务有欺诈行为的，应当按照消费者的要求增加赔偿其受到的损失，增加赔偿的金额为消费者购买商品的价款或者接受服务的费用的一倍。《合同法》第一百一十三条（第二款）经营者对消费者提供商品或者服务有欺诈行为的，依照《中华人民共和国消费者权益保护法》的规定承担损害赔偿责任的规定，向人民法院提起诉讼，要求经营者依法赔偿损失。

三、如果个人或集体办卡数额巨大，消费者可以组织起来，集体向公安机关举报。依照最高人民检察院、公安部《关于公安机关管辖的刑事案件立案追诉标准的规定（二）》，以个人非法经营数额在五万元以上，或者违法所得数额在一万元以上的，虽未达到上述数额标准，但两年内因同种非法经营行为受过二次以上行政处罚，又进行同种非法经营行为的；涉嫌非法经营罪（《刑法》第二百二十五条），应予追诉的规定。

笔者建议：应尽快制定社会信用体系的一系列法规，包括规范征信管理法规，规范商业信用和消费者信用行为法规等。更重要的是，应建立失信行为惩戒机制，由综合管理部门做出公示性惩戒，如公布"黑名单""不良记录"等，严重的应送交司法部门，此外，还应建立并开放征信数据库，掌握企业和个人信用数据资料，让全社会坚守诚信、惧怕失信。

工商行政管理部门，包括履行工商行政管理职能的市场监督管理部门是国家对市场进行监管执法的部门，法定职责就是市场监管，维护公平公正的市场交易秩序，维护消费者和经营者的合法权益。要突出抓好市场主体准入、交易、信用、退市监管，加大市场监管执法力度，切实维护市场秩序，保护消费者合法权益，这就要求工商行政管理机关建立健全对市场主体经济户口的管理，加快"红盾信用网"建设，利用"红盾信用网"，使失信者声名狼藉、寸步难行，为自己的失信行为付出昂贵的道德成本、经济成本。

掀起假冒商品的"盖头"

如今，商家摆出的从穿衣到家用大件商品可谓琳琅满目，各种促销活动是一浪高过一浪，而消费者面对众多商品则是雾里看花，稍不留心就会买到假冒商品。他们在"身经百战"之后逐渐变得理性起来，由此也揭开了假冒商品的内幕——

服装市场：挂羊头卖狗肉

今年年初，家住禹州市的许先生在大商场的一名牌专柜购买了一件休闲西服，穿在身上总感觉不舒服，几天后他才发现，这件西服的商标不是他原来看好的那个品牌商标，而是一个不知名的牌子——"企鹅"，只是颜色和款式与他试过的那件样品一模一样。当他找商家理论时，商家说，因为许先生当初看好的那个牌子的衣服没有适合他的号码，所以就拿了这个牌子的衣服，"反正是一样的料、一样的款式和颜色，有什么关系？"当许先生明白原来这里是挂羊头卖狗肉时，提出了退货的要求，但商家却坚决不同意，原因是已穿了好几天了，而且还反问："当初买衣服时你为啥不看准？"许先生只好作罢。笔者在豫中商场、通明寺等大型商场调查时发现，许多商场的品牌"专柜"其实都不专，一般都是在专卖品牌之外，还捎带一两个其他牌子的产品。许多消费者都是看好它打出的广告牌子去买，但如果不留意，往往就会上当。市民张先生在百货商店一专柜购得一件"羽绒服"，回家后妻子发现里面的填充物并非羽绒，而是棉。找商家退货时，商家竟然说，这是"太空棉"，和羽绒是一样的效果，甚至比羽绒还要好。同样的例子还有很多，比如有些羽绒服说是全绒，其实袖子的填充物并不是羽绒。据消协工作人员介绍，百货类的投诉是最多的，其中尤以服装鞋帽最突出。衣物主要是缩水、褪色、起球，皮鞋主要是鞋跟底断裂、开胶及鞋面掉漆等问题，服装质量成为消费者投诉的热点。禹州市消费者协会提醒广大消费者：购买服装一定要细心，购买时首先要看好商标，尤其要注意查验拿到手的新品是否是专卖的牌子。其次要仔细阅读标签内容。规范的商标标签应标有商品名称、商标、型号、里外层的用料成分、生产厂家以及简单的洗涤说明等，如果有填充物，必须标明填充物的成分。如果标签不规范，购买时请谨慎。

家电产品：款式缭乱迷人眼

与食品类商品相反，电子产品的价格一直在下降，而且产品不断更新，款式不断推陈出新，市场也就非常的火爆。一进入电子产品的商场，各种产品、不同品牌琳琅满目，令人眼花缭乱，再加上每个销售员巧舌如簧，更加让你摸不着头脑：到底是哪个好啊？市民邓先生想购买一台家用的吸尘器，在某商场转来转去，每位营销员都说自己的产品如何如何好，搞得他不知买哪个好。最终，某品牌营销员的介绍打动了他。据她介绍，那款吸尘器是如何的最新设计、如何的最好材料、如何的能深层除尘还专业吸螨。邓先生为之所动，就花600多元买回了家。可是几次使用后发现，这款吸尘器有一个缺陷：边角的赃物根本吸不掉，而且还要经常清洗过滤器，其实还不如别人家用的那种300多元买来的产品。不久，他就将它束之高阁。据消协统计，消费者投诉主要集中在手机的质量问题、不实宣传、售后服务等几个方面，如商家夸大待机时间误导消费者；不认真履行"三包"规定，对消费者提出的更换、维修要求推诿、拖延；手机维修时间过长、维修质量不保证、维修收费不透明、同一问题多次维修；维修期间提供的备用机功能单一，且机型过时，无法满足消费者正常使用等问题。对于"问题"手机，一些地方法定检测部门不具备检测能力，许多消费者反映当手机出现质量问题时，只能送到厂家的售后服务部门进行检测，结果往往是没有质量问题或是人为因素，消费者合法权益不能得到保障，消费者维权遇到尴尬。在手机投诉中，国产手机质量投诉率偏高，主要是掉线、黑屏、死机等质量问题。另外，消费者维权意识不强，购机时不索取有效购物凭证或多次维修没有维修记录，也是造成消费维权困难的一个原因。

禹州市工商局提醒消费者：购买时索要进网许可证书、合格证、"三包"凭证和发票。切莫轻信销售员的介绍，要看说明书对各项功能的说明，以及查看说明书所述型号是否与所购买手机的型号一致。购买手机7日内出现功能故障，可要求退货；15日内出现功能故障，可要求换货；一年内出现故障，经两次维修，仍不能正常使用的，可要求更换同型号手机。维修时认真做好记录。

节日消费有备无患

节日里，众商家举办丰富多彩的促销活动，吸引顾客。消费者应做到安全消费，在节日消费中注意以下几方面的问题：

消费安全最重要：节日消费存在的安全隐患有：1.有的从事客运车辆的经营者置国家的交通法律、法规于不顾，超载、超速、疲劳驾驶，导致车祸事故发生；2.小偷在节假日活动频繁，专在人多、车挤或者消费者专注购买商品时下手；3.一些违法经营者制售伪劣食品，严重危害消费者身体健康。

商品包装细心看：节日里，商家的"优惠价""换季大降价""跳楼价""赔本销售"等促销招牌将令不少消费者倾心购买，但消费者一定要"货比三家"，慎重选购。1.当您去市场购买大米、乳制品、饮料、调味品、速冻食品等食品时，一定要留意食品包装上是否印（贴）有食品质量安全市场准入标志"QS"，如果发现或购买了无 QS 标志的食品，可拨打当地"12315"消费者申诉举报电话，向工商或质检部门举报；2.要看清出厂日期和保质期；3.防止包装和名称近似或冒充名牌商品；4.当心有的商家用提价后再降价的办法欺骗消费者。

购物返券有陷阱：在花样翻新的促销手段中，当今市场上"返券"似乎格外流行，尤其在一些大商场，处处可见返券招牌，"买200送100""买3000返2000"是商场在节日促销活动时惯用的手段。他们赠送的购物券是不能直接消费的，必须满足商场规定的附加条件后才能消费，目的是让消费者按照商场设置的套路循环购物。但在很多大幅返券广告下都有不显眼的"特价商品除外""打折商品除外""本店保留最终解释权"等小字，迷惑消费者。

有奖促销有假冒：天上不会掉馅饼，一些不法经营者正是利用消费者盼"低价"、好"打折"的心理，借节日之机，以"有奖促销"为幌子销售假劣产品，要当心商家以次品、劣品做奖品。

洗浴莫带贵重品：节日里，浴池、洗浴中心消费人员多，当人们净身洗浴时，容易发生物品丢失或被盗，衣物和贵重物品的保管是否安全，就显得尤为重要。因此，去洗浴前一定要把手机、现金和首饰等贵重物品放在家中；喝酒后，去洗浴时，一定要去商业信誉好、治安秩序好、消费环境好的洗浴场所。

饮食娱乐勿过度：节日期间，亲友相聚本是一件高兴事，因此，要注意保持良好的生活规律，合理安排好饮食、出游；尽量避免酗酒、暴饮暴食、通宵达旦娱乐，乐极生悲，引发一些"节日病"。

外出旅游选诚信：外出旅游不要只看价格，要选择信誉好的旅行社。一定要认真仔细签订合同，如景点数量、名称，宾馆的等级、饭菜的标准、车况，特别是违约赔偿责任等要明确。

外出旅游慎购物：外出旅游途中，要尽量减少购物，尤其不要在导游指定的地点购买标价很高、打折幅度又很大的各类商品，以免质价不符、上当受骗。

消费莫忘要发票：节日期间无论何种消费，消费者一定要索要并保存好发票或者购货凭证、服务单据，特别是购买优惠促销、打折、"返券"和旅游景点的商品时，一旦出现质量纠纷，发票或者购货凭证、服务单据，是解决投诉的有力证据。

送礼莫忘附发票：节假日，人们走亲访友，是礼品消费的高峰期，精美的烟酒糖果、高档的保健品、漂亮的水果篮等都是人们送礼的佳品。但是，打开豪华、精美的包装后，会发现，糖果异味变质、烟酒是假货、保健品不知出处、果篮内腐烂变色……这样的情况送礼的人并不知道，而收礼的碍于情面不便追究，于是让不法商家捡了个"大便宜"。消协提醒消费者：如果送礼品时，附上购物发票，给亲朋好友留个消费维权的机会。

旅游遇到烦心事怎么办?

当双休、长假越来越成为我们日常生活中的期待时，旅游就越来越成为人们休闲娱乐的重要方式。假日准备出行的旅游者们，有不少已经选择好了旅行社、旅游路线。未雨绸缪，当你出游遇到烦心事，依照《消费者权益保护法》《旅行社管理条例》《导游人员管理条例》《旅行社质量保证金赔偿暂行办法》等规定，哪些烦心事能投诉? 通过哪些途径维权呢?

遇到以下烦心事可投诉

1. 旅游经营者不履行合同或协议的;

2. 未经游客同意，强行或变相增加、减少旅游景点与旅游时间的;

3. 旅游经营者没有提供质价相符的旅游服务的;

4. 旅游经营者欺诈、误导旅游者消费，损害消费者的合法权益的；

5. 旅游经营者故意或因过失造成旅游者行李等物品破损或丢失的；

6. 旅游经营者故意或因过失造成旅游者人身伤害的；

7. 旅游经营者使用没有旅游经营许可证交通工具的；

8. 旅游经营单位职工向旅游者索要小费的；

9. 虚假宣传、低价陷阱等其他损害旅游者利益的。

旅游投诉的时效为 90 天。投诉的时候，消费者最好准备一份文字材料，带好相关证据，要提供投诉方及被投诉方的基本情况，如姓名、单位、地址、邮编、联系电话等，要写清事实发生的过程，提供证据（复印件即可），提出具体的赔偿请求。

五种途径助你维权：

消费者在旅途中一旦出现旅游质量、服务等问题，首先要和旅行社认真进行协商解决；也可以直接打电话找当地旅游局；如果双方解决不了，问题又比较严重，可以打电话、发信件，或直接到当地或报名地所在的旅游质量监督管理部门、工商行政管理部门或消费者协会等部门进行投（申）诉；或根据与旅行社达成的仲裁协议提请仲裁机关进行仲裁；消费者还可以到人民法院提起诉讼。

禹州"12315"真好！

编辑同志：

我叫李强，是新疆奎屯聚奇化工有限公司的司机。4 月 13 日，我从新疆驾驶汽车，拉着准备折价抵货款的旧板框压滤机，来到河南禹州市某机械厂，按传真合同的约定抵货款，提新款板框压滤机。

机械厂对逾期提供的压滤机，进行试运行后，有的单项指标达不到技术要求，合同又对采用什么样的技术标准模棱两可，因而引起了争议。我经请示公司，公司要求终止合同，没想到遭到拒绝。内地防"非典"风声逐紧，我连车带人停留在此，真是心急如焚，归心似箭，谁能为我做主呢？我想到了"12315"。

4 月 20 日下午（星期天），我忐忑不安地来到禹州市工商局"12315"投诉举报中心，工作人员热情地接待了我，由于是机械厂提供合同格式条款，依照《合同法》第四十一条："对格式条款的理解发生争议的，应当按通常理解予以解释。

对格式条款有两种以上解释的，应当做出不利于提供格式条款一方的解释。"工商局的工作人员表示依法解决合同纠纷，帮我早日返疆。他们同我一块儿先后两次去机械厂，向厂方负责人讲解《合同法》有关处理合同争议原则，阐述诚实信用，重信誉是企业生存发展之路，也是维护河南形象、优化河南投资环境的具体表现。

"12315"工作人员清正廉洁、高效工作的作风，动之以情，晓之以理，以案说法的工作方法，使厂方自感违约，同意终止合同。我将旧压滤机折价1.38万元卖给了厂方。第二天下午，我携款、驾车，向着新疆方向进发，回家心切，也忘却了当面向"12315"工作人员致谢。回到新疆，当领导听我讲"12315"工作人员处理纠纷时，没抽一支烟、没吃一顿饭、没喝一杯酒、没收一分钱，满口称道："禹州'12315'好。"

李强

（《河南日报》2003年6月12日第六版）

一件令人深思的投诉

2006年4月初的一天下午，刚上班不久，市东商贸的王先生到消费者协会投诉：当天中午去看望岳父，在超市花280元买了一箱（12瓶）古井贡酒，都说超市东西不假，也没要发票。中午，在岳父家喝酒时，打开自己买的酒，不料，瓶盖松动，酒味淡，原来，买的是假酒，真让他很没有面子。他又去超市准备再买一箱古井贡酒，服务人员听说要发票时，便从仓库里，拿来一箱古井贡酒（真酒）。事后，王先生非常生气，没想到超市卖假酒，他要求退还买的假酒款280元。

我当即通知超市辖区工商所的吴所长，让他带领执法人员到超市。我和王先生赶到超市，吴所长和所里同志也刚到。我们向超市人员出示执法证件，王先生指着超市服务人员给他拿假酒的地方，还放着6箱古井贡酒，逐一打开后，发现生产批号和王先生买的假酒一样。过去，工商所到超市检查，都见不到老板，这时，超市的老板匆匆赶来，非常客气地解释道，过去生意忙，怠慢了工商所的同志，愿接受处理。按王先生的要求，超市退还购买假酒款280元，工商所对超市假酒依法查扣。后来，听说罚了超市5000元。

处理完投诉，也快到吃晚饭的时候，吴所长让我推荐饭店，我说去西三里河边的农家院，那里的炖柴鸡有特色，朋友们常去吃。吴所长和所里的同志说，西三里归他们管辖，没听说河边有农家院饭店。我说，去去就知道了。

河边的农家院的老板，看见身着便装的顾客非常热情，极力推荐饭店的特色菜，当问及他干了多长时间？办理《营业执照》没有？老板眉开眼笑：快一年了，这里偏僻，没人管，工商、税务不找他的事。

第二天早上，农家院的老板接到工商所的电话，让他到所里去一下，当老板看见吴所长时，不住埋怨自己头天晚上说漏了嘴。听所里人员讲，罚了农家院3000元，办理了《食品卫生许可证》《营业执照》。与农家院一河之隔的特色农家院知道处罚的消息后，主动到工商所接受处罚3000元，办理了《食品卫生许可证》《营业执照》。

一件消费投诉的处理，又涉及查处两家无照经营。这件投诉引起我的深思，我把它当作案例常给工商执法人员、经营者说起。它说明消费者对市场监督最廉价、最广泛、最及时、最公正、最彻底。消费者的投诉是对市场经济秩序的一种有效的监督。消费者的投诉是消费者最迫切的需求，在市场经济条件下，假冒伪劣商品、欺诈服务无时不有，无处不在，能及时发现举报假冒伪劣商品、欺诈服务的是消费者。"春江水暖鸭先知。"假冒伪劣商品、欺诈服务以损害消费者的利益为前提，所以，消费者最先受害，消费者反应最迅速，证据最充分。

在市场经济条件下，消费者是唯一不被收买的群体。消费者对假冒伪劣商品、欺诈服务，对市场环境的监督具有彻底性。消费者对市场的监督最廉价，消费者的监督不用纳税人支付费用，消费者投诉要求索赔，索赔的金额是由不法的经营者来支付的。

"只有切实维护消费者的合法权益，工商行政管理部门才有根基。"这话不假，《消费者权益保护法》规定："各级人民政府工商行政管理部门和其他有关行政部门应当依照法律、法规的规定，在各自的职责范围内，采取措施，保护消费者的合法权益。"工商部门要植根于人民群众之中，切实维护消费者的合法权益，人民群众才爱戴工商这支队伍，工商工作才有群众基础，才有执法基础。我们每个人都是消费者，工商行政管理通过消费维权这一平台，紧密联系人民群众，并经由这一平台在推进和谐社会建设中发挥积极作用，成为与广大消费者和人民群众信息互动的平台，畅通民意的平台，接受社会监督和听取群众意见的平台，解决人民群众最关心、最直接、最现实利益问题的平台。

我受理的两件编外投诉

2007 年 3 月，我离开消费者协会到局办公室工作，正如《难忘"三位一体"》一文写的："已离开'三位一体'工作岗位多年，在工商局办公室负责新闻报道工作，反而觉得远离了新闻源，没什么新闻可写。工作着是美丽的、幸福的。心中常常留恋十几年从事消费者权益保护工作'三位一体'，充当监督员、裁判员、调解员、执法员忙碌而充实的日子。"讲实话，自己对消费者权益保护工作是有感情的。也许，在消费者协会工作长的缘故吧，离开消费者协会后，常常有人来咨询消费维权的事，自己乐意当消费志愿者，讲明利害关系，采取信者来的原则，不陷入纠纷中，因为，消费纠纷的处理，涉及消费者、经营者，有时候，两头受气，成也萧何，败也萧何。

一、签订格式合同　双方切莫大意

2007 年 3 月初，我离开消费者协会到局办公室工作不久，市网通公司的王主任打电话给我，反映钧台办乐二里村姓张的朋友，2006 年元月 8 日，在市某物流公司给在新疆的儿子寄了一台笔记本电脑，价值 7460 元，却一直没有收到，在朋友的多次催促下，物流人员说：电脑邮寄到西安被盗，正在向上级反映，很快就解决。就这样，朋友一找再找，物流公司一拖再拖，真叫朋友伤透了脑筋，一年多没有解决，希望能帮助解决。我虽然不在消费者协会工作，但还在工商局工作，切实维护消费者的合法权益，是工商行政管理机关义不容辞的责任。

后来，经了解，张某是个农民，没邮寄过物品和东西，办理邮寄手续时，物流服务人员帮助填写内容，自己交了邮寄费 153 元，问有啥手续没有？服务人员说，没事了，一切手续齐全，把单据交给了他。到晚上没事时，张某拿出单据一看背面的说明，才知道，应该写保价，可物流人员没有给他写电脑保价，说明上还写着不写保价丢失、损坏赔偿 100 元。第二天，他去物流，服务人员说电脑已经寄走了。张某想：为啥不让自己填写内容，应该告诉用户电脑是贵重物品要不要保价？贵重物品不写保价，如果物品不寄，就是说丢失、损坏包赔 100 元，自己掏腰包出钱也划算。

电脑在邮寄过程中在西安被盗，西安警方已立案侦查。物流公司对电脑在邮寄过程被盗，向用户表示歉意。就赔偿应按照双方的约定内容为准，"物流详情单"敬告："填写本单前，务请阅读背书条款！您的签名意味着您理解并接受背书条款内容。"即赔偿邮寄费，其他赔偿等西安警方破案后，再说。

物流公司采用格式条款与用户订立合同。《合同法》规定：采用格式条款订立合同的，提供格式条款一方应该遵循公平原则确定当事人之间的权利和义务，并采取合理方式提请对方注意免除或限制其责任的条款，按对方要求对该条款予以说明。显然物流公司没有按公平原则确认双方权利和义务，更没有提请、告知用户注意该免除或限制其责任的条款，物流工作人员的行为，违反了《合同法》的规定，应属无效。另外，根据《合同法》第四十条规定："格式条款具有本法第五十二条和第五十三条规定情形的，或者提供格式条款一方免除其责任，加重对方责任，排除对方主要权利的，该条款无效。"

张某大意，物流公司工作人员疏忽，未依法履行告知义务，物流服务人员帮助填写内容，在张某对物流公司信任的情况下签订。事后，张某采取补救措施，"电脑已经寄走了"。

《合同法》规定：因故意或者重大过失造成对方财产损失的，合同免责条款无效。因重大误解订立的；在订立合同时显失公平的，当事人一方有权请求人民法院或者仲裁机构变更或者撤销。

《合同法》规定：承运人对运输过程中货物的毁损、灭失承担损害赔偿责任，但承运人证明货物的毁损、灭失是因不可抗力、货物本身的自然性质或者合理损耗以及托运人、收货人的过错造成的，不承担损害赔偿责任。货物的毁损、灭失的赔偿额，当事人有约定的，按照其约定；没有约定或者约定不明确，依照《合同法》第六十一条的规定仍不能确定的，按照交付或者应当交付时货物到达地的市场价格计算。法律、行政法规对赔偿额的计算方法和赔偿限额另有规定的，依照其规定。

我向物流公司赠送《合同法》，并结合本投诉，讲解合同一般规定、违约责任、运输合同的有关规定。物流公司和张某按照平等、自愿、公平、诚实信用原则，考虑到笔记本电脑市场价格大幅下降，就赔偿数额达成协议，物流公司赔偿张某5000元。

二、消费索赔要有理、有据、有度、有主见

2007年秋天，一位朋友来工商局找我，反映其朋友新装修的新居，因连体厨具水阀迸裂，造成家里木地板浸泡，让我想办法帮助解决。我离开消费者协会半年有余，由于身份的变化，如果处理投诉，十分尴尬，在法律上以什么身份出现呢？做一名消费志愿者。

　　我实地查看了因连体厨具水阀迸裂，造成家里木地板浸泡的现场，损失大概五千元左右。提醒他们有公证人员在场的情况下，依法固定、保存好证据，使证据具有真实性、合法性。幸好楼下一层是未售出的空房，不然，损失就涉及两家。我通知连体厨具的经销商来工商局，给他讲明百姓利益无小事，百姓买房更不易。并同经销商分析造成连体厨具水阀迸裂的原因，大概有：（1）水阀质量不符合国家标准，是不合格产品；（2）由于消费者使用不当造成；（3）楼房供水系统压力过大，超出水阀规定压力；（4）其他原因。

　　需要把迸裂的水阀，由公证人员、消费者、经销商三方在场情况下，卸下，封样，送国家权威监测机构对水阀质量进行判定，分清事故责任，是进行和解、调解、申诉、仲裁、诉讼的最重要的基石。在平等自愿、合法合理、不限制当事人诉讼权利的原则下，通过和解，化解消费纠纷，具有省时、省钱、省力和不伤和气、不伤感情等优势。

　　经销商听我言之有情、有理、有据，愿补偿 6000 元，息事宁人。水阀迸裂的家人，开始也同意，有朋友忽悠道："补偿一万元，少一分也不行，不然法庭上见，"让其拿不定主意。和解的平台，已经不存在，我告诉双方当事人可以通过其他途径解决消费纠纷。

　　后来，得知此事不了了之，主要原因是缺少真实性、合法性的证据。其实，打官司，就是打证据。

　　《消费者权益保护法》规定：消费者与经营者发生消费者权益争议的，可以通过协商和解；请求消费者协会调解；向有关行政部门申诉；根据与经营者达成的仲裁协议提请仲裁机构仲裁；向人民法院提起诉讼的途径来解决。

　　到法院打官司，首先应弄清楚要告谁，一般而言，商品的生产者、销售者、服务的提供者可以成为被告，特殊情况下还有确定被告的特殊方法；其次，应明确自己的诉讼请求，诉讼请求应合情合理，不能"狮子大开口"；第三，应注意收集和保护证据；第四，应注意不要超过诉讼时效；第五，对不明白的问题最好向法律工作人员咨询，使自己的主张得到充分表达。

难忘"三个一"投诉

我在消协工作的十几年里，处理数以千计消费投诉，最难忘的要算"三个一"（涉及一个人的一台豆浆机、一个加油本、一辆摩托车）的投诉了。

一台豆浆机

大概是在 2000 年春，我接到一个电话投诉，反映买了不到一个月的豆浆机，出现溢锅现象，想换，不知道国家有啥具体规定？我告诉他，豆浆机不属于国家"三包"规定的产品，如果生产厂家和销售商有"三包"规定，可作为处理消费纠纷的依据。市场竞争就是争取消费者、争夺消费者。市场竞争中，经营者都注意品牌和售后"三包"服务，经我与销售商联系，他们同意换货。我把意见转告给消费者，他电话里不禁赞叹：消协办事真是快！

一个加油本

过了不久，又接到这个电话投诉：一年前，他妻子办了个加油本，前几天，妻子骑摩托车加油时，加油站点服务人员讲，企业被兼并，换老板了，加油本也就作废了。看到加油本上还有 100 多升汽油，价值几百元，他想让消协给讨个公道。我告诉他，根据《消法》《合同法》等法律法规的有关规定，加油站的做法是违法的。后来，我到加油站向他们宣讲《合同法》《消法》等法律法规的有关规定，加油站将汽油一升不少从老本转移到一个新的加油本上。当消费者拿到新的加油本时，打电话给我说：消协服务水平真是高！

一辆摩托车

2001 年，河南省人大开展对工商系统贯彻执行《消法》《产品质量法》《河南省消费者权益保护条例》（简称"两法一条例"）情况进行大评议、大检查。这期间我接到自称是"老相识"的电话：买了一年的摩托车，小毛病就不必细说了，只是使用混合汽油（汽油、机油）发动难，特别是一到了冬天，为发动摩托车，老两口轮流踩几十下才能发动，有时，两人满头大汗，也发动不着，摩托车的质量真是让他家人"三气"：不看摩托不生气，发动摩托气加气，骑上摩托没底气。希望消协能借助人大评议检查工商机关执行"两法一条例"工作的契机，消除他的"三气"。他把写了四页纸"句句是实话"的投诉材料，相关的"三包"凭证、发票等，派人送到消协。

摩托车"三包"有效期为一年内或行驶里程 6000 千米，超过其中一项，则"三包"失效。从"老相识"提供的摩托车"三包"凭证、发票看，摩托车已过"三包"有效期。

经我同摩托车销售商沟通得知，混合动力车便宜，如果油的比例掌握不好，容易烧机油，造成发动机损坏，的确给消费者使用造成不便。经我协调，摩托车经理同意免费更换新发动机，并提供售后跟踪服务。

事后，这位"老相识"打电话连口称赞：消协真是"三个代表"的忠实实践者，维护消费者利益就是维护人民群众最根本的权益。

他意味深长地说：维护消费者利益，是确立社会主义市场经济制度的一块基石。只有市场经济，才有消费者的概念，计划经济中只有生产者、贡献者。其实，任何一个厂家、商家，在走出他生产、服务圈子之外的时候，他也是消费者。因此，没有比消费者更广大的人群了。消费者是一个涉及人口最多的利益群体，消费者是维护市场经济秩序最强大的社会力量。

他说：为什么市场上假冒伪劣商品屡禁不止？有关部门开展的打击假冒伪劣商品行动收效甚微？依他看，重要的是忽略了消费者的参与，忽视了消费者的力量。都说市场监管难，其实，这里面有两个缺位：一是执法服务机制，二是消费者的维权机制。行政执法依靠谁？行政执法为了谁？没有原告的官司，法院怎么判？因此，消费者维权就是维护公平、公正的市场经营秩序。消费者维权有两大优势：一是廉价，消费者投诉赔偿由违法经营者来承担，用不着纳税人来支付。第二是及时广泛，"春江水暖鸭先知"。假冒伪劣商品或欺诈服务无所不在，无处不在，无时不有，能够第一时间发现假冒伪劣商品或欺诈服务的只能是消费者，而不是政府的官员们。

他深有感触地说：金杯、银杯，不如老百姓的口碑。工商行政管理部门作为政府市场监管和行政执法的重要职能部门，既是执法部门，更是服务部门，与人民群众联系最紧密、最广泛。只有切实维护消费者合法权益，解决了行政执法依靠谁？行政执法为了谁？服务为了谁？工商行政管理工作才能得到社会理解和支持，工商管理事业才有根基，工商行政管理工作也就找到了出发点和落脚点。

后来，我才知道这位"老相识"原来是市里的领导。

消费者有哪些权利

消费者的权利，是指在消费活动中，消费者依法享有的各项权利的总和。《消费者权益保护法》为消费者设立了既相互独立又相互关联的权利。

一、安全保障权 消费者在购买、使用商品和接受服务时享有人身、财产安全不受损害的权利。

二、知悉真情权 消费者享有知悉其购买、使用的商品或者接受的服务的真实情况的权利。

三、自主选择权消费者享有自主选择商品和服务的权利

（一）有权自主选择提供商品或者服务的经营者；

（二）有权自主选择商品品种或者服务方式；

（三）有权自主决定是否购买任何一种商品或是否接受任何一项服务；

（四）有权对商品或服务进行比较、鉴别和选择。经营者不得以任何方式干涉消费者行使自主选择权。

四、公平交易权 公平交易是指经营者与消费者之间的交易应在平等的基础上达到公正的结果。公平交易权体现在两个方面：

（一）交易条件公平，即消费者在购买商品或接受服务时，有权获得质量保证、价格合理、计量正确等公平交易条件；

（二）拒绝强制交易，即消费者有权按照真实意愿从事交易活动，对经营者的强制交易行为有权拒绝。

五、获取赔偿权 获取赔偿权也称作消费者的求偿权。消费者因购买、使用商品或者接受服务受到人身、财产损害的，享有依法获得赔偿的权利。

享有求偿权的主体包括：

（一）商品的购买者、使用者；

（二）服务的接受者；

（三）第三人，指消费者之外的因某种原因在事故发生现场而受到损害的人。

求偿的内容包括：

（1）人身损害的赔偿，无论是生命健康还是精神方面的损害均可要求赔偿；

（2）财产损害的赔偿，依照消费者权益保护法及合同法等相关法律的规定，包括直接损失及可得利益的损失。

六、后悔权 经营者采用网络、电视、电话、邮购等方式销售商品，消费者有权自收到商品之日起七日内退货，且无需说明理由，但下列商品除外：

（一）消费者定做的；

（二）鲜活易腐的；

（三）在线下载或者消费者拆封的音像制品、计算机软件等数字化商品；

（四）交付的报纸、期刊。

除前款所列商品外，其他根据商品性质并经消费者在购买时确认不宜退货的商品，不适用无理由退货。

消费者退货的商品应当完好。经营者应当自收到退回商品之日起七日内返还消费者支付的商品价款。退回商品的运费由消费者承担；经营者和消费者另有约定的，按照约定。

七、结社权 消费者享有依法成立维护自身合法权益的社会组织的权利。目前，中国消费者协会及地方各级消费者协会已经成立。实践证明，消费者组织的工作对推动我国消费者运动的健康发展，沟通政府与消费者的联系，解决经营者与消费者的矛盾，充分地保护消费者权益，起到了积极的作用。

八、获得相关知识权 消费者享有获得有关消费和消费者权益保护方面的知识的权利。消费知识主要指有关商品和服务的知识；消费者权益保护知识主要指有关消费者权益保护方面及权益受到损害时如何有效解决方面的法律知识。

九、受尊重权 消费者在购买、使用商品和接受服务时，享有其人格尊严、民族风俗习惯得到尊重的权利。

十、个人信息权 又称消费者隐私权，指消费者的姓名、性别、职业、学历、住所、联系方式、婚姻状况、亲属关系、财产状况、血型、病史、消费习惯等所有私人信息不被非法收集和非法披露的权利。

十一、监督批评权 消费者享有对商品和服务以及保护消费者权益工作进行监督的权利。

经营者有哪些义务

消费者在消费活动中有很多权利是受法律保护的，这些权利的实现相对应的便是经营者所要承担相应的义务。《消法》以消费者的权利为主线，以其他法律、法规为基础，规定了经营者的义务：

一、**依法经营和诚信经营义务**。经营者向消费者提供商品或者服务，应当依照本法和其他有关法律、法规的规定履行义务。经营者和消费者有约定的，应当按照约定履行义务，但双方的约定不得违背法律、法规的规定。

二、**接受监督的义务**。经营者应当听取消费者对其提供的商品或服务的意见，接受消费者的监督。

三、**安全保障义务**。经营者应当保证其提供的商品或服务符合保障人身、财产安全的要求。

四、**提供真实信息的义务**。经营者向消费者提供有关商品或服务的质量、性能、用途、有效期限等信息，应当真实、全面，不得作虚假或者引人误解的虚假宣传。

五、**标明真实名称和标记的义务**。经营者应当标明其真实名称和标记。租赁他人柜台或者场地的经营者，应当标明其真实名称和标记。

六、**出具凭证或单据的义务**。经营者提供商品或者服务，应按照国家规定或商业惯例向消费者出具发票等购货凭证或者服务单据；消费者索要发票等购货凭证或者单据的，经营者必须出具。

七、**保证质量的义务**。经营者有义务保证商品和服务的质量。

八、**履行退货、更换、修理的义务**。

（一）在经营者提供的商品或者服务不符合质量要求的情形下，如果有国家规定或者当事人约定，经营者有义务按照消费者的要求办理退货、更换或者修理；如果没有国家规定和当事人约定，消费者自收到商品之日起 7 日内退货的，经营者有义务办理退货，7 日后符合法定解除合同条件的，经营者仍然有退货义务，不符合法定解除合同条件的，经营者应按消费者要求履行更换、修理等义务。

（二）无论经营者提供的商品有无质量问题，只要是采用网络、电视、电话、邮购等方式销售的，消费者都有权自收到商品之日起 7 日内退货，且无须说明理由。此即所谓"无理由退货"。但是，消费者订做的商品，鲜活易腐的商品，在线下载或者消费者拆封的音像制品、计算机软件等数字化商品，交付的报纸、期刊以及其他根据商品性质并经消费者在购买时确认不宜退货的商品，不适用无理由退货的规定。

九、正确使用格式条款的义务。经营者在经营活动中使用格式条款的，应当以显著方式提醒消费者注意商品或者服务的数量和质量、价款或者费用、履行期限和方式、安全注意事项和风险警示、售后服务、民事责任等与消费者有重大利害关系的内容，并按照消费者的要求予以说明。

二是禁止滥用格式条款的义务，即经营者不得以格式条款、通知、声明、店堂告示等方式，做出排除或者限制消费者权利、减轻或者免除经营者责任、加重消费者责任等对消费者不公平、不合理的规定，不得利用格式条款并借助技术手段强制交易；违反此义务的，其条款无效。

十、不得侵犯消费者人格权的义务。经营者不得对消费者进行侮辱、诽谤，不得搜查消费者的身体及其携带的物品，不得侵犯消费者的人身自由。

十一、尊重消费者信息自由的义务。经营者收集、使用消费者个人信息，应当遵循合法、正当、必要的原则，明示收集、使用信息的目的、方式和范围，并经消费者同意。经营者收集、使用消费者个人信息，应当公开其收集、使用规则，不得违反法律、法规的规定和双方的约定收集、使用信息。

经营者及其工作人员对收集的消费者个人信息必须严格保密，不得泄露、出售或者非法向他人提供。经营者应当采取技术措施和其他必要措施，确保信息安全，防止消费者个人信息泄露、丢失。在发生或者可能发生信息泄露、丢失的情况时，应当立即采取补救措施。

经营者未经消费者同意或者请求，或者消费者明确表示拒绝的，不得向其发送商业性信息。

销售假冒伪劣商品"成本"提示单

　　销售假冒伪劣商品直接成本 = 投诉（消费者拨打"12315"）+ 三倍赔偿（新《消法》第五十五条规定：经营者提供商品或者服务有欺诈行为的，应当按照消费者的要求增加赔偿其受到损失，增加赔偿的金额为消费者购买商品价款或接受服务费用的三倍。即假一赔三。注：原《消法》第四十九条规定加倍赔偿，即假一赔二）+ 行政处罚（工商行政机关处以违法所得 1 倍以上 10 倍以下的罚款，没有违法所得的，处以 50 万元以下的罚款；情节严重的，责令停业整顿、吊销营业执照）

　　销售假冒伪劣商品附加成本 = 媒体曝光 + 企业信用公示（受到行政处罚）+ 商业信誉受损 + 银行贷款信誉度降级 + 营业数额下降。

　　销售假冒伪劣商品风险成本 = 民事赔偿（经营者提供商品或者服务，造成消费者或者其他受害人人身伤害的，应当支付医疗费、治疗期间的护理费、因误工减少的收入等费用，造成残疾的，还应当支付残疾者生活自助具费、生活补助费、残疾赔偿金以及由其扶养的人所必需的生活费等费用）+ 刑事责任（构成犯罪的，依照《刑法》第一百四十条：生产、销售伪劣产品罪，最高面临 15 年有期徒刑或无期徒刑的刑罚，以及销售金额 2 倍以下的罚金或没收财产）。

哪些是欺诈消费者行为

　　什么是欺诈消费者行为？《欺诈消费者行为处罚办法》第二条规定："本办法所称欺诈消费者行为，是指经营者在提供商品（以下所称商品包括服务）或者服务中，采取虚假或者其他不正当手段欺骗、误导消费者，使消费者的合法权益受到损害的行为。"

《河南省消费者权益保护条例》规定：经营者故意告知消费者虚假情况，或者故意隐瞒真实情况，诱使消费者购买商品或者接受服务的，为欺诈行为。

按照最高人民法院《关于贯彻执行民法通则若干问题的意见（试行）》的解释，一方当事人，故意告知对方虚假情况，或者故意隐瞒真实情况，诱使对方当事人做出错误意思表示的，可以认定为欺诈行为。

《欺诈消费者行为处罚办法》列举了18种欺诈消费者行为的表现形式：

（一）销售掺杂、掺假，以假充真，以次充好的商品的；

（二）采取虚假或者其他不正当手段使销售的商品分量不足的；

（三）销售"处理品""残次品""等外品"等商品而谎称是正品的；

（四）以虚假的"清仓价""甩卖价""最低价""优惠价"或者其他欺骗性价格表示销售商品的；

（五）以虚假的商品说明、商品标准、实物样品等方式销售商品的；

（六）不以自己的真实名称和标记销售商品的；

（七）采取雇用他人等方式进行欺骗性的销售诱导的；

（八）做虚假的现场演示和说明的；

（九）利用广播、电视、电影、报刊等大众传播媒介对商品做虚假宣传的；

（十）骗取消费者预付款的；

（十一）利用邮购销售骗取价款而不提供或者不按照约定条件提供商品的；

（十二）以虚假的"有奖销售""还本销售"等方式销售商品的；

（十三）以其他虚假或者不正当手段欺诈消费者的行为。

经营者在向消费者提供商品中，有下列情形之一，且不能证明自己确非欺骗、误导消费者而实施此种行为的，应当承担欺诈消费者行为的法律责任：

（一）销售失效、变质商品的；

（二）销售侵犯他人注册商标权的商品的；

（三）销售伪造产地、伪造或者冒用他人的企业名称或者姓名的商品的；

（四）销售伪造或者冒用他人商品特有的名称、包装、装潢的商品的；

（五）销售伪造或者冒用认证标志、名优标志等质量标志的商品的。

《河南省消费者权益保护条例》列举了13种欺诈消费者行为。该条例第四十九条规定：经营者提供商品或者服务有下列欺诈行为之一的，应当返还消费者购买商品或者接受服务的费用，并支付消费者购买商品或者接受服务费用一倍的赔偿金，经营者承诺赔偿的金额高于一倍的，从其承诺。

（一）销售掺杂掺假、以假充真、以旧充新、以次充好、以不合格商品冒充合格的商品；

（二）采取虚假或者其他不正当手段销售分量不足的商品、提供不实的服务；

（三）销售的商品是"处理品""残次品""等外品"却未予标明或者谎称

是正品;

（四）以虚假的"清仓价""甩卖价""最低价""优惠价"或者其他欺骗性价格销售商品或提供服务;

（五）以虚假的商品说明、商品标准、实物样品等方式销售商品或者提供服务;

（六）不以自己的真实名称或者标记销售商品或者提供服务;

（七）采取雇用他人等方式进行欺骗性的销售诱导;

（八）做虚假的现场演示和说明;

（九）利用广播、电视、电影、报刊、互联网等大众传播媒介或者其他手段对商品或者服务做虚假宣传;

（十）骗取消费者预付款;

（十一）利用邮购、电视直销、互联网销售、电话销售等方式骗取价款而不提供或者不按照约定提供商品或者服务的;

（十二）以虚假的"有奖销售""还本销售"等方式销售商品;

（十三）采取其他欺诈手段损害消费者合法权益的行为。

欺诈消费者行为的民事赔偿

《合同法》第一百一十三条（第二款）规定：经营者对消费者提供商品或者服务有欺诈行为的，依照《消费者权益保护法》的规定承担损害赔偿责任。

新《消费者权益保护法》第五十五条规定：经营者提供商品或者服务有欺诈行为的，应当按照消费者的要求增加赔偿其受到的损失，增加赔偿的金额为消费者购买商品的价款或者接受服务的费用的三倍。增加赔偿的金额不足五百元的，为五百元。法律另有规定的，依照其规定。

关于民事责任，有一般情况下的普通民事责任，依照《产品质量法》及其他法律法规所应承担的责任，包修、包换、包退的责任，邮购商品的经营者按约履行或退回货款的责任，预收货款的经营者按约履行或退回预收款、赔偿利息及其合理费用的责任，商品不合格时经营者退货的责任，造成消费者人身伤害时经营者的责任，侵犯消费者人格尊严、人身自由的责任以及造成消费者财产损害的责任等。特别的民事责任是对经营者欺诈消费者的行为所要承担的惩罚性赔偿责任，即增加赔偿的金额为消费者购买商品的价格或接受服务的费用的三倍。

欺诈消费者行为是一种违法行为，情节严重的可以构成刑法上的诈骗犯罪，要承担刑事责任。本文指的欺诈行为，仅指民事法律范畴的欺诈行为。

值得注意的是，根据民事权利可以放弃的特点，对于经营者在提供商品或服务中有欺诈行为造成消费者损失的，消费者可以主张，也可以放弃要求经营者承担惩罚性赔偿责任的权利，但是，如果消费者主张经营者承担三倍赔偿责任的，经营者应当依照消费者的要求增加赔偿。

投诉、申诉、诉讼的区别

消费者在自己的权益受到侵害，向消费者协会或有关行政部门投诉、申诉后，对调解、处理意见不甚满意，认为自己所提要求合情合理，投诉、申诉理由充分，可依据法律法规规定向人民法院提起诉讼。投诉和起诉不同，投诉是受害人向司法机关以外的有关部门伸张自己的权利，并求得保护或进行舆论监督的普通行为；而诉讼则是当事人向法院请求司法保护的法律行为。那么消费者投诉、申诉、诉讼有哪些区别呢？

投诉一般是指消费者通过书面或其他形式向有关消费者组织陈述、反映自身权益遭受侵犯和损害的事实，请求纠正、赔偿的行为。

各级消费者组织依照《中国消费者协会受理消费者投诉规定》，规范受理消费者投诉工作，有效地调解消费者和经营者之间发生的消费者权益争议。

申诉是指消费者对有关消费权益问题向有关国家机关申述理由，反映权益受损情况，请求解决纠纷，处理经营者违法乱纪的行为。

工商管理机关依照《消费者权益保护法》《工商行政管理机关受理消费者申诉暂行办法》和《工商行政管理所处理消费者申诉实施办法》《欺诈消费者行为处罚办法》的有关规定，遵循自愿、公平、公开、便捷、高效的原则，实行调解制度，适用调解程序，依法维护广大消费者的合法权益和经营者的合法权益。

诉讼是指消费者在购买、使用商品或者接受服务时，合法权益受到侵害，在法定期限内，依法向人民法院起诉，请求人民法院按照司法程序，对消费者权益纠纷案件进行审理的活动。消费者权益纠纷诉讼，是消费者权益纠纷处理过程中的一个重要环节，也是对消费者权益纠纷案件的最终处理，提起诉讼是消费者的一项重要权利，在法律的保护下，消费者被侵害的权益一般都能得到较好的实现，因此说，诉讼方式对于保护消费者的权益有着重要的地位。

申诉有向行政机关举报的性质，投诉仅是一种民事行为。行政机关处理消费者申诉，在调解的同时可以对经营者的违法行为进行查处。而消费者协会处理消费纠纷，则仅仅是进行民事调解，没有行政处罚手段。

按照国家工商总局《工商行政管理机关受理消费者申诉暂行办法》规定，有些申诉如已进入司法程序等，就不能予以受理。

如何拨打"12315"投（申）诉电话
暨 12315 互联网平台咋维权？

消费者在遇到自身权益受侵害时，可以拨打全国工商行政管理系统开通的"12315"电话，"12315"是工商行政管理局 12315 消费者投诉中心，是直接面向社会，受理消费者投诉的机构。当您为生活消费需要购买、使用商品或者接受服务时；合法权益受到侵害，被投诉方属于工商行政管理部门管辖时；当您发现虚假广告欺骗消费者时；当您发现假冒伪劣商品及制售假冒伪劣商品的"窝点"时，请拨"12315"消费者投诉电话。那么，消费者如何拨打电话进行举报或投诉呢？

拨打"12315"电话，是对制造、销售假冒伪劣商品的违法行为和其他经济违法事件进行检举和报告，提请工商机关对其进行查处，以维护消费者的合法权益。对此，拨打"12315"电话，要讲清举报的有关内容，如被举报者的姓名、地址及违法事实即可。如果是投诉并要求赔偿，包括如下内容：

1. 投诉人的姓名、住址、电话号码、邮政编码等；
2. 被投诉方的单位名称（或姓名）、详细地址、电话号码、邮政编码等；
3. 购买商品或者接受服务的日期、品名、牌号、规格、数量、价格、受损害的程度、与经营者交涉的情况及投诉人的要求等；
4. 提供有关凭证，如发票、信誉卡、保修卡、产品说明书等的复印件和有关证明材料。

由于"12315"电话是按行政区域管辖分工配置的，如您在某行政区域内拨"12315"，受理者就是该行政区的工商机关。假如您是外地人，当时未投诉，现已回到家中，那么，此时您拨打投诉电话时就要加上您的权益被侵害时所在地区的区号。

根据《工商行政管理机关受理消费者申诉暂行办法》的规定，下列申诉不予受理或者终止受理：

（一）超过保修期或者购买后超过保质期的商品，被诉方已不再负有违约责任的；

（二）达成调解协议并已执行，且没有新情况、新理由的；

（三）法院、仲裁机构或者其他行政机关已经受理或者处理的；

（四）消费者知道或者应该知道自己的权益受到侵害超过一年的；

（五）消费者无法证实自己权益受到侵害的；

（六）不符合国家法律、行政法规及规章的。

12315 互联网平台咋维权？

消费者除了可以拨打原有的 12315 热线电话之外，也可以通过网页、手机 APP、微信等多种网络渠道便捷投诉，进行维权。平台的网址是 www.12315.cn，手机 APP 和微信公众号名称是"全国 12315 互联网平台。

消费者在平台上登录注册后可以通过电脑、手机 APP 及微信多种途径 24 小时便捷地进行投诉、举报。同时，各地工商和市场监管部门可以在平台的支持下高效处理消费者诉求，实现消费者诉求网上处理流程透明化。

在全国 12315 互联网平台上，将以数字地图方式展示全国各地具有处理消费者诉求管辖权的基层工商和市场监管部门名录，对应各自投诉、举报窗口链接，使消费者能够便捷地找到有管辖权的工商和市场监管部门进行投诉举报，可以上传文字、图片、视频等证据材料，维权比电话热线更加便捷。

以诚为本　操守为重

　　诚实守信，是中华民族的传统美德。诚信不仅是做人的基本道德标准，也是兴业之基和治国之道，人无信不立，家无信不睦，业无信不兴，国无信不宁，就是最好的明证。

　　"诚信"这一精神理念，在不同社会形态里有着不同的表现，桐叶封弟代表了君臣之间的诚信；曾子杀猪，曾子用自己的行动教育孩子要言而有信，代表了父与子之间的诚实。身为富商的孔子的学生子贡，不但约束自己在经营过程中货真价实，而且还善待那些违约的买主（消费者），代表了早期的经营者与消费者之间的诚信。

　　在法制社会里，诚信不仅是一种品德，一种规范，一种涵养，一种境界，诚信也是人与人之间相处的基本原则。与其抱怨世风日下，人心不古，不如真诚对待法律。诚实地遵守和执行法律是做人的底线，也是公民的基本要求。因为法律不仅保护契约自由，也遵循诚实信用和公序良俗原则。诚信是市场经济的基石，是义与利的统一，也是人们利益追求中所必须遵循的道德准则。对经营者说，诚信就是形象、信誉、市场，在我国加入 WTO 的今天，诚信显得尤为重要。"以诚待客、以信生誉、诚实不欺、实践成约""买卖不成仁义在"，代表了当代经营者对消费者的诚信。

　　诚信是立身之本、立业之道。如果失去了诚信或者信任不足，人们就会以邻为壑、相互猜疑，企业就会坑蒙拐骗、见利忘义，国家形象也会被损害。"人无信不立，事无信不成。"在市场经济条件下，绝大多数经营者，明礼诚信，守法经营，视消费者为衣食父母。还须看到欺诈消费者行为，假冒伪劣商品已成为当今广大人民群众深恶痛绝的社会公害之一。人们关注诚信，渴望了解经营者诚信度。这就要求广大经营者首先讲诚信、认真履行法律义务，尊重消费者的权利，接受社会监督，在经营活动中，对已售出的商品或提供服务内容有缺陷的，应主动提出修理、退换并予以补偿。虽然经营者受到了一定的损失，却赢得了消费者的信任。

　　诚信需要每个人的积极参与,生活在社会中的每一个人都是诚信建设的主人。

讲诚信不能只拿来要求别人，要从自身做起，从小事做起，自重自爱，人人守规矩，事事讲诚信，要像爱护自己的眼睛一样，爱护诚实信用的声誉。当诚信两字熔铸在经营者、消费者的理念之中，落实到行动上的时候，诚实信用的美德就会在我们的身边流光溢彩。

购物莫忘要发票

消费者因购买商品或接受服务权益受到损害，到消费者协会和其他有关行政部门投诉、申诉时，消费者协会和有关行政机关根据"消费者投诉，有责任提供证据，证明购买使用或接受服务与所受损害存在因果关系或有具体的申诉请求、事实和理由"的规定，要求消费者提供发票（小票或收据）等证据，否则不予受理。

本人在受理消费者投诉工作中，发现不少消费者往往忽视了向经营者索要发票，造成了不必要的损失。什么是发票？发票有哪些法律效力呢？

发票是指在购销商品、提供或者接受服务以及从事其他经营活动，开具的由税务机关监制的收取付款凭证。发票既是所有权的凭证，起到合同约束作用，还具有保修、索赔的功能。

有的经营者开具的是小票或收据，不具有发票纳税的凭证作用，但对消费者来说，索赔、诉讼时具有同等证明力。

消费者购物时，有能够报销或数额较大时才有向经营者索要发票的习惯。有的经营者便钻了不开发票偷漏营业税款、掩盖非法经营、拒绝承担商品和服务质量责任的空子。消费者向经营者索要发票是法律赋予的权利，也是经营者应尽的义务。《消费者权益保护法》第二十一条规定：经营者提供商品或者服务，应当按照国家有关规定或者商业惯例向消费者出具购货凭证或者服务单据；消费者索要购货凭证或者服务单据的，经营者必须出具。

国家工商总局《关于处理侵害消费者权益行为的若干规定》第四条（第二款）规定：消费者索要发票的，经营者不得以收据、购货卡、服务卡、保修证等代替。有正当理由不能即时出具的，经营者应当按照与消费者协商的时间、地点送交或者约定消费者到指定地点索取。经营者约定消费者到指定地点索取的，应当向消费者支付合理的交通费用。

经营者拒开发票的行为，依照《中华人民共和国发票管理办法》违反发票管理法规，导致其他单位或者个人未缴、少缴或者骗取税款的，由税务机关没收违法所得，可以并处未缴、少缴或者骗取的税款一倍以下的罚款。

发票是消费者"秋后算账"索赔的证据。《产品质量法》第四十五条（第二款）规定：因产品存在缺陷造成损害要求赔偿的请求权，在造成损害的缺陷产品交付最初消费者满十年丧失；但是，尚未超过明示的安全使用期的除外。因此，消费者主动向经营者索要发票，妥善地保管发票，是保护自己消费权益的开始。

购房莫忘看"五证""二书"

购房者在购房时应要求房地产开发商和销售商提供齐全的"五证""二书"，这是法律对销售方的基本要求。

"五证"是指《国有土地使用证》《建设用地规划许可证》《建设工程规划许可证》《建设工程施工许可证》《建设工程开工证》《商品房销售（预售）许可证》。

"二书"是指《住宅质量保证书》和《住宅使用说明书》。

1.《国有土地使用证》

《国有土地使用证》是证明土地使用者（单位或个人）使用国有土地的法律凭证，受法律保护。

2.《建设用地规划许可证》

《建设用地规划许可证》是建设单位在向土地管理部门申请征用、划拨土地前，经城市规划行政主管部门确认建设项目位置和范围符合城市规划的法定凭证，是建设单位用地的法律凭证。没有此证的用地单位属非法用地，房地产商的售房行为也属非法，不能领取房地产权属证件。

核发的目的：确保土地利用符合城市规划，维护建设单位按照城市规划使用土地的合法权益。

法律后果：按照有关规定，房地产商即使取得建设用地的批准文件，但如未取得《建设用地规划许可证》而占用土地的，其建设用地批准文件无效。

3.《建设工程规划许可证》

《建设工程规划许可证》是有关建设工程符合城市规划要求的法律凭证，是建设单位建设工程的法律凭证，是建设活动中接受监督检查时的法定依据。没有此证的建设单位，其工程建筑是违章建筑，不能领取房地产权属证件。

核发的目的：确认有关建设活动的合法地位，保证有关建设单位和个人的合法权益。

法律后果：房地产商如未取得《建设工程规划许可证》或者违反《建设工程规划许可证》的规定进行开发建设，严重影响城市规划的，由城市规划行政主管部门责令停止建设，限期拆除或者没收违法建筑物、构筑物及其他设施，对有关责任人员，可由所在单位或者上级主管机关给予行政处分。

4.《建设工程施工许可证》

《建设工程施工许可证》（建设工程开工证）是建筑施工单位符合各种施工条件、允许开工的批准文件，是建设单位进行工程施工的法律凭证，也是房屋权属登记的主要依据之一。没有开工证的建设项目均属违章建筑，不受法律保护。当各种施工条件完备时，建设单位应当按照计划批准的开工项目向工程所在地县级以上人民政府建设行政主管部门办理施工许可证手续，领取施工许可证。未取得施工许可证的不得擅自开工。

5.《商品房销售（预售）许可证》

《商品房销售（预售）许可证》是市、县人民政府房地产行政管理部门允许房地产开发企业销售商品房的批准文件。房地产商在销售商品房时，如该房屋已建成，还应持有房屋所有权证书。购房者如需调查房屋的建筑质量，还可查验房地产商的《工程验收证》。

"五证"中最重要的是《国有土地使用证》和《商品房销售（预售）许可证》，两者表明所购房屋属合法交易范畴。

《住宅质量保证书》和《住宅使用说明书》

"二书"可以作为商品房买卖合同的补充约定，并且是房地产开发企业在商品房交付使用时，向购房人提供的对商品住宅房承担质量责任的法律文件和保证文件。

1.《住宅质量保证书》是房地产开发企业在商品房交付使用时，向购房人提供的住房质量保证文件。

2.《住宅使用说明书》是房地产开发企业在商品房交付使用时，向购房人提供的有关住房使用的说明。

投诉索赔要有度

　　如今，"3.15"在中国已家喻户晓，成为保护消费者权益的代名词。维护消费者的合法权益，是全社会的共同责任。人人都是消费者，关心消费者的利益，就是关心自己的利益。但是，在社会要求经营者合法经营、维护好消费者合法权益的同时，消费者也应尊重经营者的合法权益，正确使用商品，遵守营业服务秩序，投诉、举报、索赔应实事求是，有理有据有度。

　　消费者和经营者发生消费者权益争议时，一般通过向消费者协会投诉的途径来解决。消费者协会受理投诉进行调解，遵循两个基本原则：第一，自愿原则，即调解应充分尊重当事人的意愿，必须在双方当事人平等、自愿的基础上进行；第二，合法原则，即调解必须在查明事实、分清是非的基础上，依照法律规定进行。笔者在县级消费者协会工作多年，受理处理消费者投诉数千起，在为消费者讨回公道的同时，的确也遇到极个别消费者拿着报纸上登载的相同案例，提出过分苛刻的要求，令消协和经营者都尴尬。

　　在受理数起啤酒爆炸伤人投诉（当事人手腿被炸伤）时，有的当事人要求厂方赔偿四五万元的医疗费、精神损失费。厂里来人到消协处理此事，当事人又拿不出住院及医疗费的有关证明单据凭证。消协依法调解，要求厂方赔偿当事人合理医疗费、治疗期间的护理费（当地工人平均月收入）、误工减少的收入等费用。精神赔偿可酌情支付，对当事人的其他苛刻要求不予支持，既保护了消费者的合法权益，又维护了经营者的正当利益。

　　有二位消费者分别在不同场合饮用啤酒时，一个发现未开瓶的啤酒中浮有一只苍蝇，另一位发现有两条小虫，如获至宝，到消协投诉，以一瓶五六千元的标价，要求厂方赔偿，并以报纸、电视上见相要挟；在厂方来人按《产品质量法》《食品卫生法》《消法》的有关规定，诚心妥善解决时，当事人仍不改己见。其行为消协不支持，厂方不理睬。无奈之下，消费者只好按消协调解的意见了结。

　　有些农村消费者购买踏板式摩托车，不按使用说明书规定的环境使用，不办理驾驶证、行车证，无证驾驶摩托车，由于使用维护不当私自修理，使摩托车过早损坏，失去了"三包"权利，反而要求经营者给予调换，否则，每天中午，组织好几个哥们儿，到商场现场"广而告之"等。

作为消费者，不善于运用自己的权利是不明智的；将自己的权利极端化、教条化，提出各种非分要求，也是不对的，同倡导的社会精神文明格格不入。有极个别消费者对购买商品或者接受服务的知识和使用技能了解甚少，对经营者给自己带来的损害赔偿数额，心中无数，漫天要价，缺乏严谨的赔偿尺度。失去了合理赔偿的尺度，消费者的权益既不能维护，也损害了经营者的权益。双方大伤和气，消协也对调解失去了信心，同时得不到社会舆论的同情支持，自讨没趣。

社会需要理性，我们每个人也需要理性。消费者在维护自己的合法消费权益时，一定要有理、有据、有利、有度，否则，弄巧成拙，事与愿违，白白劳心费神不说，自己将要到手的合理索赔要求也会落空。

推荐商品要负连带责任

国家的权威部门、社会团体、社会中介机构或名人明星，在市场活动中，处在"中间人""裁判员"的位置；或知名度具有一定的影响力，其推荐的商品对消费者购买商品具有引导作用，影响消费者的选择方向。如果其推荐、保证不实，将误导消费者，使消费者权益受到损害。为此，《民法通则》《产品质量法》《广告法》对推荐商品及广告宣传所承担的法律责任有规定。

《民法通则》规定：公民、法人由于过错侵害国家的、集体的、个人的财产应当承担民事责任。没有过错，但法律规定应当承担民事责任的，应当承担民事责任。《消费者权益保护法》规定：消费者因经营者利用虚假广告或者其他虚假宣传方式提供商品或者服务，其合法权益受到损害的，可以向经营者要求赔偿。广告经营者、发布者发布虚假广告的，消费者可以请求行政主管部门予以惩处。广告经营者、发布者不能提供经营者的真实名称、地址和有效联系方式的，应当承担赔偿责任。

《产品质量法》规定：产品质量检验机构、认证机构必须依法按照有关标准，客观、公正地出具检验结果或者认证证明。

产品质量监督部门或者其他国家机关以及产品质量检验机构不得向社会推荐生产者的产品；不得以对产品进行监制、监销等方式参与产品经营活动。

产品质量检验机构、认证机构出具的检验结果或者证明不实，造成损失的，应当承担相应的赔偿责任；对因产品不符合认证标准给消费者造成的损失，与产品的生产者、销售者承担连带责任；情节严重的，撤销其认证资格。

社会团体、社会中介机构对产品质量做出承诺、保证，而该产品又不符合其承诺、保证的质量要求，给消费者造成损失的，与产品的生产者、销售者承担连带责任。

《广告法》规定：发布虚假广告，欺骗、误导消费者，使购买商品或者接受服务的消费者的合法权益受到损害的，其广告经营者、广告发布者、广告代言人，明知或者应知广告虚假仍设计、制作、代理、发布或者做推荐、证明的，应当与广告主承担连带责任。关系消费者生命健康的商品或者服务的虚假广告，造成消费者损害的，其广告经营者、广告发布者、广告代言人应当与广告主承担连带责任。

社会团体、中介机构、名人明星要学法、用法，慎重推荐，当品牌形象"大使""代言人"要三思，切莫为了金钱，失去诚信，招惹官司，后悔莫及。

商家不享有最终解释权

节日期间，有的商家纷纷采取各种手段，招揽生意，推销商品，有的绞尽脑汁，营造"消费陷阱"。日前，禹州市消协就不断接到消费者电话反映：在有的超市、量贩、专卖店购买到其规定金额的商品后，获得赠予的"权益卡"，凭卡凡在超市购物的费用，都累计输入卡中，享受打折、让利、积分抽奖、积分赠送等优惠服务。而超市实际采取了购物卡，电脑不计费；对设奖的种类、中奖概率、最高奖金额、总金额、奖品种类、数量、质量不明示；擅自改变抽奖日期；对参加抽奖资格临时规定、抽奖没有规则，也没有社会中介机构参加监督。经营者随心所欲，当消费者对抽奖活动真实性、公正性有异议时，商家则有言在先，卡上、公告上明写着"活动最终解释权归本公司"。消费者疑惑，商家享有"最终解释权"吗？法律对最终解释权是怎样规定呢？

《民法通则》《合同法》《消费者权益保护法》规定双方当事人在民事活动中，应当遵循等价有偿、诚实信用、自愿、平等的原则，行使权利，履行义务。这就将社会普遍的道德规范法律化，进而保证当事人之间和社会之间利益关系实现平衡。

商家开展有奖销售、让利销售的店堂告示属于要约邀请，消费者按规定购买商品后与其构成合同关系。《合同法》第四十一条规定：对格式条款的理解发生争议的，应当按照通常理解予以解释。对格式条款有两种以上解释的，应当做出不利于提供格式条款一方的解释。格式条款和非格式条款不一致的，应当采用非格式条款。《合同法》第一百二十五条规定："当事人对合同条款的理解有争议的，应当按照合同所使用的词句、合同的有关条款、合同的目的、交易习惯以及诚实信用原则，确定该条款的真实意思。合同文本采用两种以上文字订立并约定具有同等效力的，对各文本使用的词句推定具有相同含义。各文本使用的词句不一致的，应当根据合同的目的予以解释。"《合同法》第一百二十八条规定："当事人可以通过和解或者调解解决合同争议。当事人不愿和解、调解或者和解、调解不成的，可以根据仲裁协议向仲裁机构申请仲裁。涉外合同的当事人可以根据仲裁协议向中国仲裁机构或者其他仲裁机构申请仲裁。当事人没有订立仲裁协议或者仲裁协议无效的，可以向人民法院起诉。当事人应当履行发生法律效力的判决、仲裁裁决、调解书；拒不履行的，对方可以请求人民法院执行。"人民法院在法律没有明文规定或出现不能预见的情况时，行使裁决权，调整当事人的权利义务关系。由法而见，"最终解释权"属仲裁机构和人民法院，商家对自己的营销活动的最终解释权，必须是在不违背法律法规，不损害消费者利益的前提下才能生效，否则，便不发生法律效力。

解释权不是一项简单的权利，而是履行承诺的义务。解释权事关商家的信誉，服务理念，也决定着消费者的流向。所谓"得人心者得市场"，就是看商家是否真心解释，真心服务，真情回报。

俗话说："天上不会掉馅饼。"商家面对激烈的市场竞争，切莫以有奖销售为诱饵，拿"最终解释权"做挡箭牌，欺诈消费者，设置"消费陷阱"，到头来失去了诚信、消费者和市场。

酒店超市门前丢车能索赔吗?

日前,禹州市民郑先生到酒店参加亲戚的喜宴,按照酒店服务人员指定位置,将电动自行车停放在了酒店大门的西侧。宴散,郑先生准备离开时,发现电动自行车不见了,酒店服务人员向公安局"110"报警,警方接警后,现场勘查,因无破案线索,不予立案,关于赔偿问题,警方建议郑先生到消费者协会咨询。

消费者在购买、使用商品和接受服务时,享有人身、财产安全不受损害的权利。然而,在酒店、宾馆、医院等消费场所,经营者为消费者免费看管车辆等物造成丢失,经营者是否承担赔偿责任,有关部门有着不同意见:

(一)经营者不承担赔偿责任

《消费者权益保护法》规定:经营者向消费者提供商品或者服务,应当依照《产品质量法》和其他有关法律、法规的规定履行义务。经营者和消费者有约定的,应当按照约定履行义务,但双方的约定不得违背法律的规定。

《合同法》规定:寄存人应当按照约定向保管人支付保管费。当事人对保管费没有约定或者约定不明确,依照《合同法》第六十一条的规定仍不能确定的,保管是无偿的。保管期间,因保管人保管不善造成保管物毁损、灭失的,保管人应当承担损害赔偿责任,但保管是无偿的,保管人证明自己没有重大过失的,不承担损害赔偿责任。所以,只要消费场所能证明自己无重大过失,对看管车辆等物品的丢失,可以免除赔偿责任。这里的"无重大过失"一般指没有擅离职守、没有在不该休息的时候休息、没有擅自动用车辆物品等。

另外,法律没有规定商家对消费者的财产有保管义务。根据《消费者权益保护法》第七条规定,商家有保障消费者在购买、使用商品和接受服务时人身、财产安全不受损害的法定义务。但这个义务不能无限扩大、延伸。消费者没有与商家形成法定保管关系,所以饭店没有保管的法定义务;不应承担赔偿责任。

(二)经营者承担赔偿责任

消费者在购买、使用商品和接受服务时享有人身、财产安全不受损害的权利。经营者设立附属的停车场,目的在于提升自己经营的档次,吸引更多消费者,以达到获取赢利的最终目的。消费者为了消费安全,才将车停放在指定的位置,因此，经营者对消费者的电动自行车负有相应的看管义务，以保证其消费安全，这也是基于双方之间的服务合同关系而产生的一种附随义务。经营者承担赔偿责任。

在司法实践中，经营者对免费存车等物品丢失不承担任何责任的案例多，而承担赔偿责任的案例少。

本着诚实信用的原则，作为消协的工作人员，笔者赞同第二种意见。

"偷一罚十"有法律效力吗?

在超市、量贩人们常看到经营商自己制定的"顾客购物须知"。他们将"偷一罚十"写入其中，并悬挂在店中的显著位置，违者按此"偷一罚十"罚款。超市、量贩等经营商的"偷一罚十"规定有法律效力吗?

一、从消费者权益的角度看。消费者在购买商品或者接受服务时，应当尊重经营者的劳动和合法权益；挑选商品时应当爱护商品；遵守营业服务秩序。《消费者权益保护法》明确规定："经营者不得以格式合同、通知、声明、店堂告示等方式做出对消费者不公平、不合理的规定，或者减轻、免除其损害消费者合法权益应当承担的民事责任。格式合同、通知、声明、店堂告示等含有前款所列内容的，其内容无效。"商场超市"偷一罚十"的规定是无效的。

二、从偷盗行为认定的主体上看。超市是服务性质的营业场所，不具备认定偷盗行为的主体资格，是否属于偷盗应当由法律规定的公安机关，通过法定程序进行认定。《企业事业单位内部治安保卫条例》中，对保安如何履行职责做出了具体规定，就是维护单位内部的治安秩序，制止发生在本单位的违法行为，难以制止的违法行为以及发生的治安案件、涉嫌刑事犯罪案件应当立即报警，并采取措施保护现场，配合公安机关的侦查处置工作。

三、从处罚的主体来看。超市没有做出处罚的权力，更没有罚款的权力。罚款从行政法的角度讲属于行政处罚，行政处罚是行政机关对构成行政违法行为的公民、法人或其他组织实施的行政法上的制裁。《行政处罚法》规定：行政处罚由具有行政处罚权的行政机关在法定的职权范围内实施。

四、从限制人身自由上看。《公安部关于保安服务公司规范管理的若干规定》中明确指出，保安人员不得剥夺、限制公民的人身自由，不得做出辱骂、殴打他人等违反法律法规的行为。

依照《行政处罚法》的规定，超市、量贩的经营商只是一个企业，不是行政机关，也不是法律、法规授权实施行政处罚的组织，不具有做出行政处罚的主体资格。因此，超市、量贩的经营商，没有权力自己制定对偷窃行为的处罚标准，其做出的"偷一罚十"规定是违法的、无效的。

协会宗旨在服务

国务院发布《社会团体登记管理条例》规定：社会团体是中国公民自愿组成，为实现会员共同意愿，按照其章程开展活动的非营利性社会组织。并不得从事营利性经营活动。

协会的基本职能就是为了会员的利益服务，按章程行事，为会员提供信息服务等。若会员的利益遇到纠纷，受到侵害，协会利用具有代表全体会员利益的协会优势，出面协商、调解，为会员排忧解难，维护其利益，这样的协会自然受到社会的信赖、赞誉。

无可置疑，也有些协会常常不做正事，绞尽脑汁，两眼盯在"会费""赞助"上，把协会当成创收单位和部门的"小金库"，拉大旗，做虎皮，便干起挂羊头卖狗肉的勾当。有的从事经营或违法活动，侵害会员的利益，有损政府的形象和权威。

有的协会人是不多，办公无固定场所，连宗旨也说不清，不清楚"我是谁""能做什么""不能做什么"等基本问题，可对培训办班、认定名牌、推荐、拉赞助活动很感兴趣。法律有明文规定禁止，有关部门多次发文制止乱评比之类的"三乱"现象，为什么协会作为社会团体，无行政职能，却能够登高一呼，应者云集呢？实话实说，它把职能部门行使的职权嫁接过来，有的是挂靠在职能部门或内部单位，与部门的利益唇齿相依，明要钱吧，违法；不要，无钱，无"威"；温柔点，交点赞助费，有票入账，既不违法，又不伤情面，有权在手，岂没人求？以至于一些民间段子编排这些协会是"戴市场的帽子，拿政府的鞭子，坐行业的轿子，收企业的票子"。话虽有夸大和片面成分，但也表明，一些协会的违规之举，已经严重危害到公共利益。

交了会费、赞助费，会员却不知会费开支何处，也算侵犯了会员的知情权吧？孰不知《社团登记管理条例》第二十九条有规定：社会团体的经费，以及开展章程规定的活动按照国家有关规定所取得的合法收入，必须用于章程规定的业务活动，不得在会员中分配。社会团体接受捐赠、资助，必须根据与捐赠人、资助人约定的期限、方式和合法用途使用。社会团体应当向业务主管单位报告接受、使用捐赠、资助的有关情况，并应当将有关情况以适当的方式向社会公布。

按照党的"十七大"提出的"加快推进政企分开、政资分开、政事分开、政府与市场中介组织分开"的要求，寄希望于协会的登记主管机关、财政、审计等部门加强对协会活动的监管，协会也别忘了为会员服务是协会的立会之本。

发布虚假广告的法律责任

真实、合法地反映商品或服务的真实情况是广告主、广告经营者、广告发布者必须遵循的《广告法》规定的基本准则。

根据《民法通则》《广告法》《刑法》《关于经济犯罪案件追诉标准的规定》，广告主、广告经营者、广告发布者利用广告对商品或者服务作虚假宣传，应承担哪些民事、行政和刑事责任呢？

虚假广告的民事责任

发布虚假广告，欺骗和误导消费者，使购买商品或者接受服务的消费者的合法权益受到损害的，由广告主依法承担民事责任；广告经营者、广告发布者明知或者应知广告虚假仍设计、制作、发布的，应当依法承担连带责任；广告经营者、广告发布者不能提供广告主的真实姓名、地址的，应当承担全部民事责任。社会团体或者其他组织，在虚假广告中向消费者推荐商品或者服务，使消费者的合法权益受到损害的，应当依法承担连带责任。

广告主、广告经营者、广告发布者，有下列侵权行为之一的，依法承担民事责任：

（1）在广告中损害未成年人或者残疾人的身心健康的；

（2）假冒他人专利的；

（3）贬低其他生产经营者的商品、服务的；

（4）广告中未经同意使用他人名义或者形象的；

（5）其他侵犯他人合法民事权益的。

承担民事责任的方式主要有：

（1）停止侵害；

（2）赔偿损失；

（3）消除影响、恢复名誉；

（4）赔礼道歉等。

承担民事责任的方式，可以单独适用，也可以合并适用。

虚假广告的行政责任

违反《广告法》规定，发布虚假广告的，由工商行政管理部门责令停止发布广告，责令广告主在相应范围内消除影响，处广告费用三倍以上五倍以下的罚款，广告费用无法计算或者明显偏低的，处二十万元以上一百万元以下的罚款；两年内有三次以上违法行为或者有其他严重情节的，处广告费用五倍以上十倍以下的罚款，广告费用无法计算或者明显偏低的，处一百万元以上二百万元以下的罚款，可以吊销营业执照，并由广告审查机关撤销广告审查批准文件、一年内不受理其广告审查申请。

医疗机构违反《广告法》规定，情节严重的，除由工商行政管理部门依照本法处罚外，卫生行政部门可以吊销诊疗科目或者吊销医疗机构执业许可证。

广告经营者、广告发布者明知或者应知广告虚假仍设计、制作、代理、发布的，由工商行政管理部门没收广告费用，并处广告费用三倍以上五倍以下的罚款，广告费用无法计算或者明显偏低的，处二十万元以上一百万元以下的罚款；两年内有三次以上违法行为或者有其他严重情节的，处广告费用五倍以上十倍以下的罚款，广告费用无法计算或者明显偏低的，处一百万元以上二百万元以下的罚款，并可以由有关部门暂停广告发布业务、吊销营业执照、吊销广告发布登记证件。

虚假广告的刑事责任

《刑法》第二百二十二条（虚假广告罪）和第二百三十二条规定：广告主、广告经营者、广告发布者违反国家规定，利用广告对商品或者服务作虚假宣传，情节严重的，处二年以下有期徒刑或者拘役，并处或者单处罚金。单位犯本罪的，对单位判处罚金，并对其直接负责的主管人员和其他直接责任人员，依照《刑法》第二百二十二条规定，追究刑事责任。

最高人民检察院、公安部《关于经济犯罪案件追诉标准的规定》：广告主、广告经营者、广告发布者违反国家规定，利用广告对商品或者服务作虚假宣传，涉嫌下列情形之一的，依照《刑法》第二百二十二条应予追诉：

（1）违法所得数额在十万元以上的；

（2）给消费者造成的直接经济损失数额在五十万元以上的；

（3）虽未达到上述数额标准，但因利用广告作虚假宣传，受过行政处罚二次以上，又利用广告做虚假宣传的；

（4）造成人身伤残或者其他严重后果的。

商标侵权的法律责任

商标是商品和服务的牌子，商品的生产者、经营者在其生产、制造、加工的商品上或者服务的提供者在其提供的服务上采用的，用于区别商品或者服务来源的，由文字、图形、字母、数字、三维标志、颜色组合，或者上述要素的组合，具有显著特征的标志。

《商标法》规定："经商标局核准注册的商标为注册商标，商标注册人享有商标专用权，受法律保护。"未注册商标始终处于一种无权利保障状态，随时可能因他人相同或近似商标的核准注册而被禁止使用。所以，企业经营者若想稳定地、有保障地使用某个商标最好将其注册。

商标尤其是驰名商标作为一种重要的产权，是可以在价值上量化的重要资产，作为商品或服务的标志，是企业参与市场竞争的主要载体，在经济发展、企业经营中的作用不可小视。

依法核准注册的商标，商标注册人享有该商标的专用权，受法律保护。伪造、擅自制造、销售等侵犯注册商标专用权的行为，根据《商标法》《商标法实施细则》和《刑法》的规定，应承担哪些民事、行政和刑事责任呢？

商标侵权的民事责任

（1）停止侵害。

（2）赔偿损失（侵犯商标专用权的赔偿数额，为侵权人在侵权期间因侵权所获得的利益，或者被侵权人在被侵权期间所受到的损失，包括被侵权人为制止侵权行为所支付的合理开支；侵权损失难以确定的，由人民法院根据侵权行为的情节判决给予 50 万元赔偿费。注：销售不知道是侵犯注册商标专用权的商品，能证明该商品是自己合法取得的并说明提供者的，不承担赔偿责任）。

（3）消除影响，恢复名誉。

（4）赔礼道歉。

商标侵权的行政责任

（1）责令立即停止侵权行为；

（2）没收、销毁侵权商品和专门用于制造侵权商品、伪造注册商标标识的工具；

（3）工商行政管理机关对侵犯他人注册商标专用权的，处以非法经营额 3 倍以下的罚款；非法经营额无法计算的，处以 10 万元以下的罚款。

商标侵权的刑事责任

最高人民检察院、公安部《关于经济犯罪案件追诉标准的规定》，对商标侵权行为，涉嫌下列情形之一的，追究刑事责任。

1. 个人假冒他人注册商标，非法经营数额在十万元以上的；单位假冒他人注册商标，非法经营数额在五十万元以上的；假冒他人驰名商标或者人用药品商标的；虽未达到上述数额标准，但因假冒他人注册商标，受过行政处罚二次以上，又假冒他人注册商标的；造成恶劣影响的，依照《刑法》第二百一十三条，追究刑事责任。

2. 销售明知是假冒注册商标的商品，个人销售数额在十万元以上的，单位销售数额在五十万元以上的，依照《刑法》第二百一十四条规定，追究刑事责任；

3. 非法制造、销售非法制造的注册商标标识，数量在二万件（套）以上，或者违法所得数额在两万元以上，或者非法经营数额在二十万元以上的；非法制造、销售非法制造的驰名商标标识的；虽未达到上述数额标准，但因非法制造、销售非法制造的注册商标标识，受过行政处罚二次以上，又非法制造、销售非法制造的注册商标标识的；利用贿赂等非法手段推销非法制造的注册商标标识的，依照刑法第二百一十四条规定，追究刑事责任。

商业贿赂的法律责任

依照《关于禁止商业贿赂行为的暂行规定》，"商业贿赂"是指经营者为销售或者购买商品而采用财物或者其他手段贿赂对方单位或者个人的行为。"财物"，既包括现金和实物，也包括经营者为销售或者购买商品，假借促销费、宣传费、赞助费、科研费、劳务费、咨询费、佣金等名义，或者以报销各种费用等方式，给付对方单位或者个人的财物；"其他手段"是指提供国内外各种名义的旅游、考察等给付财物以外的其他利益的手段。

《反不正当竞争法》第八条规定：经营者在账外暗中给予对方单位或者个人回扣的，以行贿论处；对方单位或者个人在账外暗中收受回扣的，以受贿论处。商业贿赂应承担哪些法律责任呢？

民事责任

《反不正当竞争法》第二十条规定，"经营者违反本法规定，给被侵害的经营者造成损害的，应当承担损害赔偿责任"。由于利益驱使，经营者忽视甚至无视产品质量的现象也时有发生，因产品缺陷使消费者人身或者财产遭受损失的，产品的经营各方都有过错的均须承担赔偿责任。

行政责任

根据《反不正当竞争法》第二十二条规定，经营者采用财物或者其他手段进行贿赂以销售或者购买商品，尚不构成犯罪的，监督检查部门可以根据情节处以一万元以上二十万元以下的罚款，有违法所得的，予以没收。

刑事责任

《最高人民检察院公安部关于经济犯罪案件追诉标准的规定》：公司、企业的工作人员利用职务上的便利，索取他人财物或者非法收受他人财物，为他人谋取利益，或者在经济往来中，违反国家规定，收受各种名义的回扣、手续费，归个人所有，数额在五千元以上的，依照《刑法》第一百六十三条涉嫌"公司、企业人员受贿罪"应予追诉。

为牟取不正当利益，给予公司、企业的工作人员以财物，个人行贿数额在一万元以上的，单位行贿数额在二十万元以上的，依照《刑法》第一百六十四条涉嫌"对公司、企业人员行贿罪"应予追诉。

虚报注册资本的法律责任

注册资本也叫法定资本，是公司制企业章程规定的全体股东或发起人认缴的出资额或认购的股本总额，并在公司登记机关依法登记。公司设立必须资本真实。《公司法》规定：公司是企业法人，有独立的法人财产，享有法人财产权。公司以其全部财产对公司的债务承担责任。

有限责任公司的股东以其认缴的出资额为限对公司承担责任；股份有限公司的股东以其认购的股份为限对公司承担责任。

向公司登记主管部门（县级以上工商行政管理机关）虚报注册资本，依照《公司法》《公司登记管理条例》《刑法》的规定，应承担哪些法律责任呢？

发起人虚假出资是一种违反发起人协议和公司章程中约定的出资义务的行为，即不履行或者不按约定履行出资义务却伪造依约出资假象的欺诈行为。

为保证公司资本的充实，维护公司出资股东、债权人和社会公众的利益，公司的发起人或股东虚假出资，应当承担相应的虚假出资的民事责任、行政责任和刑事责任。

民事责任

（一）对内责任　对内责任是指虚假出资股东在公司内部应对其他股东及公司承担的责任。（1）依据《公司法》第二十八条第二款规定，不按规定缴纳所认缴的出资，应当向已足额缴纳出资的股东承担违约责任；（2）虚假出资股东对公司的侵权责任。根据《公司法》第三条规定，公司享有法人财产权。股东的虚假出资行为侵害了公司的法人财产权，为此，违法股东应当补交相应的出资及法定利息。因违法股东出资不到位的侵权行为还可能给公司的生产经营造成经济损失，也应当予以赔偿；

（二）对外责任　对外责任是指虚假出资股东对公司外部所应承担的责任，最为常见的是对公司债权人的责任。最高人民法院《关于人民法院执行工作若干问题的规定》（法释[1998]15号）第80条规定："被执行人无财产清偿债务，如果其开办单位对其开办时投入的注册资金不实或抽逃注册资金，可以裁定变更或追加其开办单位为被执行人，在注册资金不实或抽逃注册资金的范围内，对申请执行人承担责任。"根据上述规定，虚假出资的股东应该在注册资金不实的范围内对申请执行的债权人承担责任。

行政责任

《公司法》《公司登记管理条例》规定：办理公司登记是虚报注册资本，提交虚假证明文件或者采取其他欺诈手段隐瞒重要事实取得公司登记的，责令改正；对虚报注册资本的公司，处以虚报注册资本金额百分之十以上百分之十五以下的罚款；情节严重的，撤销公司登记，吊销营业执照。

刑事责任

依照最高人民检察院、公安部关于经济犯罪案件追诉标准的规定，申请公司登记使用虚假证明文件或者采取其他欺诈手段虚报注册资本，欺骗公司登记主管部门，取得公司登记，涉嫌下列情形之一的，依刑法第一百五十八条（虚报注册资本罪）追究刑事责任：

1. 实缴注册资本不足法定注册资本最低限额，有限责任公司虚报数额占法定最低限额的百分之六十以上，股份有限公司虚报数额占法定最低限额的百分之三十以上的。（《公司法》规定：有限责任公司注册资本最低限额为人民币三万元。法律、行政法规对有限责任公司注册资本的有最低限额有较高规定的，从其规定。）

2. 实缴注册资本达到法定最低限额，但仍虚报注册资本，有限责任公司虚报数额在一百万元以上，股份有限公司虚报数额在一千万元以上的；

3. 虚报注册资本给投资者或者其他债权人造成的直接经济损失累计数额在十万元以上的；

4. 因虚报注册资本，受过行政处罚二次以上，又虚报注册资本，向公司登记主管人员行贿或者注册后进行违法活动的。

抽逃出资的法律责任

抽逃注册资本是指公司的发起人、股东在公司成立后，抽逃其出资的行为，包括在公司成立后，非法抽回其出资和转走其出资两种方式。该行为侵害的对象是依法认足并缴足出资的公司的其他股东、发起人，还包括受到欺诈的公司的债权人及社会公众。抽逃出资应承担哪些民事、行政、刑事责任？

民事责任

1.抽逃出资的股东对公司承担的民事责任。股东出资是公司资产的重要组成部分，抽逃出资行为侵犯了公司财产权，公司依法享有返还财产请求权，抽逃出资的股东应当向公司承担返还所抽逃出资，并支付按其抽逃出资的数额和时间计付利息的侵权责任。如果抽逃出资的行为直接造成了公司其他损失，行为人应当承担相应的损害赔偿责任。

2.抽逃出资的股东对已足额履行出资义务股东的违约责任。公司设立协议或公司章程是发起人或股东之间的合同，发起人、股东具有按时足额向公司缴纳出资的合同义务，抽逃出资影响了合同的适当履行，违反了合同义务，已足额缴纳出资的股东依法享有请求违约行为人向公司返还出资及其利息的合同权利。

3.抽逃出资的股东对公司债权人的民事责任。抽逃出资行为非法减少了公司资产，削弱了公司的偿债能力，如果公司债权人的债权因此不能实现，抽逃出资的股东应当对公司债务承担补充赔偿责任。

4.抽逃出资提供帮助或者负有直接管理责任的股东、董事、经理的连带责任。为抽逃出资提供帮助或者负有直接管理责任的股东、董事、经理与抽逃出资股东共同承担的两种连带责任：一是对公司承担的返还所抽逃出资及其利息的责任，二是在公司不能清偿的情况下，对公司债权人承担的在抽逃出资的数额及利息范围内的赔偿责任。

行政责任

《公司注册资本登记管理规定》，股东或者发起人在公司成立后抽逃其出资的，由公司登记机关依照《公司登记管理条例》第七十一条：公司的发起人、股东在公司成立后，抽逃出资的，由公司登记机关责令改正，处以所抽逃出资金额5%以上15%以下的罚款。

刑事责任

最高人民检察院、公安部《关于经济犯罪案件追诉标准的规定》公司发起人、股东违反公司法的规定未交付货币、实物或者未转移财产权，虚假出资，或者在公司成立后又抽逃其出资，涉嫌下列情形之一的，依照《刑法》第一百五十九条虚假出资、抽逃出资案，应予追诉：

1.虚假出资、抽逃出资，给公司、股东、债权人造成的直接经济损失累计数额在十万元至五十万元以上的；

2.虽未达到上述数额标准，但具有下列情形之一的：（1）致使公司资不抵债或者无法正常经营的；（2）公司发起人、股东合谋虚假出资、抽逃出资的；（3）

因虚假出资、抽逃出资，受过行政处罚二次以上，又虚假出资、抽逃出资的；（4）利用虚假出资、抽逃出资所得资金进行违法活动的。

《刑法》第一百五十九条：公司发起人、股东违反公司法的规定未交付货币、实物或者未转移财产权，虚假出资，或者在公司成立后又抽逃其出资，数额巨大、后果严重或者有其他严重情节的，处五年以下有期徒刑或者拘役，并处或者单处虚假出资金额或者抽逃出资金额百分之二以上百分之十以下罚金。

单位犯前款罪的，对单位判处罚金，并对其直接负责的主管人员和其他直接责任人员，处五年以下有期徒刑或者拘役。

企业、个体工商户、农民专业合作社年报报什么？

根据国务院《公司登记管理条例》《企业信息公示暂行条例》等法律法规的规定，各类企业、市场主体应当年1月1日至6月30日报送公示上年度年度报告。

一、报送公示主体范围

在我国设立登记的下列市场主体，需要报送公示年度报告（已注销及被吊销营业执照除外）：

1. 有限责任公司、股份有限公司、非公司企业法人、合伙企业、私营企业、个人独资企业及以上企业分支机构、在中国境内从事生产经营活动的外国（地区）企业以及其他经营单位。

2. 个体工商户。

3. 农民专业合作社及其分支机构。

当年设立登记的市场主体，自下一年起报送公示年度报告。

二、年度报告的内容

报送年度报告的企业、个体工商户、农民专业合作社应对其报送的年度报告内容的真实性、及时性负责。

（一）企业年度报告内容：

1. 企业通信地址、邮政编码、联系电话、电子邮箱等信息；

2.企业开业、歇业、清算等存续状态信息；

3.企业投资设立企业、购买股权信息；

4.企业为有限责任公司或者股份有限公司的，其股东或者发起人认缴和实缴的出资额、出资时间、出资方式等信息；

5.有限责任公司股东股权转让等股权变更信息；

6.企业网站以及从事网络经营的网店的名称、网址等信息；

7.企业从业人数、资产总额、负债总额、对外提供保证担保、所有者权益合计、营业总收入、主营业务收入、利润总额、净利润、纳税总额信息。

（二）个体工商户年度报告内容：

1.行政许可取得和变动信息；

2.生产经营信息；

3.开设的网站或者从事网络经营的网店的名称、网址等信息；

4.联系方式等信息；

5.依法要求报送的其他信息。

（三）农民专业合作社年度报告内容：

1.行政许可取得和变动信息；

2.生产经营信息；

3.资产状况信息；

4.开设的网站或者从事网络经营的网店的名称、网址等信息；

5.联系方式信息；

6.国家工商行政管理总局要求公示的其他信息。

三、年度报告的时间

当年1月1日0时至6月30日24时。为避免临近截止期限可能出现的网络拥堵，建议尽早填报。

四、年度报告报送并公示的途径

企业、农民专业合作社和个体工商户应当通过规定的方式报送年度报告。

（一）企业应通过所在省市区市场主体信用信息公示系统报送其年度报告并公示。企业年度报告内容的第1项至第6项信息为应当向社会公示，第7项信息由企业选择是否向社会公示。

（二）农民专业合作社应通过所在省市区市场主体信用信息公示系统报送其年度报告并公示。

（三）个体工商户年度报告既可以选择网上报送，也可以到辖区工商（市场监管）部门纸质报送，并自主决定是否公示其年度报告。选择网上报送年度报告的个体工商户，应当做出是否公示其年度报告的决定；报送纸质年度报告的，视为不公示其年度报告。

五、违反信息公示义务的法律后果。

（一）对未按照规定报送公示年度报告的企业、农民专业合作社，将由市场监管部门依法列入经营异常名录；对未按照规定报送年度报告的个体工商户将被标记为经营异常状态。列入或者标记信息将通过公示系统向社会公示。

（二）报送年度报告的市场主体应对其报送的内容的真实性、及时性负责。市场监管部门将依法组织开展公示信息的检查活动。对于公示信息隐瞒真实情况弄虚作假的，或者通过登记的住所或经营场所无法取得联系的，市场监管部门将依法列入经营异常名录或者标记为经营异常状态。

（三）列入经营异常名录或标记经营异常状态的市场主体信用风险分类等级调整为"失信"等级，用红色字体标注并向社会公示。

（四）列入经营异常名录的企业超过3年未依照规定履行公示义务的，将被列入严重违法企业名单，信用风险降低为"严重失信"等级，用黑色字体标注。列入严重违法企业名单企业的法定代表人、负责人，3年内不得担任其他企业的法定代表人、负责人。

（五）对列入经营异常名录和标记为经营异常状态的市场主体，各行政机关将加大执法检查力度，并依法采取限制或者禁入的惩戒措施。各级政府及其有关部门在经营、投融资、取得政府供应土地、进出口、出入境、注册新公司、招投标、政府采购、取得荣誉、安全许可、生产经营许可、从业任职资格、资质审核、监督检查等工作中，亦将市场主体信用信息作为重要考量因素。

六、信用修复机制是怎么实施的？

因未报送上一年度年度报告并向社会公示被列入经营异常名录的企业，可以在补报未报年份的年度报告并公示后，申请移出经营异常名录，工商行政管理部门应当自收到申请之日起5个工作日内做出移出决定。

被列入经营异常名录的企业自列入之日起3年内依照《企业信息公示暂行条例》规定，在责令期限内履行公示义务的，可申请移出经营异常名录，工商行政管理部门应当自收到申请之日起5个工作日内做出移出决定。

公示信息隐瞒真实情况、弄虚作假被列入经营异常名录的企业，更正其公示的信息后，可以向工商行政管理部门申请移出经营异常名录，工商行政管理部门应当自查实之日起5个工作日内做出移出决定。

因通过登记的住所或者经营场所无法取得联系被列入经营异常名录的企业，依法办理住所或者经营场所变更登记，或者企业提出通过登记的住所或者经营场所可以重新取得联系，申请移出经营异常名录的，工商行政管理部门应当自查实之日起 5 个工作日内做出移出决定。

渎职侵权立案新标准

最高人民检察院根据《刑法》《刑事诉讼法》和其他法律的有关规定，制定了《关于渎职侵权犯罪案件立案标准的规定》（2006 年 7 月 26 日起施行）。新修订的渎职侵权犯罪立案标准共规定了 220 余项立案情形，比最高人民检察院 1999 年 9 月公布的《关于人民检察院直接受理立案侦查案件立案标准的规定（试行）》增加了 60 余项，其中，涉及工商行政管理部门的工作人员渎职侵权犯罪的有两项：

（一）放纵制售伪劣商品犯罪行为案（《刑法》第四百一十四条）

放纵制售伪劣商品犯罪行为罪，是指对生产、销售伪劣商品犯罪行为负有追究责任的国家机关工作人员徇私舞弊，不履行法律规定的追究职责，情节严重的行为。

涉嫌下列情形之一的，应予立案：

1. 放纵生产、销售假药或者有毒、有害食品犯罪行为的；

2. 放纵生产、销售伪劣农药、兽药、化肥、种子犯罪行为的；

3. 放纵依法可能判处 3 年有期徒刑以上刑罚的生产、销售伪劣商品犯罪行为的；

4. 对生产、销售伪劣商品犯罪行为不履行追究职责，致使生产、销售伪劣商品犯罪行为得以继续的；

5. 3 次以上不履行追究职责，或者对 3 个以上有生产、销售伪劣商品犯罪行为的单位或者个人不履行追究职责的；

6. 其他情节严重的情形。

（二）滥用管理公司、证券职权案（《刑法》第四百零三条）

　　滥用管理公司、证券职权罪，是指工商行政管理、证券管理等国家有关主管部门的工作人员徇私舞弊，滥用职权，对不符合法律规定条件的公司设立、登记申请或者股票、债券发行、上市申请予以批准或者登记，致使公共财产、国家和人民利益遭受重大损失的行为，以及上级部门、当地政府强令登记机关及其工作人员实施上述行为的行为。

　　涉嫌下列情形之一的，应予立案：

　　1. 造成直接经济损失 50 万元以上的；

　　2. 工商行政管理部门的工作人员对不符合法律规定条件的公司设立、登记申请，违法予以批准、登记，严重扰乱市场秩序的；

　　3. 金融证券管理机构工作人员对不符合法律规定条件的股票、债券发行、上市申请，违法予以批准，严重损害公众利益，或者严重扰乱金融秩序的；

　　4. 工商行政管理部门、金融证券管理机构的工作人员对不符合法律规定条件的公司设立、登记申请或者股票、债券发行、上市申请违法予以批准或者登记，致使犯罪行为得逞的；

　　5. 上级部门、当地政府直接负责的主管人员强令登记机关及其工作人员，对不符合法律规定条件的公司设立、登记申请或者股票、债券发行、上市申请予以批准或者登记，致使公共财产、国家或者人民利益遭受重大损失的；

　　《关于渎职侵权犯罪案件立案标准的规定》中的"徇私舞弊"，是指国家机关工作人员为徇私情、私利，故意违背事实和法律，伪造材料，隐瞒情况，弄虚作假的行为。

　　工商行政管理人员担负着对市场主体准入行为、交易行为、竞争行为进行监督管理的重任，承担着维护市场经济秩序、保护经营者及消费者合法权益的重要职责，学好用好工商管理法律法规与熟悉掌握《刑法》及最高人民法院、最高人民检察院的相关司法解释的原则性规定，对把好市场入门关，当好市场运行裁判员，做市场秩序的坚强卫士，依法履职，对社会、对单位、对自己、对家庭就显得尤重要。

误把字号当商标　　只为他人做嫁妆

——禹州钧瓷重"字号"轻商标给造假者留下可乘之机

作为国礼的钧瓷，底款只有名称，却没有自己的注册商标标记。

有的钧瓷厂家，耗时几年申请商标，到手后却往抽屉里一放，商标成了摆设。有的钧瓷厂家，即便注册了数个商标，却不知道使用，或者使用不规范。

在商业运作上，在禹州，许多钧瓷厂家不惜重金宣传自己的窑口名称（字号），而忽略了"商标"。为何如此？危害几何？

现状：钱没花到正地方

9月5日，进入禹州市神垕镇的道路上，不时闪过一个个醒目的广告牌。

"你看看，这些牌子上宣传的都是钧瓷窑口的名字，根本不是商标。"禹州市工商局神垕工商分局局长韩永根笑称，这些钧瓷厂家做广告，是"有钱没有花到正地方"。

神垕镇位于禹州市西南30公里处，是钧瓷文化发祥地，是中国北方陶瓷的主要产地和集散地。明清时期流行一首民谣："进入神垕山，十里长街观，七十二座窑，烟火遮住天，客商遍地走，日进斗金钱。"这段描述，让人们见证了神垕昔日的辉煌。

如今的神垕镇，钧瓷产业红火依然。据神垕工商分局初步统计，有营业执照的厂家有110多个，其中公司类的有20多个，个体的有90多个。

"神垕人从思想上重视商标，重视钧瓷产品的信誉。"韩永根拿起一本档案说，神垕镇钧瓷商户申请的注册商标有93件，经国家核准的有40多件，其中，许昌市知名商标9件，河南省著名商标2件。

然而，在商业运作上，很多厂家却不惜重金宣传名称（字号），忽略了企业最宝贵的无形资产、核心竞争力——"注册商标"。

调查：商标忘在抽屉里

"有金字招牌，却不用，很可惜。"韩永根打开笔记本介绍，通过6月、7月、8月3个月的排查，神垕工商分局发现许多钧瓷企业有自己的商标，而在钧瓷底款上打的却是企业的名称，非企业商标。

工商人员归纳后，发现两种情况：一是企业根本不用商标；二是使用不规范。比如：神州钧窑的注册商标是"禹神神州"，但钧瓷上却是"神州钧窑"；苗家钧窑，注册商标为"苗家"，为著名艺术家韩美林书写，并附带有一个精美的火焰图案，但钧瓷上却是"苗家钧窑"以及苗家钧瓷大师的人名。

"申请了几年，商标到手后却往抽屉里一放，却不知道用，真是可惜。"韩永根感慨。

探因：商标为何少人用

"钧瓷业对商标的觉醒，还是比较早的。"中国陶瓷艺术大师晋晓瞳说，仅他自己就注册了4个商标。

目前很少有人打印商标，他分析，商标符号太小太细，印制到钧瓷作品上，怕烧不出来，不适合烧制，只适合印刷在包装盒上。另外，如果将商标标签贴到钧瓷作品上，购买者还以为粘贴标签的地方有什么缺陷呢。

苗家钧窑女掌门人雷桂彩，对晋晓瞳的看法有同感。

"钧瓷作品，不像药品和烟草制品，国家强制性地必须在商品上印制商标。"禹州市工商局副局长陈富安认为，这是钧瓷行业重字号轻商标的一个重要原因。另外，钧瓷热销，在收藏热的推动下，收藏者注重的是钧瓷大师的名望、名称，而非商标，这是企业不用商标的一个重要原因。

一直关注钧瓷的媒体人士李争鸣说，商标使用不规范，"主要原因是注册商标和企业名称不对称、不统一，窑口名称和注册商标二者有距离"。比如带有"钧窑"两个字的窑口，仅有注册较早的"孔家钧窑"和"金堂钧窑"注册商标成功。以后，国家工商局不再以"某某钧窑"注册商标，因此造成许多钧瓷窑口的注册商标和自身的名称不一样。

李争鸣建议：一、工商部门变更对钧瓷产品注册商标的标准，允许其以"某某钧窑"为名称注册商标；二、钧瓷企业转变传统的观念，切实将自己的商标，运用到生产经营和社会宣传中去。

建议：跨过龙门方成器

"钧瓷产品，虽然大多是艺术品，但不同于书画作品。"孔家钧窑总经理孔春生说，书画作品可以不要商标，有作者的大名和印章就行了，但钧瓷作为批量生产的产品，如果连注册商标都没有，那么在市场上就不能站稳脚跟。更何况印制在钧瓷作品底部的商标,不仅不影响钧瓷的美观,反而还会提高身价。孔家钧窑采用的,一直就是这个方法。

"注册商标,不仅代表着一个企业的核心竞争力,也是一个企业跨越龙门的一个重要标志。"孔春生坦陈,不仅要注册,还要使用,让商标的功效最大化。

遗憾给造假者留下"缝隙"

日前,禹州市工商局神工商分局在日常监管中,发现两家陶瓷企业在生产的陶瓷制品上,擅自使用河南大宋官窑瓷业有限公司的钧瓷产品"大宋官窑"的底款,随即立案调查。

"'大宋官窑'不是商标,而是一个企业的名称。"韩永根说,这不触犯《商标法》,工商部门监督管理的力度,相对就薄弱。

另外,国礼钧瓷被侵权遭遇维权难案件,也一直令工商部门头疼。企业不规范使用商标,给造假者提供了"缝隙",给工商打假带来了难度。

当今行业健康看商标

注册商标是具有经济价值的民事权利,经商标局颁发《商标注册证》是注册商标的重要法律凭证,也是受法律保护的开始。字号不等于注册商标,因此,拥有字号并将字号与注册商标融为一体,是许多企业成功的品牌运作方式。

当今社会,商标的作用不再局限于标示商品或服务来源,它还承载着企业信誉、企业文化、企业价值等更深层次的内容。商标是消费者认识和了解企业的重要载体,企业的所有生产要素以及专利等知识产权都会集中体现在商标上,商标的知名度是企业竞争力最直观的表现。

韩永根认为,注册商标不仅事关维权问题,还关系企业的品牌价值以及核心竞争力,"商标品牌保护好了,钧瓷发展的后劲才能充分显现出来,钧瓷市场才会具有更大的影响力和辐射力"。

据禹州市工商局神垕工商分局介绍,该分局拟出台相关措施,从加大商标宣传力度、规范企业商标使用行为、设立商标专门管理人员、积极举报商标违法行为等10个方面,对钧瓷行业使用商标的乱象,进行集中整治。

《宪法》让我受益一生

1982 年的冬天，现行《宪法》刚颁行，我高中毕业不久，在新疆独山子当教师，学校利用晚上组织教师学《宪法》，窗外飘着雪花，屋里火炉正旺，格外暖和。至今还记得灯光下戴眼镜的周校长，用浓浓的四川口音讲：《宪法》是母法，是国家的根本大法，是治国安邦的总章程，具有最高的法律地位、法律权威、法律效力，《宪法》是公民权利的保障书，当老师要学法、守法、信法。那时，我对《宪法》充满了敬畏感。

1984 年秋，我到红山劳改大队当干警，每人都有一本新疆维吾尔自治区司法厅编印的《普及法律常识法规汇编》，也算执法手册，至今还在我的书柜里。有宪法和其他法律的指导，知晓了哪些是"禁区"。对违规犯人主要采用说理、讲法。我们大队就有两名干警因"爱下手"体罚虐待被监管人，触犯了刑法被判了刑。当我离开干警岗位，脱下警服，手摸帽子上的金色盾牌，我想：如果公民要有学法、知法、遵法、守法、用法的意识，就会自由幸福地生活。

1988 年春，我改行从事工商行政管理工作，为个体私营企业核发营业执照。我看到报纸上刚公布的《宪法》（修正案）增加了规定："国家允许私营经济在法律规定的范围内存在和发展。私营经济是社会主义公有制经济的补充。国家保护私营企业经济的合法权利和利益，对私营经济实行引导、监督和管理"。自己深感工作的责任重大。1989 年 12 月冬，我同科里的同志顶风冒雪，早出晚归，深入到全市十几个乡（镇），为个体私营运输户现场办理营业执照，因短短半月时间里就办执照 4800 份，局领导表扬我们做得好，运输户满口称赞：工商局为商户服务着想，效率高。我想这是宪法让做的。

1992 年 12 月，为纪念《宪法》颁布 10 周年，局领导让我负责制做 3 幅过街宣传横幅。我反复琢磨用什么好呢？征求父亲的意见，父亲说《宪法》是国家的根本大法，用《宪法》上的话最好。当"国家保护私营企业经济的合法权利和利益""私营经济是社会主义公有制经济的补充""国家通过行政管理，指导、帮助和监督个体经营"这三句《宪法》中的话，悬挂在街头时，我想，这是国家的更是人民根本意志的体现。

当我在工作中遇到困难，对社会一些现象产生困惑时，我就看看《宪法》，心里便豁然开朗。学好《宪法》，一生受益。

（发表在 2003 年 1 月 5 日《法制日报》，荣获全国纪念《宪法》颁布 20 周年征文三等奖）

春天的故事

1988 年的春天，中原大地，阳光和煦，春风拂面，嫩芽抽条，万物吐绿，莺飞草长，生机盎然。我从新疆调回故乡，分配到工商局机关工作，乡亲们格外羡慕。

上班不久，为纪念工商行政管理机关恢复建制 10 周年，局里召开由新老工商参加的"建局十年谈感受，如何更上一层楼"座谈会。座谈会上，一些新中国成立初期，就从事工商管理工作的老工商们，回顾几十年来，工商行政管理的变迁，感慨万千。

听老工商们讲，工商局的前身是政府工商科，管理的范围主要是城乡集贸市场、古庙会、物资交流会。后来，受"大跃进"等极"左"路线的影响，小商小贩成了资本主义的尾巴。工商科被撤销后，改为市场管理委员会，老百姓叫市管会。市管会的主要任务就是割资本主义尾巴，是小商小贩的"冤家对头"，小商小贩们一听说是市管会的人来了吓得落荒而逃，畏而避之，如果被市管会的人逮住了，那就惨了，连本带利没收不说，还要扣上"投机倒把分子"的帽子，游街示众，丢人现眼。

由于，市管会干的是妨碍商品交易，干扰百姓日常生活的事，所以，落的名声也不好听。市管会的人找对象，也不好找，姑娘不愿意找市管会的人，怕的是别人瞧不起，背后戳脊梁骨。有本事的人也不愿意到市管会里来，在市管会的同志为了养家糊口，对自己干的"事"也很无奈。

1978 年，国家恢复工商局建制，市管会的人像流浪在街上的孩子一样，回到了家。虽然，局机关在西大街几间破瓦房里办公，基层工商所的同志被社会的人们戏称为"三无"人员——"办公没桌、吃饭没锅、睡觉没窝"，但大家的精神状态乐观，工作上有使不完的劲，大家看到了工商管理事业发展的希望和美好的未来。

党的十一届三中全会以来，党和政府十分重视工商事业的发展，通过立法，逐渐完善行政管理法规，极大地提高了工商的社会地位和执法权威，与此同时，工商人员的执法和服务水平也有了明显提高。

工商管理工作主要坚持"改革、开放、搞活"的方针，管大放小，做好"六管一打"工作，"六管"是指个体管理、企业管理、市场管理、合同管理、广告管理、商标管理；"一打"是指打击投机倒把。后来，工商管理工作提出"疏导、规范、管理"，要求工商管理人员：依法行政，廉洁奉公。

建局十年来，禹州市工商局的局容局貌，所容所貌发生了巨变，局机关在滨河大街建了办公大楼，为基层工商所新盖了房，配置了桌、椅等办公设备，为所里同志配发床被，每个工商所都有一辆"长江"牌三轮摩托车，彻底解决了工商人员"吃不上、住不下、待不住"的"三无"尴尬局面。

前些天，第七届全国人大第一次会议通过了《宪法》（修正案）：国家允许私营经济在法律规定的范围内存在和发展。私营经济是社会主义公有制经济的补充。国家保护私营经济的合法的权利和利益，对私营经济实行引导、监督和管理。国家对发展非公有经济多么重视，工商行政管理事业任重道远，工商行政管理事业大有希望！

时光飞逝，一晃二十个春秋，我这当年的"小刘"，也成了"老刘"。现在想起1988年春天，"建局十年谈感受，如何更上一层楼"座谈会，好像昨天发生的事一样，历历在目，当年，参加会议的同志们大部分已离退休，有的已离开了我们。

伴随经济体制改革的逐步深入，工商管理的对象和监管的主体也发生了变化，市场的监管任务逐渐繁重。经国务院批准，1984年1月1日，工商系统第一次统一着装。那时候，行政执法单位统一着装的很少，穿上工商制服同志们别提多神气了，局里专门召开了统一着装大会，会后，在新建的办公大楼前合影。工商制服的样式和颜色比较保守单调，人们说，工商服装是"远看北伐军，近看少杆枪"。在当时的条件下，全国工商行政管理系统能统一着装很不容易，体现了国家对工商行政管理工作的重视。

俗话讲：吃人家的嘴软，拿人家的手短。工商行政管理机关在执法的同时，还要收取个体工商户管理费、集市贸易交易费，从事个体、私营经营的商户们，对工商行政管理人员是敬而远之。社会上，对工商行政管理机关在监管市场公平交易活动中，既当运动员，又当裁判员的做法，有很多质疑。说句实在话，收费又执法，确实很尴尬。

2007年，禹州市工商局新建办公楼投入使用，机关环境净、齐、美、绿。机关办公设施实现了网络化，基层中心工商所，所内设有阅览室、活动室、休息室，小伙房、小澡堂、小菜园等基本生活设施，这是过去都不敢想的事。

2008年9月1日起，全国工商系统停收个体工商户管理费、集贸市场管理费。

以前，商户们看见了市管会人员落荒而逃，畏而避之，后来，见了工商人员敬而远之，如今，见了工商人员都想多聊聊，多了解工商法规，致富门道，不是有句俗话：工商、工商，亲如一家。

工商机关作为政府主管市场监督管理和行政执法的职能部门，与时俱进，提出了"四个统一"：监管与发展统一、监管与服务统一、监管与维权统一、监管与执法统一。"五个更加"：更加自觉服务经济发展，充分发挥促进科学发展的职能作用；更加高效加强市场监管，积极营造公平竞争的市场环境；更加有为强化消费维权，切实维护社会和谐稳定；更加努力推进依法行政，加快完善法治工商建设；更加严格锻炼干部队伍，着力夯实工商事业发展的组织基础。为推进工商职能转变明确了基本原则和工作方向。

国家几次修改《宪法》，保护个体、私营经济：从国家允许个体经济存在和发展，到国家允许私营经济在法律规定的范围内存在和发展；从个体经济、私营经济是社会主义公有制经济的补充，到确认"个体经济、私营经济是社会主义市场经济的重要组成部分"。肯定了非公有制经济重要的法律地位和作用，也是对各级工商机关鼓励、支持和引导非公有制经济的发展，对非公有制经济依法实行监督和管理工作的肯定。

现在回过头来看，国家由实行高度的计划经济，到以计划经济为主，市场经济为辅，如今国家实行社会主义市场经济；工商机关从盯着秤杆秤砣、颁发《自产自销证》，到企业网上登记、网上年检；从打击投机倒把、走私贩私，到积极支持国有、集体企业改革，促进个私经济和外资企业健康发展；从自己建城乡集贸市场、收取市场管理费，到停止征收个体工商户管理费和集贸市场管理费（简称"两费"），服务市场经济发展、依法监管社会主义大市场。

工商行政管理事业的发展，伴随着共和国前进的步伐，走过了不平凡的历程，在发展中遇到迷茫、困惑、挫折，但更多的是工商行政管理事业发展带来的欢笑、泪水和喜悦。

工商行政管理事业的发展，印证了马克思主义唯物辩证法，事物发展的前进性和曲折性相统一的原理。马克思主义认为，事物发展的总趋势是前进的，而发展的道路是迂回曲折的，任何事物的发展都是前进性与曲折性的统一。前途是光明的，道路是曲折的，在前进中有曲折，在曲折中有前进，是一切新事物发展的途径。

上班临考

1988 年 4 月，我到河南省禹州市工商局报到上班的第一天，局里分管人事的王局长告诉我：按照惯例，新进入工商局的同志都要到基层工商所锻炼一段时间。现在，局里正在对个体工商户换发营业执照，全市有 1 万多个体工商户需要换照，个体股这段时间工作量很大，你先到个体股帮忙吧。

到个体股帮忙没几天，孟股长就拿了份《我们引导个体工商户发展的做法》的经验材料，让我用方格稿纸誊写一遍，还特别交代："如果存在语句不通或有错别字的情况，请顺便纠正。"回到家里，我将材料通读了一遍，对自认为语句不通或有错别字的地方进行了改动，并在原稿上用铅笔注明。接下来，按材料格式的要求，一笔一画、工工整整地誊写一遍。第二天一上班，我把近 3000 字的材料交给了孟股长。孟股长评价说："字写得工整，时间撵得紧。"

到个体股帮忙半个月的时间快过去了。一天，孟股长对我说："小刘，股里换发个体营业执照工作已一个月了，局里让股里写个换发个体营业执照方面的简报，你就结合这半个月的情况写一下。"当天晚上，我按照要求写了一篇 400 多字的简报，经股长修改后交局办公室，后来局里以简报形式印发。

帮忙结束的那天下午，孟股长说："咱们股里的同志下班晚走一会儿，开个短会。"当时我想：是不是欢送自己离开呢？

会上，孟股长说："经局党组研究决定，刘晓红同志到个体股工作。希望小刘同志虚心学习，努力工作！"会后，孟股长悄悄道出了考验我的结论：工作认真，善于思考，两个考题答得很好。

我为商户办执照

1988 年春，我回河南从事工商行政管理工作，具体为个体工商户、私营企业核发营业执照。我看着报纸上刚公布的经第七届人大第一次会议通过的《中华人民共和国宪法（修正案）》第一条就是："允许私营经济在法律规定的范围内存在和发展。私营经济是社会主义公有制经济的补充。国家保护私营经济的合法权利和利益，对私营经济实行引导、监督和管理。"深感工作责任重大。自己系统地学习了国家相关的法律、法规及配套规章。并认真灵活运用，热情为来办证的商户企业服务，得到商户企业的好评。

1989 年 12 月下旬，我了解到，每年的年底交通部门都会对运输车辆的《营运证》年度审验，运输户办理《营业执照》《税务登记证》后，才能参加《营运证》年审，而办理《营业执照》，需要通过工商所签署意见后，才能到局里办理，运输户埋怨办证难。我向局领导反映：简便办证手续，随交通部门一同下乡，现场为个体运输户办理《个体工商户营业执照（临时）》，得到局领导同意和支持。

我同科里李晓萍同志一起，携带《营业执照》、禹州市工商行政管理局钢印、个体（私营）运输户登记台账，顶风冒雪，早出晚归，深入到全市十几个乡镇，在冰冷的运管所院落里，现场为个体（私营）运输户办理营业执照。

记得在从事废品收购、煤炭运输集中的梁北乡，我同李晓萍从早上九点一直干到晚上七点。冬天昼短，为节省时间，不让前来办照的运输户失望，我俩午饭吃个烧饼，喝杯白开水，望着窗外排队踊跃办照的人们，心里涌起神圣的责任感。我根据运输户提供的身份证、机动车行驶证，逐户填写登记台账、营业执照（那时没有计算机），她负责开票、贴照片、压钢印、发执照，直到最后一个运输户满意离去。夜幕早已降临，冬天的夜是格外寒冷，而我们心里却是热乎乎的，一天下来，办理了 420 份执照。现在想起，这也许会创当时和现在，全国工商系统一天一个乡（镇），办营业执照之最。

我俩在短短的半个月时间里，就为全市运输户办理了 4800 多份执照。局领导表扬我们做得好，商户们也满口称赞：工商局为运输户着想，热情服务，效率高。

如何服务好、管理好全市近五千户从事个体（私营）运输户呢？我俩结合下乡的实际，写了《浅谈对个体（私营）运输户服务与管理》的文章，在《河南工商行政管理》杂志发表，引起各级工商行政管理部门的重视，有的局还成立了工商车辆管理所。

1992 年的春天，小平同志南方谈话发表，为大力发展非公有制经济指明了方向。我们禹州是拥有百万人口的县级市，是驰名中外的钧瓷原产地，也是全国药材集散地之一，戏剧服装、粉条、铜器、铸铁制造有着千年的历史。外出从事临时、季节性经营的商户有上千户。外出从事经营必须持原地核发的《个体工商户营业执照（临时）》，到经营地的工商局换发营业执照后，才能从事经营活动。当时要办证，先到乡镇工商所开信，后进城到工商局办《个体工商户营业执照（临时）》，很不方便。我向局领导建议：为有利于个体工商户的发展，减少无照经营，能否委托基层工商所核发《个体工商户营业执照（临时）》？局领导极为重视，经研究，原则同意，责成我负责对基层工商所个体专管员进行培训。

为把个体专管员培训好，我结合工作实际，就办理个体工商户营业执照的程序，核准经营范围应掌握的原则，如何填写营业执照，填写营业执照注意的事项，编写了《办理个体工商户营业执照（临时）须知》的小册子，深受个体专管员的欢迎。当外出或从事季节性经营的商户，不出乡镇工商所，就能领到营业执照（临时）时，连声夸奖：工商局"三个有利于"做得好。

禹州市中药材种植有悠久的历史，有"药不到禹州不香，医不见药王不妙"之说，是全国四大药都之一，全国十七家定点药市之一。过去工商局给药材经营商户核发的《营业执照》"经营范围"为"三类中药材"，给商户们的经营带来了许多不便，埋怨工商局管得严。我在和商户的交谈中，得知外地工商局对"经营范围"放得开，我向领导建议：把"经营范围"的"三类中药材"，改为"中药材（除国家禁止的中药材除外）"，既原则又灵活，经过领导研究同意。当商户们拿到"经营范围"为"中药材（除国家禁止的中药材除外）"的《营业执照》时，连声称赞：工商局"三个有利于"用得活。

1992 年，为纪念《宪法》颁布实施十周年，局领导让我负责三幅过街横幅口号的内容，统一参加市里活动。反复琢磨用什么话好呢？我想到了《宪法》，把想法告诉了父亲，父亲说：《宪法》的法律地位和权威是诸法之首，在百法之上，是所有社会成员的最高行为准则，用《宪法》上的话最有权威。当"国家保护个体经济的合法权利和利益""私营经济是社会主义公有制经济的补充""国家通过行政管理，指导、帮助和监督个体经济"这三句《宪法》上的话，悬挂在市区主要街道，我想，这不仅是口号，更是国家和人民意志的体现。

今天，当我从报纸上看到《中共中央关于修改宪法部分内容的建议》将《宪法》第十一条第二款修改为"国家保护个体经济、私营经济等非公有制经济的合法的权利和利益。国家鼓励、支持和引导非公有制经济的发展，并对非公有制经济依法实行监督和管理"时，心想：我们工商行政管理部门一定会忠实履行《宪法》赋予的职能，把非公有经济鼓励、支持和引导好，依法实行监督和管理，让党和国家放心，让社会满意。

维权情怀

1995 年的夏天，组织上分配我到市消费者协会（简称消协）负责工作。消协工作看起来平凡，做起来琐碎，但它直接关系着每一位消费者的切身利益。三十出头的我，充满了激情。

现在想起，那时自己对《消费者权益保护法》中消费者概念、消费者享有的权利十分模糊，也不曾想到这部法律会随着时间的推移，而妇孺皆知，深入人心，影响着人们的生活。

以法律为基石

党的方针政策和法律、法规是做好受理消费者投诉工作的基石。自己对《民法通则》《消费者权益保护法》《产品质量法》等有关法律法规，都能认真学习，熟练掌握，灵活准确运用，并在运用中以案说法，加深理解，扩大宣传。

2000 年 6 月，文殊镇贺庙村农民黄某，在代销店花 21 元买回 7 斤玉米种。播种出苗后，相邻乡亲的地里的玉米长势喜人，而自家的玉米苗长得参差不齐，苗叶干黄，凭着多年的种植经验，黄某认定买的一定是劣质种子。夫妻俩要求赔偿损失，店主答应只赔 100 元。二亩半地一季收成不说，夫妻俩付出的汗水岂止100 元？黄某的妻子和家人来到禹州市消协。听取他们口头投诉后，我深知种子是有生命力、高附加值的商品，一旦假劣，给农民造成损失，事后难以弥补。事不宜迟，便同黄某家人一道查看了地里玉米的长势和剩余的种子，然后到代销店，向店主宣讲了《种子法》的有关规定，并推心置腹地宣传种子使用者的权利、种子经营者的义务和法律责任。店主看《种子法》，听我以案说法后，心服口服，愿按《种子法》第四十一条的规定，赔偿给了黄某种子款、有关费用和可得利益损失 1000 元。

另一次是 1999 年 3 月，张得乡石王村村民集资买塑料水管，抗旱浇麦。铺设浇麦管道后，发现实际铺设只有 130 米，仔细检查管道上的米数，发现 85 米处接着是 96 米，原来两头米数不错，中间少了 10 米。进城找店主，店主说，口说无凭，让他们将水管拉来。可是管子已铺设在地上了，卷起费力不说，三轮车不让进市区，谁能给乡里人论个理呢？我接到口头投诉后，立即赶到商店。向店主宣讲《消费者权益保护法》，说明旱情，愿跟店主一同去现场查看水管长度，如情况属实，要按《消费者权益保护法》第四十九条"加倍赔偿"，并提请工商机关进行处罚。听了消协说法，店主自知理亏，按消费者的意见，退还了10米塑料管钱49元。

的确，有些投诉案若不用法，是说不清断不明的，有的超出了消协的受理范围。比如，市邮电局退休工人曹先生于1992年12月30日，买了台21英寸彩电，因显像管漏气无法使用，多次同厂方联系都得不到满意的答复。1995年，他来消协投诉。那时，《新三包》规定刚施行，我积极与厂方电话联系，厂方以不属于质量问题为由拒绝更换。曹先生在市消协的支持下，于1996年6月6日，向禹州市人民法院起诉电视机厂。7月13日，中央人民广播电台（第一套）早七点的《新闻纵横》节目，《中国消费者报》等新闻媒体就此事及时给予了报道。8月8日，曹先生收到了电视机厂更换的电视机。1996年9月30日，禹州市人民法院做出一审判决：电视机厂赔偿因电视机质量问题给消费者造成的经济损失505.1元。这事在全国彩电生产厂家产生了极大的震动。同时也宣传了《民法通则》《消费者权益保护法》《产品质量法》等法律，积极推动了经营者履行《新三包》的义务，维护了广大消费者的利益。

自己不畏艰险，不怕烦琐，执着追求，鞠躬敬业的工作着，把执法与服务融合在一起，将消费者与经营者的利益统筹权衡，每一次受理消费者投诉，都能处理得恰到好处。那是2001年初，禹州市浅井乡浅井村某村民买的彩电，在不到一年的时间里，先后三次雇用三轮车到城里修理，老板仍不退货，便找到消费者协会。自己考虑到彩电包装箱及附件已损坏，彩电价格又一降再降，根据《新三包》规定，销售者应当予以退货的，应按发票价格每日收取0.1%的折旧费。退彩电无疑会给消费者和经营者都带来损失，在征得消费者的同意，商行退还给了消费者彩电款600元，双方都很满意。可见，由于长期认真地学法、用法，使自己在保护消费者权益工作中能够得心应手。

每年夏季，啤酒瓶爆炸伤人事故多有发生，如何公正解决此类投诉是一个难题。解决此类问题仍是靠法律，靠科学。自己总是着重调查，多方查寻，对赔偿数额较大的投诉，将爆炸后的啤酒瓶送到"司法部司法鉴定科学技术研究所"进行鉴定，划清责任（啤酒瓶是否符合国家标准和外力作用引起爆炸），得到了厂方和消费者的认可：厂方说消协公正，消费者说消协维权。我的经验，《法制日报》进行了报道，为全国司法、消协处理此类案件提供了借鉴。

用法律、法规规范自己的调解、维权行为，使消费者、经营者的权益得到保护，树立了消费者协会公正、公平、廉洁、高效的良好形象。

以社会为依托

处理消费者投诉需要得到全社会的理解和支持，自己主动将这一工作置于全社会大格局中，在不断从社会聚集能量的同时，不断向社会辐射消协的地位和形象，尽量化解矛盾，使复杂艰难的工作变得游刃有余。

首先，依靠政府，发挥行政权威。自己经常到有关局、委，甚至街道办事处，结合日常处理消费纠纷的身边事，以案说法，通俗易懂地进行宣传。并以消协的名义为10个单位及市政府、人大、政协相关领导订阅了《中国消费者报》，让他们了解、支持消协的工作。

每年的春秋两季，农民使用假种子、化肥的投诉剧增，靠消协难以解决这一农村的难点、热点问题。自己一方面通过市、省新闻媒体发表情况反映、消费提示："假农资使农民深受其害，有关部门须加大打击力度""买农资要小心"，呼吁农业主管部门切实履行法律职责，保护农民的合法权益；另一方面，向市政府反映，维护农民消费者权益的迫切性，引起政府的高度重视。2002年4月16日，禹州市人民政府发布了《关于加强农业生产资料市场管理的通告》，要求农业行政主管部门依照《种子法》《农药管理条例》《肥料登记管理办法》，切实履行市场监管职责。现在，农资市场规范了，农民对农资投诉少了，职能部门执法到位了，侵害农民利益的少了，政府与农民贴近了，消协成为政府联系消费者的桥梁和纽带。

其次，有针对性的宣传法律，从源头减少了消费纠纷。我和消协的同志编印了《消费者权益保护法》《河南省消费者权益保护条例》《工商行政管理机关受理消费者申诉暂行办法》《欺诈消费者行为处罚办法》及《农机三包》《手机三包》规定等宣传手册，免费发放到市各家家电公司、商店、摩托车销售点、农村专业村，有针对性地组织经营者学习工商法律。我和消协的同志经常深入工商企业，结合处理投诉，宣传《消费者权益保护法》及消协的法律地位，达到了消协维护消费者权益与经营者为消费者服务的统一。同时，还加强对商品和服务的社会监督，开展对经营者的评议活动。通过多方面的工作，提高了企业的素质，使经营者知道自己的权利和义务，把消费纠纷化解在"一线"，把消费者投诉处理在源头，变被动受理投诉为主动送法上门，减少和化解了消费投诉及消协的工作量，增强了经营者为消费者搞好服务的法律意识。

再次，借助新闻媒体，广泛进行宣传。经常将处理投诉的典型案例，通过报纸电台等新闻媒体向社会公布，就热点投诉及时发布消费警示，如"消费莫忘要发票""买农资要细心""买空调别忘了三包""用好电脑三包"等；还在市（地）、省、中央级媒体发表文章，唤醒消费者的自我保护意识，督促经营者履行法定义务。

从1997年起，根据工作实际，在市工商局领导的支持下，市工商局、消协联合在禹州人民广播电台，开播了《红盾之声》专题节目，每期10分钟，每周播两次。后改版为《消费之友》，每期10分钟，每周一、三、五播出。自己是主要撰稿人，节目宣传《消费者权益保护法》及配套的法律、法规，消费动态、消费常识、维权知识、投诉案例、曝光台等栏目，深受听众的喜爱。为电台写了多少专题稿件，翻阅过多少相关资料，熬过多少个不眠之夜，自己也记不清了，但有一点自己是清楚的，即"3.15"是公平诚信的象征，代表了广大人民群众的根本利益。

一个人的能力是有限的，为消费者服务，维护消费者的权益工作是无限的，只有全社会都来重视消费者的九项权利，经营者的十项义务才能落到实处。自己利用多种场合，对不同的对象，进行广泛宣传。老百姓知道了《消费者权益保护法》与每天"开门七件事，柴、米、油、盐、酱、醋、茶"及衣食住行息息相关，是保护自己日常生活消费的，替老百姓说话的法律，消协是消费者的"娘家人"；经营者知道了，为消费者服务是应尽的法律义务，维护好消费者的九项权利是发展生存的必由之路，相关职能部门清楚了，维护消费者合法权益，解决消费纠纷，就是为人民服务，落实"三个代表"的具体体现，也是执法工作的出发点和归宿点。

以服务为宗旨

受理消费者投诉工作千头万绪，其宗旨是服务，服务是消协的生命、旗帜。消费者投诉有的是大事，但更多的是日常生活中发生的小事、琐事。正是这些小事、琐事，涉及人们日常生活的方方面面，涉及消费者切身利益，很实在，很具体，处理投诉的过程就是为消费者排忧解难，为人民服务的过程。自己在处理投诉过程中，始终遵循自愿、平等，诚实信用，无偿服务的原则，讲究就小、不就大，就近、不就远，能调解、不诉讼的务实工作方法。能口头解决的，不提供有关书面材料；能电话预约解决的，不"登门拜访"；能下午解决的，不上午解决（经营者忌讳上午退货、换货等）；一时调解不成的，以法相送或送法上门。用法律统一经营者、消费者的认识，改日再谈；对投诉反映的问题，经营者不配合，不理睬的，通过新闻媒体予以曝光，用舆论监督力量，促成纠纷的解决；对危及人身财产安全、赔偿损失数额较大的投诉，支持消费者向法院提起诉讼，并免费提供相关的法律咨询服务。

自己非常关注基层百姓的投诉，主动奉献爱心。2002年12月的一天，接到禹州市按摩医院的盲人按摩师张某买的收音机杂音大的电话投诉，便心急如焚。心想：盲人了解、感受世界最重要的是靠声音，怎能让盲人与噪音相伴呢？自己立即处理，当天，使张某退了有噪音的收音机。

禹州市电业局董先生家住四楼，身患腰间盘突出，电冰箱在"三包"有效期内，先后换了3次压缩机，当第四次压缩机出现故障时，厂方只修不退，他投诉到市消协。经我数十次与生产厂家电话、传真联系，厂家同意退货。1998年1月16日，我同董先生冒着大雪，从禹州将电冰箱拉到70里外的许昌火车站，办理了电冰箱返厂退货手续。

自己经常启发经营者的服务意识。在受理一位驻禹部队即将退伍的战士张某，借战友的彩电看后无光无彩投诉时，自己不仅向彩电经营者讲法，还深情意长地讲：为军人服务是每个公民应尽的义务。使经理愉快接受了调解，并于第二天为战士换了彩电，使战士如释重负，离开了部队。

服务讲大局。2003 年 4 月 24 日，受理颍川办事处某小学购买两瓶"消毒大王"，价值 150 元，使用时发现已过期的投诉，当时正是"非典"时期，自己深感事情重大，当即告知工商行政管理机关对经营者销售的过期消毒液进行了查封，经营者承担加倍赔偿 300 元的民事责任后，又对其进行了行政处罚。

服务讲效率。有一天上午，我受理了长葛市坡胡乡海子李村张某因水泵的质量问题要求退货，顺店镇顺北村康某 21 英寸彩电因质量问题要求更换，梁北镇华庄村王某摩托车得不到"三包"修理的投诉后，自己立即推着自行车同消费者一起逐一找到经营者，使消费者的三起投诉不到 2 小时得以退货、换货、修理解决。

服务要彻底。中央电视台《荣誉》剧组到河南拍戏，欲租用禹州一商家的组合家具，用时拉货，并预付定金，立了"付家具定金 1000 元"的字据。后因家具尺寸大，不能用，剧组要求返还定金，商家拒绝退还。依照《民事通则》《合同法》规定：付方不履行合同的，无权要求返还定金。商家不返"定金"是合法的。自己没有就此为止，主动与商家进行探讨，电视剧宣传的是河南，树立的是河南形象，河南人是不是该为剧组做点什么？商家听后，认为是个理，愉快退还了"定金"1000 元。当自己又驱车 70 里将 1000 元"定金"送到剧组拍摄现场时，剧组人员连声说："禹州消协真让人服。"

在为消费者服务的同时，我还注意为经营者服务。禹州市工业品公司因经销某品牌摩托车质量差，厂家又不履行"三包"义务，要求退货，得不到解决，公司投诉到消协后，我给厂方打电话、发传真、讲法规，解释《产品质量法》《新三包》规定，厂方被我法律上的"精"，工作中的"柔"所折服，一次性退货清账，为企业挽回经济损失 177300 元。

消费者协会的工作是为群众谋利益的工作，服务是核心，人民利益是根本。随着《消费者权益保护法》《产品质量法》的普及，消费者、经营者自身保护意识的提高，消费者、经营者的概念如何界定、举证责任倒置、消协调解等问题，就需要国家立法机关对《消费者权益保护法》调整的对象加以明确，使其具有可操作性。当我从报纸上看到修改《消费者权益保护法》列入全国人大立法计划，心想：当人大征求修改《消费者权益保护法》意见时，要为《消费者权益保护法》进一言，与《消费者权益保护法》同行。

我为统计工作服务

1983 年秋天，我在新疆农七师工程指挥部当统计，那时二十出头，工作认真积极，勤奋好学，领导和工地上同志亲切地叫我：刘统计。我至今怀念由于统计工作与那里的领导和同志结下的友情。后来，我回河南从事工商行政管理工作，具体为个体工商户、私营企业登记核发营业执照，市统计局（委）的同志时常来查询有关统计资料，我都热情接待并积极协助。

1995 年 11 月初，市里抽我参加全国第三次工业普查工作，市第三次工业普查办公室设在市统计局，办公地点在市政府四楼大会议室。工业普查工作对我来说是临时工作，也是新的工作。

俗话说：卖啥吆喝啥。我首先熟悉业务知识，学习《统计法》，通读了《第三次工业普查培训教材》，做了大量学习笔记，遇到疑难问题，虚心向统计局的同志请教，对统计工作有了新的认识：统计工作看起来同数字打交道，比较枯燥无味，但它是我们政治、经济生活的晴雨表，影响着党和政府的正确决策，体现着《统计法》的权威，来不得半点马虎；搞好统计工作更离不开工商企业、有关部门、社会方方面面的理解和支持。

我利用对工商企业情况比较熟悉的优势，主动用一个星期的时间把全市全民、集体、个体、私营、中外合资企业的企业名称、住所、经营地址、法定代表人（负责人）、经济类别、注册资金、经营范围、经营方式、开业时间、注册号，逐一汇总整理。自己累点、烦点，一想到普查办的同志，对各乡镇的报表审核有了依据，杜绝报表的随意性，心里就有使不完的劲。

针对有的企业对工业普查不理解，思想上有顾虑，不真实、消极上报报表，我就利用工商行政管理部门对企业进行监督管理的职能，向企业讲明：准确、真实、及时报送统计资料是《统计法》规定的企业义务，工业普查是国情国力调查，对调整产业结构，提高经济效益，保持工业健康发展有着十分重要的意义；普查取得的单位和个人资料，限定用于普查目的，不作为任何单位对普查对象实施处罚的依据。涉及单位和个人的商业秘密，依法履行保密义务。如不真实填报，依照《统计法》的有关规定处罚。企业负责人明白了配合搞好统计工作，是《统计法》规定的义务，统计与企业的发展还有着密切联系，便打消了顾虑，主动报送报表，积极核对报表。统计局领导表扬我：结合实际宣传《统计法》，用工商法规配合统计工作，服务得好。

1996年元月，第三次工业普查工作进入正式填表阶段，关系着普查工作的成败。我同统计局的徐局长（在统计岗位工作近四十年）、徐股长一起冒着寒风和大雪，早出晚归，深入到全市23个乡镇和大型企业，逐个指导、督促检查，整整一个月时间，没有怨气和怠慢情绪。

我有机会参加全国第三次工业普查工作，时间只有短短的五个月，也是学习《统计法》、宣传《统计法》、履行《统计法》赋予职能的五个月，自己还被评为"许昌市第三次全国工业普查先进工作者"。统计工作的艰辛和统计局工作人员的敬业精神，给我留下了难忘的印象。

别了，"两费"

郑新是1984年通过全省统一招干考试进工商局的，当时，竞争也十分激烈，二十多名里录取一名。郑新先是分配到乡下基层工商所当市管员，后来，调到工商局财务科负责全局各种工商管理票据的发放和收缴工作，是里外都受气的差使。

改革之初，国家在大力发展非公有制经济，促进繁荣市场，方便人民群众生活的同时，还赋予工商管理部门对非公有制经济依法实行监督和管理工作，承担负责建市场、管理市场的工作。那时候，收取管理费，是基层工商所的日常重要工作之一。做生意，要交工商管理费，在个体工商户的心目中，比缴税还重要，说句实在话，缴费缴得很无奈，收费收得也很尴尬。

收取工商管理费，当时的口号是，一毛不嫌少。有的讲：一毛起步。由此，可见收管理费的艰辛。城乡集贸市场、古庙会、物资交流会上，常见工商人员收取工商管理费的身影。郑新在乡下基层所时，收费是日常工作的头等大事，又加上是穷乡僻壤，非公经济非常薄弱，常常为收几元的管理费跑上几十里路，有时跑上一整天也收不到几十元。郑新当时在小昌工商所当市管员，至今清晰记得，有一次，骑车到偏远村庄收费，半路下了大雨，独自一人困在前不着村，后不着店的路上，车子在泥泞的土路上骑不动，推不动，十里远的路，饿着肚子走了好几个小时，真是叫天天不应，叫地地不灵，真想把车子扔了，那个滋味真不好受，苦啊！

要繁荣市场，搞活市场，就得有交易场所，建市场就得需要资金。建市场需要的资金来自向个体户收取的管理费。为收费，工商管理人员和个体户怨声载道，在局财务科工作的郑新常常为收费票据的收缴而烦恼，每月都是动辄上万份的收发量，由于收费任务重，基层人员常常打擦边球，收取了集体、公司、私营等企业不该收的管理费。郑新坚持按原则办事，按照规定将不该收取的"个体工商户"管理费，负责督促退回，为此，受到不少领导、基层同志的指责和埋怨。如果，郑新对票据核查不严，由于工作失误，当纪检委、监察局、纠风办、物价、审计等部门来局查收费票据，发现工商有乱收费的行为，那事情就大了，麻烦了。与此同时，郑新还兼管全局固定资产、住房公积金、医疗保险等工作。工作中的烦恼、痛苦和难言之隐，只有郑新自己最清楚。

繁重的工作，使郑新不敢懈怠，真像人们所说的那样，郑新"心正、心细、心诚、心善"。

"山重水复疑无路，柳暗花明又一村"。发展是硬道理，一些有碍于发展的事，只有通过发展，用改革的形式来解决。2008年9月1日起，在全国统一停止征收个体工商户管理费和集贸市场管理费（简称"两费"）。郑新也从整天烦琐的票据发放、收缴、核对的工作中解脱出来了，喜悦之心情难以言表。

基层工商的福音

看了2007年4月19日《中国工商报》一版刊登的《国家工商行政管理总局领导联系基层制度暂行办法》后，作为基层工商干部，不禁精神振奋。总局领导"每人联系一个基层工商所，联系时间为一年，每年确定一次联系单位"，这在工商行政管理的历史上还是第一次，为各级工商行政管理机关重视基层工作起了模范带头作用。

"麻雀虽小，五脏俱全""上面千条线，下面一根针"。用这样的比喻来形容基层工商所的工作更确切，而这根针的针眼能有多大呢？基层工商所有无限的责任，但只有有限的权力。万丈高楼平地起，基层工商所是整个工商行政管理工作的基石，是维护市场秩序、促进经济发展和社会和谐的主要力量，是服务人民群众、树立良好工商形象的重要窗口。基层工商所的市场监管和行政执法职能发挥是否充分，是搞好工商行政管理工作的关键。

过去，由于历史的原因，有一些基层工商所办公条件简陋，工作环境艰苦，人员少、事务多、任务重，在日常监管工作存在着职能"三化"问题（淡化、弱化、边缘化）；三重的问题（执法的双重标准、依法行政的双重标准、执法效能的双重压力）；"三疲"现象（疲惫、疲软、疲沓）。面临"四缺"即缺人才、缺经费、缺硬件、缺交通工具的问题。基层工商所监管服务面广量大，点多线长，疲于应付各种事务，种了别人的地，荒了自己的田。形成"不干工作，不作难；谁干工作，谁作难"的尴尬局面，一些工商所自省级以下工商系统垂直管理以来，基层建设投入不足，因为县级以上工商局的人、财、物，由省工商局统管，而目前靠县级工商机关来改善解决基层工商所"四缺"问题，可谓杯水车薪，"巧妇难为无米之炊"。

一个行动胜过一打纲领。总局领导深入基层了解实情，倾听基层工商所呼声，看实情、听实话、办实事，为解决基层工商实际问题，提供了有效的途径，这是给基层工商人员带来的最大福音。

我所知道的国家工商（总）局领导莅禹

禹州市工商局建局至今（2015年3月22日），国家工商局长刘敏学、国家工商总局领导付双建、甘霖、刘俊臣、王中孚等先后莅禹。

国家工商局长刘敏学在禹州停留

1993年8月7日上午，国家工商局长刘敏学率领"国务院检查减轻农民负担检查组"，到河南省检查减轻农民负担情况，由省政府办公厅、许昌市委、市政府主要领导陪同，路过禹州，在禹停留。

在禹州宾馆，刘敏学局长会见了禹州市工商局领导李怀庆、宋林四、王大寿、田新安、田自党，并合影留念。

国家工商总局副局长付双建慰问禹州工商干部

2010 年 1 月 19 日下午，国家工商行政管理总局党组成员、副局长付双建代表总局党组和总局机关干部深情看望、慰问禹州市工商局基层干部。省工商局长董光峰、许昌市委书记毛万春、许昌市工商局长岳希忠及禹州市委书记蔡全法、市长王友华、工商局长王耀明等陪同看望、慰问。

国家工商总局副局长甘霖莅临禹州考察工作

2011 年 3 月 22 日下午，国家工商总局副局长甘霖一行莅临禹州市工商局考察基层建设情况。省工商局长董光峰、副局长杨文生、副巡视员陶洪臻、许昌市政府副市长郑传德、许昌市工商局长尹光炬及禹州市委书记蔡全法、市长王友华、在禹州市工商局主持工作的许昌市工商局副局长陈传建等陪同考察。

在禹州市工商局机关，甘霖一行亲切看望了全体工作人员，先后参观了信息中心、档案室、阅览室、荣誉室，甘霖一行同禹州市工商局基层工商所长和机关工作人员合影留念。

国家工商总局副局长刘俊臣、原局长王中孚考察神垕古街

2014 年 8 月 9 日，国家工商总局副局长刘俊臣、原局长王中孚，在河南省工商局局长周春艳、许昌市市长张国辉、许昌市工商局局长蔚钟声、禹州市委书记王志宏、禹州市工商局局长张永凯、神垕工商分局局长韩永根等陪同下，考察禹州市神垕镇古街，感受古都神垕深厚的钧瓷文化底蕴，在金鼎钧窑观看了钧瓷匠人开窑的全过程，对钧瓷神奇的窑变、开片赞叹不已。

要有"诚、勤、虚、严、细、准、快"的工作作风

前些日子，分配到办公室工作的公务员小迪问我：刘主任，怎样才能干好办公室的工作？自己结合在机关工作近二十年的工作经验，谈了个人体会。

办公室是综合办事机构，是承上启下、联系左右、沟通内外的枢纽和桥梁。办公室工作头绪多，涉及广，总是与"细""繁""杂""忙"连在一起，但基

本任务概括起来说是一句话"搞好服务",即搞好"为领导工作的服务,为机关工作的服务,为基层工作和为人民群众服务"。服务是办公室工作的宗旨,服务是办公室工作的灵魂。

办公室工作无小事,来不得半点的马虎和拖沓,常说细节决定成败,办公室工作更是这样。在办公室工作的同志首先要讲政治、懂法律、守纪律、有信念、有主见,不但具备一定的语言表达能力和扎实的文字功底,还要有不计名利、埋头苦干、忘我工作的高尚情操,要耐得住寂寞、守得住清苦、顶得住诱惑,始终保持良好的精神状态,要有"诚、勤、虚、严、细、准、快"的作风。

诚,诚实守信。办公室的工作性质和宗旨是服务。这就要求处事分寸适度,方式恰当,要诚心对待工作、对待领导、对待同志,为领导服好务,为基层服好务,为群众服好务。心术要正,不能当"势利眼""小人"。实实在在地做事,实实在在地做人,是取得成功的重要基础。实在人不吃亏,实在人有根基。这就要求办公室工作人员具备处事得宜,待人以礼,知书达理的基本素养。办公室的工作性质是服务,服务就离不开社交,社交就离不开礼仪,礼仪涉及到言谈、举止、仪容、饮食和服饰等方面。社交的魅力,来自于真诚、智慧和高尚的生活。

勤,眼里有活。刚到机关的同志,要取得领导或同志的支持和认可,很重要的一点就是"眼里有活"。物要整洁,要从拖地、擦桌子等日常看得见、摸得着的具体事做起,不要当"甩手掌柜"。

虚,虚心好学。治学刻苦努力。俗话说:"满招损,谦受益。"年轻人从大学走进行政机关,具有的理论专业知识让"老工商"们无法比拟,但"老工商"们有丰富的社会实践经验,娴熟灵活处理社会关系的技巧,这是在书本上学不到的,这就需要耐住性子,虚心向"老工商"们学习,理论与实践相结合,在工作中少走弯路,少受挫折。不能居高临下,趾高气扬,要虚心好学,善于思考,埋头实干,尽职尽责尽心做好工作。

严,严格要求。办公室工作程序性、节奏性很强,必须严字当头,一切按照规矩办,不能自作主张、任意改变,要严中求准、严中求快、提高效率。比如:办文是办公室工作的"重头戏",涉及公文起草、审核、签发、印制、收发、传递、立卷、归档等环节,每一个环节都要严格要求,认真把关,避免和减少差错,提高办文质量和效率。

细,细节做起。办公室人少事杂,有的看似小事、琐事,弄不好就会误事,造成大错。有人说办公室"是非窝",不是没有道理,这是办公室的工作性质和宗旨决定的。办公室工作要严谨仔细,如出现失误,会影响整个全局工作开展。细节决定成败,而失误往往都是在细微之处出了差错。办公室处于领导与基层股(室)、所(队)之间,工作人员无论是想问题、表态度、亮观点,都必须严格按照公务人员的政治标准严格要求自己,不该说的话就不能说,不能随便乱说的话就不能随意乱说。办事说话要认真谨慎,保持清醒的头脑,要有正确的是非判断力，不利于团结的话不说，不利于工作的事不做。办事说话做到心中有数，有条不紊高效率地做好每一件事。

准，准确无误。办公室服务无小事，百分之一的疏忽可能导致百分之百的失败，必须严之又严、细上加细，这样才能不留遗憾。工作的准确性，是办公室工作快节奏、高效率运转的重要基础。办公室的职能决定了它的权威性和严肃性，不能听风就是雨，不能为抢速度而"萝卜快了不洗泥"，更不能粗枝大叶、丢三落四。从办公室出来的每个数字、每份文件、每个通知、办的每件事情，都应当反复核实。办事要稳，情况要实，准确无误，做到准中求快、又好又快。

快，节奏迅捷。工作及时高效，是办公室工作的基本要求。不管是领导交办的事情，还是日常处理的事情，都要抓紧去办，要有很强的时间观念和"马上就办"的效率意识，宁可自己熬点夜、吃点苦、受委屈，也要把工作做到前面，争取工作的主动权，以最快的速度完成。要及时向领导反馈工作的进展情况，以便得到领导的信任和修正。

起草公文要做到"信、达、雅"

在机关工作人员免不了天天同公文打交道。对个人来讲，公文写作既是一种知识，又是一种技能，是个人能力的体现。公文质量的高低，直接反映其思想理论和政策水平的高低，对社情民意的掌握情况，对重大问题的分析处置能力，也直接关系到个人的工作和前途。

那么，起草公文应该注意哪些问题呢？笔者根据多年的机关工作实践，认为起草公文要突出"三性"，即鲜明性、准确性和生动性。鲜明，就是旗帜鲜明，要干什么，主张什么，要说得明明白白，不能含糊其词，模棱两可；准确，就是要求真务实，引用的事例和数字要确切无误，不可道听途说，掺杂使假。生动，就是文字力求干净，生动活泼，深入浅出。起草公文要做到"信、达、雅"。"信"就是真实、准确、无误。"达"就是符合逻辑、通顺畅达。"雅"就是文字要规范和修辞好。公文除了必须忠于事物的本来面貌，符合客观实际，还要十分讲究修辞，公文不同于文艺作品。叶圣陶老先生曾经说："公文不一定要好文章，但必须写得一清二楚、十分明确、字稳词妥、通体通顺，让人家不折不扣地了解说的内容是什么。"

为使公文处理工作规范化、制度化、科学化，党和国家发布了《中国共产党机关公文处理条例》《国家行政机关公文处理办法》、国务院办公厅关于实施《国家行政机关公文处理办法》。

党的机关公文种类主要有：决议、决定、指示、意见、通知、通报、公报、报告、请示、批复、条例、规定、函、会议纪要。

行政机关的公文种类主要有：命令（令）、决定、公告、通告、通知、通报、议案、报告、请示、批复、意见、函、会议纪要。

公文一般由秘密等级和保密期限、紧急程度、发文机关标识、发文字号、签发人、标题、主送机关、正文、附件说明、成文日期、印章、附注、附件、主题词、抄送机关、印发机关和印发日期等部分组成。

公文具有规范的结构和格式，各种类型的公文都有明确规定的格式。公文区别于其他文章的主要特点，是公文是具有法定效力与规范格式的文件。

信，真实、准确、无误。公文的主题必须全面准确的反映客观。首先，客观实际能帮助阅读对象正确认识客观事物及其发展规律。其次，公文的主题必须符合党的路线、方针、政策。第三，公文的主题要体现领导者（机关）的制文意图。

主题集中。公文主题要简明和单一，具体要求"一文一事"。

主题鲜明。立场、观点、态度、原则，必须旗帜鲜明。要坚持实事求是的科学态度，坚持调查研究提高材料的准确性和可靠性。严格把好公文的起草、修改、审核、校对关。

"达"，符合逻辑，通顺畅达。

"雅"，文字要规范和修辞好。公文在运用修辞手法时要慎之又慎，一般不用夸张，反语，双关，象征等可能发生歧义和曲解的修辞手法。语言朴实，语言通俗，不生造词语，不使用生僻字，不刻意雕琢，不玩弄辞藻。

公文写作应使用规范的书面语，少用或不用方言土语。多用直陈的叙述、说明，少用或不用抒情、描写等艺术手法，修辞的使用要谨慎，数字书写应严格符合有关规定。公文要通俗易懂，明白如话，贴心入耳，不矫揉造作。努力做到字易识、句易读、意易解；善于运用朴实自然的群众语言，切忌运用夸张的修辞手法。公文庄重性还表现在用语要有分寸。对于"完全""基本上""必须""应该""较好地""完满地"等表示程度的副词要非常谨慎地使用；对"缺点""错误""不足"等词用得非常讲究。现代公文仍然保留了某些通俗、精炼、雅致的文言词语：悉、拟、特此、值此、兹因、承蒙、该、贵、从速、如无不妥、希予、为荷、复函为盼等。有时用现代汉语表达公文内容确实不如用文言句式显得庄重凝炼，但不能一味地因袭旧公文陈腐的套语去写生硬的半白半文的公文。

古人云："一字入公文，九牛拔不出。"特别在网络信息时代，信息传播速度之快、范围传播之广、社会影响之大，是过去资讯不发达年代所不能比拟的。

在市场经济、法制经济的社会，公文语言一旦出现错、漏、歧解，轻则败坏机关的名誉，重则给工作带来不可弥补的损失。当然，公文语言要达到炉火纯青的地步，不是容易的事情，需要长期的学习和磨炼。

写新闻注意哪些要点

搞好新闻宣传工作离不开单位领导的重视、参与、支持、理解与关心，也离不开作者本身扎实的基本功和敏锐的观察力、判断力、分析力，更需要媒体的理解、配合。

坦率地讲，从事工商和市场监管工作给媒体写稿，面宽、比较容易。工商和市场监管工作的性质和职能决定了是有新闻源的地方。工商和市场监管是监管市场准入、市场交易的。市场交易的主体是经营者与消费者，工商和市场监管机关是保护经营者、消费者合法权益，打击非法经营，化解市场交易纠纷的，是市场经济的市场裁判员、调解员，是和谐社会的实践者。

在保护经营者、消费者的合法权益的同时，也就产生新闻了，也就找到了工商和市场监管工作与媒体的结合点、共同点。现在的媒体，非常关注民生。比如，中央媒体、行业报纸、日报、都市报的读者对象不同，但它们有一个共同的办报宗旨，就是顶天立地，关注民生，把党的政策方针宣传好，把社情民意反映好、引导好。这社情民意里就牵涉到工商和市场监管，特别是12315、消保科、消协、工商的服务窗口，这就决定了工商和市场监管在媒体中有话语权，与此同时，社会、媒体也对工商和市场监管的整体素质提出了更高的要求。简单地讲，写工商新闻稿件，要立足工商和市场监管职能，注重三个针对性：针对工商和市场监管工作的要点、针对报纸版面、针对栏目特点来写稿，与此同时，还要注意12个要点：

第一，标题要招人主题、副题——引题、辅题。人们常说，货卖一张皮，看报看个题。标题被称为"报纸的眼睛"，标题分为：

情致型，集中表现于感情型、抒情型、感叹型、象声型、亲切型、细节型等标题；

诗意型，凭借深厚的文学修养，从浩如烟海的诗词作品中信手拈来某些家喻户晓的名句（或稍加改动），用作文章标题，而与报道契合得天衣无缝，自会妙趣横生，令人过目不忘；

语言型，文学作品以至文章，其思想内容情趣意境之美，都要靠美的语言文字来表现，文章标题也不例外。

第二，导语字如金（导语是引导性的语言，导语是新闻的开头，即新闻的第一自然段，它要求把新闻中最新鲜、最重要、最吸引人的事实揭示出来，让人"一睹为快""先睹为快"）。

第三，投稿非汇报（总结是报菜名，新闻是特色菜）。

第四，内容莫失真（真实是新闻的生命，不能用文学性语言，语言不要夸张、不要简单模仿，不要随意概括）。

第五，手续要齐备（注明联络方式，盖好公章）。

第六，做到信、达、雅（信就是客观、真实准确，达就是通顺，雅就是有文采）。

第七，行动要抓紧（报纸以天，电视、广播、网络以秒，现在，新闻是现场直播、网上文字直播、微信、微博，有要发挥网络的作用，给媒体投稿）。

第八，严禁窃新闻（网络抄袭等）。

第九，不要写长稿（文章短些，再短些，能够控制收笔，以点带面。通讯就是讲故事）。

第十，人云你不云（写的有特点，切忌格式型文章）。

第十一，表述要谨慎（语言的表述要谨慎，引用法律法规要准确）。

第十二，把握大方针（紧紧围绕行业工作重点，阶段重点，结合本地、本行业的实际，以独特观察力和分析力、判断力来写稿）。

怎样拍好照片

摄影是观看的艺术，光是摄影的灵魂，摄影是情感的表达，情感是照片的灵魂。摄影也是以真实性、瞬间性、光影造型性为主要特征的艺术。摄影作品以景寄情，并用技巧加以诠释，好的摄影作品给人视觉上的喜悦和心灵上的震撼。对于摄影来说，艺术效果包含了五个方面：构图、色彩、用光、意境和情趣。"摄影，主要是靠镜头后边的那个人头"。很多摄影人都听过这句名言，究其含义无非有以下两点：一是创意，二是经验。创意需要个人领悟，而经验则是可以分享。

"决定性瞬间"是卡蒂尔·布列松提出的著名理论，将摄影定义为捕捉瞬间的艺术，要求在画面内容和形式上完美的记录下人间美好的瞬间。瞬间的抓取首先关系到形象是否具有典型意义。"摄影没有门槛，但走廊很长。"这话不假，摄影人有两道门槛：一道是技术门槛，另一道是心灵门槛。在摄影上拼高低，拼到最后，拼的不是技巧，拼的是文化。

（一）摄影的基本要求：

（1）相机稳、图片明。要保持相机稳定，持机姿态要规范，按快门键的力度要适当。

（2）细观察、勤拍摄。要细心观察生活，多拍，从宏观上讲就是多实践，多积累经验，具体来说就是不妨多试试镜头，多中选优。

（3）角度好、构图妙。摄影图片要想给人以视觉冲击力，就要通过别具匠心的构图创造新的视觉感受，达到"动中有静，静中有动，有情有趣"的理想图片。

（4）处理好点、线、面。摄影讲究点、线、面，它是画面形式和形象构成的基本要素。一张好的照片离不开点、线、面（画面主题、陪体、环境、留白）的运用。一张好的照片应遵循的基本原则：一个能表达普遍性寓意的主题；要把观众注意力吸引到趣味中心即主体；摄影是减法。摄影作品中，景物要简洁明了。减去因为繁杂而影响画面的元素，从而保证画面干净整洁，观赏者才不会因为多余的内容而转移视线。

（二）新闻照片的基本要求：

摄影具有较强的社会价值和作用。"摄影是随意的，摄影师是最不随意的"。拍摄新闻照片首先要讲政治，融汇传统的审美观点和当前的方针政策。新闻照片的主题通过画面来展现，优秀的新闻摄影作品，是思想性、新闻性、艺术性的和谐统一。好的照片是技术和艺术的成功合成。法国的大雕塑家罗丹说过："生活中不是缺少美，而是缺少发现美的眼睛。"好的新闻照片给人视觉上的愉悦和心灵上震撼，还能给人更多的思考、憧憬和执着。

拍摄新闻照片基本要求和标准可以说是八个字：真实、准确、自然、生动。

真实，就是自己拍摄看到的；准确，就是自己表达的画面，准确很重要，摄影就是减法，有的东西是真实的，但是，不见得要准确表现它。自然，就是在生活工作里的常态中拍摄；生动，就是画面养眼、好看，让人心旌摇曳的感动。

做到"真实、准确、自然、生动"四者统一，要把相机带在身，要多拍摄、多学习、多观察、多思考。技术是实践的前提，实践是技术的运用。20世纪著名的战地摄影师罗伯特·卡帕有句名言：如果你拍得不够好，那是因为你离得不够近！

中南海

　　1989年3月下旬，我到北京出差，在国家工商局商标事务所工作的河南老乡，给了我一张去中南海的参观卷。那时候，每逢星期天，北京各单位都能分配到少量免费的中南海参观卷。

　　中南海是中海和南海的合称，位于故宫西侧。3月26日，清晨，我沿着中山公园的西墙来到南长街，人们已排起长长队伍，中南海的东门与我们平时看到的单位大门一样，外包着铁皮。南长街81号的门牌，格外引人注目。广播里传来男播音员雄厚、沉稳的声音："欢迎同志们到中南海参观。中南海是全国各族人民向往的地方，是党中央、国务院所在地，希望同志们，参观时注意遵守秩序、保持卫生、爱护公物。"

　　中南海内十分静谧，首先看到的是流水音，往西走映入眼帘的是清清的湖水，垂柳俯着身子，轻轻在湖边荡漾，明媚的阳光，茂密的绿树，清爽的空气里似乎有股淡淡的清香。这里没有高楼大厦，没有车水马龙，没有人群拥挤，没有嘈杂声响，给人一种宁静、庄重的感觉，好像呼吸也缓慢些。花树纷呈、葱葱茏茏、亭台楼阁、小径通幽，没有导游，人们静静地看着相关的标识说明。参观的路线是：流水音、毛主席故居——丰泽园（菊香书屋、颐年堂）、瀛台，也就是中南海的中间部分。

　　在南海与中海之间，有一座汉白玉桥，桥的西北，有一座规模宏大的宅院——丰泽园，匾额为乾隆手书。丰泽园的主体建筑为颐年堂，颐年堂的"菊香书屋"是毛主席故居，虽说它叫"菊香书屋"，可它有点名不副实。因为，院子里既没有一棵菊花，也没有飘着菊花的馨香，只有几棵苍劲、挺拔的古柏，显得十分凝重。毛主席故居十分清幽典雅，院内书房、卧室、办公室、起居室，均按原貌陈设。

　　新中国成立后，到1966年夏，毛主席在此居住。人们轻轻地移动脚步，就在离湖边不远处，从一座灰白色围墙的左侧不大的边门，便进入了这座四合院。好大的一个四四方方的天井，长着低矮的花草，天井的四周用雕刻装饰的木制栏杆围成一条方形走廊。走廊外全是房间，顺着走廊看着，整间整间的房内全堆放着书籍，俨然就是一座藏书房了。向右转去看到了一间会议室，室内中央摆放着长方形的会议桌，用白布覆盖着，两边各有三把椅子，上方一把椅子前的桌上有一个介绍性的文字小片，记得大意是：中华人民共和国成立后，党和国家的许多重大决策都是在这里决定的。隔壁是会客室，沙发成弧形摆放着，小片上文字的大意是：接见民主人士之处。这两间房相连，迎着院子的墙体是用玻璃安装的，因此，看里面非常清楚。再向右转是毛主席的卧室，一张特制的至少有 2 米多宽的大床，床单是一幅白色的布，垂到地，床的里边零乱地放着许多书。在故居中给我留下的最大印象是书多，几乎到处都是书。故居简洁朴素，既没有雕梁画栋，也没有金碧辉煌。伟人之所以伟大，恰恰就在于他也是一个普通人。人们缓缓移动着，仰慕和崇敬的心情油然而生。

汉白玉桥南，是四面临水的皇家居室——瀛台，瀛台南侧隔湖相望是新华门，即中南海的正门。瀛台建筑富丽堂皇，古典雅静，一派皇家气度。瀛台是百日维新后，光绪皇帝被囚禁之处。历史总是因其独具的神秘感而充满了魅力。一个没有被废除的帝王，竟被囚禁在这孤岛之上，冷冷清清，充满哀怨，其孤独之心，其悲愤之情，可想而知。政治是神秘的、诱人的和美丽的，政治斗争则是无情的、残酷的和血腥的。作为九五至尊的皇帝竟然被囚禁，被囚禁了竟然仍是皇帝，瀛波亭台竟然故如天上仙境。这矛盾重重的封建极权社会的落日残照的确是野岭难追了。

1949 年，毛主席在香山双清别墅办公，固执地不去皇帝住过的中南海，周总理、朱老总等多费口舌相劝他才去了。中国共产党已执政 60 度春秋，至今未有专建官邸，艰苦朴素之风昭然于民心。

1992 年，我和母亲去北京，中南海只可远观，而不可近游，不对外开放了。北海公园的团城处于故宫、景山、中南海、北海之间，团城与中南海一路之隔，可以清楚地看到中南海内胜景。我和母亲是站在团城上眺望中南海的。

1989 年 3 月 26 日，这是和往日一样普通的一天，但对我自己而言，却是终生难忘。如今，我还珍藏着"中南海参观卷"。20 多年过去了，到中南海参观的景象，像一幅画经常在我脑海里清晰地再现：阳光、蓝天、白云、春风、垂柳、碧海、红墙、黄瓦、亭台楼阁、盛开的玉兰花、静静地参观的人们。

1989 年作者在颐年堂

新华门

　　人们说，北京的五月是红五月，是从历史层面上讲的，许多重要的历史事件都发生在五月，其实，五月也是北京最好的旅游季节，气候宜人，昼长夜短。

　　前些年，我携妻子到北京开会，我和妻子站在北海公园的团城上，扶栏深情眺望中南海，妻子心驰神往，既渴望又失望。为弥补妻子的遗憾，我对她讲：新华门是中南海的正门，也是国家的仪门，庄重而威严。

　　傍晚，我和妻子坐公共汽车到天安门站下车，沿着长安街向西走去。夜晚的长安街霓虹初上，天安门广场周围的建筑群，流光溢彩，梦幻迷人，国家大剧院壳体上面的"蘑菇灯"散发的点点光芒，如同夜空中闪烁的繁星，使你有一种置身于仙境的感觉。长安街上，车水马龙，远远望去，像一条条闪闪发亮的蜿蜒巨龙。中南海的红墙碧瓦在灯光的照映下，是那么圣洁、高雅。行人道两侧树上被装饰灯照耀，正所谓火树银花。

　　漫步走过闪烁着红绿灯的岔路口不远处，便是有着中国第一门之称的新华门。新华门坐落在北京西长安街西段路北，是中央人民政府的正门。它的门口是一座古典风格琉璃瓦顶雕梁画栋的二层明楼，门楼虽不似天安门的巍峨，楼的上层，四周槅扇，朱栏护廊，却给人以开朗典雅的感觉。石青地金字楷书"新华门"三字匾额，悬挂在楼前檐下，金红交辉的大型国徽高悬在二楼檐际，新华门红地影壁上，镌刻毛主席手书"为人民服务"五个镏金大字。门前一对巨型石狮分列左右。矗立在门外场地正中，是高悬五星红旗的旗杆。门外两旁八字墙上镶着两条红地金边白字的大标语："伟大的中国共产党万岁！" "战无不胜的毛泽东思想万岁！"门前面临着整洁宽敞横贯东西城的交通干线长安街。统观全貌，爽恺宏敞，庄严绚丽，举世瞻仰，气象万千。

　　红地影墙上的"为人民服务"五个鎏金大字，在灯光的照耀下熠熠生辉，鲜艳夺目。守护在两旁的身着礼服的武警战士，威严挺拔，持枪而立，相对而站，一动不动，如同一尊雕塑，使它更显得庄严、醒目。

　　我们单位的徐磊曾在中央警卫团当过兵，他常讲起当兵时的故事：一天，从农村来的母女俩，来到北京探亲，只知道儿子在中南海站岗，不知道部队的驻地，到哪里去找呢？当母女俩走过长安街，看到新华门，恰逢该战士站岗，妹妹凝望着新华门，用手指着说：娘，俺哥是不是在这里站岗？战士仿佛看见了母亲，听到了妹子的声音，依然，持枪而立，纹丝不动，目光中透着刚强和坚毅。新华门的礼兵光荣而神圣，代表着国家的形象和尊严。两个钟头以后，战士站完岗，请了假，才去找母亲和妹子，把她们接到部队招待所。

每天，新华门国旗的升降与天安门国旗升降同时。威武的礼兵，庄严的国徽、金色的标语、古色古香的门楼，在宽敞、繁华的长安街旁，构成了中国第一门的庄严与肃穆。新华门的影壁上"为人民服务"五个大字，是我们党的宗旨，是立党之本，是我们党的生命和希望之所在。

新华门前方，四个威武的卫兵分列在白色警戒线两边，是守卫，更是国仪天下。当我从提兜取相机时，一个身材颀长、短短寸发的男子迅速到我身边，问干什么。知道我们照相时，便和善地提醒我们不要踩"警戒线"，告诉拍摄新华门的最佳位置。妻子简直不敢相信自己，问那男子，中央领导从这里进出吗？男子告诉她，新华门是中南海的正门，有国门之称，中南海是党中央、国务院、中央军委的所在地，中央领导和工作人员由西门、西北门、北门和东门进出中南海，外国元首、政府首脑来访，才有资格乘车由新华门进中南海。

我伫立凝视新华门影壁上毛主席手书"为人民服务"五个鎏金大字，"为人民服务"的崇高宗旨早已镌刻在每一个真正的共产党员的灵魂深处，深深植根在中国老百姓的心目当中，它是对人民的庄严承诺，它时刻提醒着每一个中国共产党人：永远发扬谦虚谨慎、不骄不躁的优良作风，全心全意地为人民服务。

作者 2007 年与妻子在新华门

涛声依旧

2005年7月下旬，我到北戴河参加《中国消费者报》举办的商标保护宣传会议，住地中国社会科学院北戴河培训中心与著名景区鸽子窝公园仅一路之隔。

鸽子窝公园又称鹰角公园，临海悬崖上有巨石形似雄鹰屹立，名鹰角石。过去常有成群的鸽子在此相聚，故名鸽子窝。鸽子窝公园是北戴河观赏海上日出的最佳之处，也是观海、观鸟的最佳地点。每天清晨，这里云集数万名游客观赏"红日浴海"的奇景。这里因毛主席写下了《浪淘沙·北戴河》的不朽词作更驰名中外。

每天清晨、傍晚，我同与会的河南代表都在鸽子窝公园散步。我站在鹰角亭上，看到海面波光舞动，滩边白涛涌起，昔日，靠打鱼为生的船老大，如今正载着前来旅游的人们出海观光。海边成千上万的男男女女，有的戏水，有的躺在沙滩上享受日光浴。金黄色的沙滩、五彩缤纷的遮阳伞及人们身上各式各样的美丽泳装，形成了一幅绚丽多彩的图画。怎么寻找不到"大雨落幽燕，白浪滔天，秦皇岛外打鱼船。一片汪洋都不见，知向谁边"的景象呢？

后来，导游告诉我们，1954年7月26日，毛主席为了筹备第一届全国人民代表大会，领导和参与起草第一部治国大法《中华人民共和国宪法》，第二次来到北戴河（第一次是当年4月），北戴河地区暴雨成灾，河水猛涨，甚至危及京山铁路。毛主席登上鸽子窝公园的鹰角亭极目远眺，触景生情，抚今追昔，感慨万千。1954年7月31日，毛主席冒着大风到北戴河海里游泳，上岸回到寓所，仍意犹未尽，以雄浑沉郁之情泼墨挥毫，一气呵成《浪淘沙·北戴河》这首壮美诗篇。

> 大雨落幽燕，
> 白浪滔天，
> 秦皇岛外打鱼船。
> 一片汪洋都不见，
> 知向谁边？

往事越千年，

魏武挥鞭，

东临碣石有遗篇。

萧瑟秋风今又是，

换了人间。

　　一代枭雄曹操曾于汉末挥鞭北指，东临碣石，留下《观沧海》"日月之行，若出其中。星汉灿烂，若出其里。"的千古咏海名句。《龟虽寿》，坦露了"老骥伏枥，志在千里，烈士暮年，壮心不已"的雄心，成为千古传诵的励志名篇。

　　诗言志，诗言情，诗重情。《浪淘沙·北戴河》这阕词，简洁、准确地描写北戴河夏秋之交的壮丽景色，展现了一代伟人毛泽东开阔博大的襟抱。

　　"萧瑟秋风今又是，换了人间。"当代伟人毛泽东的《浪淘沙·北戴河》中这一不朽名言，令北戴河的名字在世人心中闪闪发光，慕名而来者不绝如缕。

　　我站在鹰角亭上，耳边响起毛主席在天安门城楼向全世界庄严宣告"中华人民共和国成立了！"的声音。五星红旗伴着雄壮的国歌声冉冉升起，中国人民高唱着"没有共产党就没有新中国"，掀开了中国历史崭新的一页。

　　"萧瑟秋风今又是，换了人间。"不正揭示了我们唱着"东方红"，翻身做主站起来；我们讲着"春天的故事"，改革开放富起来，我们昂首阔步走进全面建设"小康社会"的新生活吗？一代枭雄曹操所处的时代已永远成为历史，我们所处的是一个辉光耀彩，空前未有的崭新时代。

作者 2005 年在北戴河

历史的见证

2005年7月，我去北京开会，利用会议空隙到京城西南的卢沟桥参观。

当我步行穿过高大的宛平古城门，饱经沧桑的卢沟桥像一条巨龙横卧在永定河上。卢沟桥，始建于公元1189年，经过4年修建才竣工，桥全长266.5米，宽7.5米，造型凝重壮美，是具有独特风格的连拱大石桥。桥中间凹凸不平的大块古石是原来的老桥面，两边平整石面为后来重新铺设的。它是北京现存的最古老、最雄伟的连拱石桥。"落日卢沟桥上柳，送人几度出京华"，卢沟桥曾经是进出北京的"咽喉"。

夏日炎炎，骄阳似火，游人稀少。烈日下的卢沟桥显得格外空旷。我凝视眼前的狮子，凭栏远望，卢沟桥南面的107国道大桥，车水马龙，川流不息；卢沟桥北面是繁忙的京广铁路桥，一列列进出首都的火车从桥上风驰而过；卢沟桥下干涸而平坦的河床上，杂草丛生，一片凄凉。

我走在卢沟桥大青石桥面上，800多年的车轧马踏，厚厚的石板早已凹凸不平，那深深的车辙向世人展示着它所承受的沉重的沧桑阅历。桥身两侧石雕护栏柱头上均雕有蹲伏起卧、神态各异、栩栩如生、历经沧桑的大小石狮，威武而沉静。

"卢沟桥的狮子——数不清"是卢沟桥的一句谚语，说明卢沟桥的狮子多，卢沟桥参观券介绍，卢沟桥共有大小石狮子501个。人们对卢沟桥的狮子有过极为生动的描述："有的昂首挺胸，仰望云天；有的双目凝神，注视桥面；有的侧身转首，两两相对，好像在交谈；有的在抚育狮儿，好像在轻轻呼唤；桥南边东部有一只石狮，高竖起一只耳朵，好似在倾听着桥下潺潺的流水和过往行人的说话——真是千姿百态，神情活现……"卢沟桥披着几百年的风霜，依然以它独有的雄姿屹立于永定河上，好像向人们诉说着它昔日的辉煌和遭受的劫难。

卢沟桥是一座古老而又闻名中外的桥，早在700多年前，意大利旅行家马可·波罗就在他的游记中称赞："它是世界上最好的、独一无二的桥。"最使卢沟桥和宛平城闻名于世的，不是独特的建筑结构和精美的雕刻艺术，而是它在近代成为中华民族英勇抵御外敌入侵的象征地。

卢沟桥更是一座英雄的桥，它代表了中华民族不畏强暴的精神。看到卢沟桥的狮子上，被日寇当年枪炮轰击的弹痕依然清晰，我仿佛听到了昔日尖锐的枪炮声、喊杀声。

　　1937年7月7日夜，卢沟桥的日本驻军在未通知中国地方当局的情况下，径自在中国驻军阵地附近举行所谓军事演习，并诡称有一名日军士兵失踪，要求进入北平西南的宛平县城搜查，中国守军拒绝了这一无理要求。日寇竟突然向卢沟桥发动进攻，中国驻军奋起反击，揭开了中华民族全面抗击日本侵华的序幕。"七七事变"，又称"卢沟桥事变"。

　　卢沟桥上的狮子是历史的见证者。它目睹了日本侵略军犯下的累累残暴罪行，卢沟桥上的狮子听着中华儿女呐喊"起来！不愿做奴隶的人们！把我们的血肉，筑成我们新的长城！中华民族到了最危险的时候，每个人被迫着发出最后的吼声！起来！起来！起来！我们万众一心，冒着敌人的炮火前进，冒着敌人的炮火前进！前进！前进！进！！"

　　卢沟桥上的狮子是中国人民抗日战争见证者。无数中华民族的儿女不怕流血牺牲、前赴后继，终于赢得了民族尊严和独立。中国人民抗日战争，是1840年鸦片战争以来，中国人民反对外敌入侵第一次取得完全胜利的民族解放战争，是中华儿女同仇敌忾打败日本侵略者的正义战争，是世界反法西斯战争的重要组成部分。中国人民抗日战争的胜利，改写了中国近代以来，因外敌入侵而被迫割地赔款、丧权辱国的历史，捍卫了中华民族数千年的文化成果，极大地振奋和升华了中华民族伟大的民族精神，成为中华民族由衰败走向振兴的重大转折，为中华民族的复兴奠定了坚实基础。

　　卢沟桥向世人昭示：中国人民能够在亡国灭种的危境中开辟出民族奋起的新道路，中华民族具有无限的生命力。中国人民是不可侮的！中华民族是不可战胜的！

　　卢沟桥上的那些弹痕警示着中华民族的儿女：落后就要挨打，这是中国人民从近代以来屡遭外来侵略的悲惨经历中得出的刻骨铭心的教训。中华民族只有首先自强，才能在世界上自立。不要忘记日本右翼势力的挑衅依然进行，不要忘记我们民族曾受过的劫难，不要忘记我们民族所肩负的历史责任。

　　随后，我来到卢沟桥东边的"中国人民抗日战争纪念馆"参观。"中国人民抗日战争纪念馆"以丰富翔实的史料和珍贵的实物，全面展示了中华民族抗日战争波澜壮阔的历史画卷。

　　卢沟桥、宛平城、中国人民抗日战争纪念馆，是中华民族遭受日本野蛮侵略和中国人民进行抗日战争并取得完全胜利的见证者。

作者2005年在卢沟桥

黄洋界上炮声隆

　　人们说："井冈山，两件宝：历史红，山林好。"井冈山红的是历史，绿的是风光。1965 年，一代文豪郭沫若游井冈山后，挥笔写下"井冈山下后，万岭不思游"的动人诗句。一次井冈行，一生井冈情。2000 年 5 月 22 日下午，我参加了在井冈山市召开的全国宣传《消法》经验交流会，会后，随团来到黄洋界景区参观。

　　黄洋界距井冈山市区 17 公里，在战争年代是井冈山的五大哨口之一，海拔 1300 多米，是大小五井通往宁冈县的唯一通道。山势峻峭。黄洋界有气势磅礴的云海，又名"汪洋界"。它因毛泽东主席"黄洋界上炮声隆，报道敌军宵遁"一句词而闻名。

　　站在黄洋界上举目远眺，只见群山起伏，云雾弥漫，白茫茫的云海淹漫了许多山峦，只留下几处峰尖。俯首向下看，跃入眼帘的是条美丽的大峡谷。两旁山坡上那郁郁葱葱的阔叶林中，依稀可见一丛丛、一簇簇盛开的杜鹃花，像一支支伸出的耀眼的火炬，让我和同行的人惊喜不已。

　　在黄洋界哨口，一门架在大理石上的迫击炮引起了我们的注意，导游给大家讲述了"黄洋界上炮声隆"这句词的由来。

　　1928 年 8 月下旬，湘赣两省军阀趁红军主力未归之机（当时，毛泽东同志不在山上），以 4 个团的兵力对井冈山根据地发动了大规模的军事"围剿"，其突破口就选在黄洋界，红军留守部队在此与敌人展开了战斗。战斗中，红军将南昌起义时用过的迫击炮（现陈列在井冈山革命博物馆）和仅有的 3 发炮弹抬上山来，不料，第一枚炮弹装填、发射，结果没有打响；接着发射第二枚，仍然是"哑炮"。指挥员急中生智，一声令下："不打登山的敌人，把最后一枚炮弹瞄准敌方设在山下的指挥部！"只听"轰"的一声，炮弹正中敌军指挥部，霎时间，山上枪声、鞭炮声、喊声汇集在一起，敌人惊恐万状，误以为红军主力返回了，趁着夜色四处逃遁。这是红军战斗史上的奇迹——一枚炮弹打退了国民党 4 个团的兵力，取得了黄洋界保卫战的胜利。

　　20 天后，毛泽东同志率领红军主力部队回到井冈山，他听了留守部队的汇报后，十分高兴，当夜便填词《西江月·井冈山》：

山下旌旗在望，
山头鼓角相闻。
敌军围困万千重，
我自岿然不动。

早已森严壁垒，
更加众志成城。
黄洋界上炮声隆，
报道敌军宵遁。

1965年5月，毛主席重上井冈山，他说："井冈山的斗争，指出了农村包围城市、武装夺取政权道路的新方向。中国革命如果没有这些根据地做后盾，就不可能取得全国的革命胜利。"导游欣喜地告诉我们：1965年，就是35年前的今天，也是这个时候，毛主席他老人家千里迢迢，不顾乘车的疲劳，迈步登上了雄伟险峻的黄洋界哨口。黄洋界上阳光明媚，他老人家站在最高处，极目远眺了许久……

毛主席故地重游，心潮起伏，感慨万千！怀着感慨和喜悦的心情，挥笔写下词二首。

水调歌头·重上井冈山
一九六五年五月

久有凌云志，
重上井冈山。
千里来寻故地，
旧貌变新颜。
到处莺歌燕舞，
更有潺潺流水，
高路入云端。
过了黄洋界，
险处不须看。

风雷动，
旌旗奋，
是人寰。

三十八年过去，
弹指一挥间。
可上九天揽月，
可下五洋捉鳖，
谈笑凯歌还。
世上无难事，
只要肯登攀。

念怒娇·井冈山

一九六五年五月

参天万木，
千百里，
飞上南天奇岳。
故地重来何所见，
多了楼台亭阁。
五井碑前，
黄洋界上，
车子飞如跃。
江山如画，
古代曾云海绿。

弹指三十八年，
人间变了，
似天渊翻覆。
犹记当时烽火里，
九死一生如昨。
独有豪情，
天际悬明月，
风雷磅礴。
一声鸡唱，
万怪烟消云落。

听着导游的深情的讲解，我虔诚
地在迫击炮前驻足，没有一种坚定的

作者在黄洋界

理念和信念，无法经受住血雨腥风的洗礼和考验；而崇高的理念背后，就是共产党人为了让大多数人过上幸福的生活。是啊，我们的今天，从南湖走来，从南昌走来，从井冈山走来，从瑞金走来，从遵义走来，从延安走来，从西柏坡走来。世世代代，铭记于心。

新中国从这里走来

怀着对革命圣地由来已久的向往，在建党 90 周年前夕，我和单位的同志走进西柏坡纪念馆和中共中央旧址，踏上这条从危难走向胜利、从战争走向和平、从农村走向城市、从革命走向执政的道路，寻访孕育新中国的摇篮。

西柏坡位于河北省平山县境内，太行山东麓，滹沱河北岸柏坡岭下一个马蹄状的山湾里，三面环山，一面临水，是一个只有百十来户的小山村。西柏坡村入口处的巨幅雕塑，黄镇将军题写的"新中国从这里走来"八个大字格外醒目。

西柏坡是毛主席、党中央进入北平，解放全中国的最后一个农村指挥所，"三大战役"在这里指挥，全国土地会议和党的七届二中全会在这里召开，"两个务必"在这里诞生，新中国中央人民政府前身——华北人民政府在平山县成立。新中国从西柏坡走来。

导游告诉我们，1958 年，因修建岗南水库，中共中央和解放军总部旧址及西柏坡村一起搬迁。1970 年冬在距原址北 500 米、海拔提高 57 米的地方开始对旧址进行复原建设，旧址中所有文物包括房屋木料都是原址保存的。

历史为什么会选择西柏坡？西柏坡地处平原与山区的交汇地带，俯可瞰华北平原，仰可瞻太行峰巅，进能攻，退能守，交通便捷，战略位置非常优越；西柏坡居住条件适中，滹沱河贯穿全境，两岸滩地肥美，是晋察冀解放区最富饶的地区；群众基础好，平山县被晋察冀边区誉为"抗日模范县"，涌现出了抗日小英雄王二小、子弟兵的母亲戎冠秀等众多的抗日英雄人物和英雄团体（我们单位郝秋琴的老家就在平山县，据她讲，她们村是抗日堡垒村，她们家是堡垒户，她们家是我党的地下交通站，她母亲当小姑娘时，就是交通员，为八路军送情报）；西柏坡村并不大，便于保密。优越的地理位置、富饶的物产、良好的群众基础，使党中央选择了西柏坡。

1947年3月18日，中共中央机关主动撤离延安后，29日，在陕北清涧县的枣林沟召开会议，决定将中央机构分为工委、前委和后委三部分：以书记处书记刘少奇、朱德以及一部分中央委员组成中央工作委员会，到华北进行中央委托的工作；毛泽东、周恩来、任弼时及书记处多数成员率中共中央和人民解放军总部的精干机关，组成前委，继续留在陕北，指挥全国各战场的作战；叶剑英、杨尚昆主持的中央后方委员会，转移到晋西北统筹后方工作。

中国革命最根本的问题是农民问题，农民最根本的问题是土地问题。1947年5月，中央工委来到河北平山的西柏坡村。这年7月至9月，中共中央工委在西柏坡村召开了全国土地会议，通过了《中国土地法大纲（草案）》（中共中央1947年10月10日正式颁布），领导了解放区的土地改革运动。《中国土地法大纲》明确规定："废除封建性及半封建性剥削的土地制度，实行耕者有其田的土地制度。"在中国共产党领导下，在《中国土地法大纲》指导下，各解放区掀起了轰轰烈烈的大规模的土地改革运动，在古老的中国大地上刮起飓风，将根深蒂固的封建土地制度连根拔起。在土地改革运动的推动下，各解放区又掀起了为保卫胜利果实而踊跃参军的浪潮，积极参战支前，有力地推动了解放战争的胜利。正如毛主席所指出"有了土地改革这个胜利，才有了打倒蒋介石的胜利"。

1948年3月23日，毛泽东、周恩来、任弼时率党中央领导机关在陕北吴堡县东渡黄河，经晋绥解放区前往晋察冀解放区，同年5月27日，毛泽东从阜平县城南庄来到西柏坡。从这时起，这座小山村便成为中国革命的中心，党的历史和中国革命历史上辉煌的西柏坡时期开始了。中国共产党人以无产阶级大无畏的精神进行了规模空前的两个中国之命运的历史性大决战，取得了彻底埋葬旧世界的极其辉煌的胜利，并从政治上、思想上、组织上为顺利实现伟大的历史性转变做了最清醒、最充分的准备，迎来了新中国的诞生。

1948年7、8月间，毛主席以战略家的远大目光盱衡全局，敏锐地察觉到历史已将跨入一个新阶段，开始精心筹划新的方略。决战的日子越来越近了。为了对军事上、政治上，面对的重大问题在党内领导层中统一认识，特别是为了筹划新中国的建设，中共中央于1948年9月8日至13日，在西柏坡召开了政治局扩大会议，为迎接战略大决战作了思想上、组织上和物质上的准备。会议以"军队向前进，生产长一寸，加强纪律性，革命无不胜"为议题。这次会议反映了我们党内思想、意志和纪律已达到高度统一，也是对各战区打大规模歼灭战进行了总动员，拉开了三大战役的序幕。

听着讲解员的讲解，看着一幅幅图片，一封封电报，一份份手稿，一张张图表，一件件实物，一段段视频，见证着新中国一路走来的足印。

穿过纪念馆电报长廊，37封密密麻麻的电文陈列于大理石上。"滴滴答答"的发报声，将人们思绪带至战火纷飞的年代。周恩来总理曾经风趣地说：我们这个指挥部一不发枪，二不发粮，三不发人，就是天天往前线发电报，就把国民党打败了。

辽沈、淮海、平津三大战役是一环扣一环地组成的。三大战役战场在东北、平津和江淮地区，而指挥中枢则是西柏坡的中央军委作战指挥部。战局瞬息多变，战机稍纵即逝。就是在这个"世界上最小的指挥所"里，领袖运筹其间，决战胜之千里，中国共产党"指挥了世界上最大的人民解放战争"。三大战役的胜利实现了毛主席、党中央把国民党军队主力消灭在长江以北的设想，为夺取全国胜利奠定了坚实的基础。三大战役的胜利使中国的政治形势已经十分明朗，中国人民革命战争在全国范围内的胜利已经不需要太长的时间了，国民党政府正像一艘破船那样将从历史上沉没。

1948 年 12 月 30 日，毛主席为新华社撰写了题为《将革命进行到底》的新年献词。号召全党、全军、全国人民坚决、彻底、干净全部地消灭一切反动势力，推翻国民党的反动统治，建立人民民主专政的共和国，绝不能使革命半途而废。由此，"将革命进行到底"成为革命人民和军队继续斗争的行动口号。革命胜利后，它又成了不少革命家矢志共产主义伟大事业奋斗不息的座右铭。

三大战役告捷，在中国革命取得胜利的前夜，毛主席和党中央高瞻远瞩地意识到：制定建立新中国的各项方针政策已迫在眉睫。1949 年 3 月 5 日至 13 日，中国共产党七届二中全会在西柏坡召开。这是我党历史上在重大转折关头召开的、具有重大历史意义的一次中央会议。全会提出了促进革命迅速取得胜利和组织这个胜利的各项方针；确定工作重心的转移；制定党在全国胜利以后，在政治、经济、外交等方面的基本政策；指出实现中国由农业国转变为工业国、由新民主主义社会转变为社会主义社会的总任务和主要途径，并向全党提出了"两个务必"的告诫，为新中国的建立做了政治上、思想上和组织上的准备。从此，以"两个务必"为核心的西柏坡精神，激励着全党和全国人民，在"善于建设一个新世界"的伟大征程中，不断地从胜利走向胜利。

1949 年 3 月 23 日，西柏坡生机盎然的绿野牵着滹沱大堤，乡间山路上不时传来汽车鸣笛声，这天，毛主席、朱总司令、刘少奇、周恩来、任弼时等中央五大书记率领中共中央机关和人民解放军总部，乘车离开西柏坡前往北平。毛主席从住处走来，登车之前，毛主席对战友们说："今天是进京'赶考'嘛，我们决不当李自成，我们都希望考个好成绩！""赶考"能否有个好成绩，中国共产党人对此充满了信心。

中国共产党人经历 28 年的艰难曲折，终成大业，但他们在时刻警示着自己。在七届二中全会旧址，我坐在屋内的木椅上，仿佛又听到毛主席谆谆告诫全党："夺取全国胜利，这只是万里长征走完了第一步……中国的革命是伟大的，但革命以后的路程更长，工作更伟大，更艰苦。这一点现在就必须向党内讲明白，务必使同志们继续地保持谦虚、谨慎、不骄、不躁的作风，务必使同志们继续地保持艰苦奋斗的作风。"坚定的声音至今绕梁不绝，警示之意振聋发聩。

毛主席在长期的革命斗争中，表现出了一个伟大革命领袖高瞻远瞩的政治远见、坚定不移的革命信念、炉火纯青的斗争艺术和杰出高超的领导才能。毛主席总是能在革命的关键时刻，表现出高度的政治敏感性、政治辨别力和政治坚定性，及时地抓住关键性的问题，旗帜鲜明地提出自己的主张，事实一次又一次地证明，毛主席的主张是正确的、富有远见的。中国出了个毛泽东，这是中国共产党的骄傲，是中国人民的骄傲，是中华民族的骄傲。

在领袖的故居，在那一排排简朴整齐的土屋中，在微弱的煤油灯下，我仿佛看到新中国的奠基者和领导者正在制定着决定中国命运的战略决战和描绘着新中国的蓝图。

我们向往西柏坡，因为新中国从这里走来。它是中国革命史上的一块圣地，是哺育中国共产党执政后保持政治本色的摇篮，也是进行爱国主义和革命传统教育的课堂。西柏坡以其在中国革命史上独特的历史定位，永远闪烁在中华民族的记忆长河中。

西柏坡，中国命运定于此村；西柏坡，新中国从这里走来。

作者 2011 年在西柏坡

中华文化从这里走来

我们怀着无比崇敬和感慨的心情，恋恋不舍地离开了"解放全中国的最后一个农村指挥所"——西柏坡，乘车沿京珠高速来到"中华文化从这里走来"的古都安阳。

"一片甲骨惊天下，三千年前是帝都。"1899 年甲骨文的发现，导致了殷墟的认定，带来了殷墟的发掘，这也成为中国现代考古学发轫的重要标志，也使一个普普通通名不见经传的小屯村举世闻名。

参观殷墟景区分为殷墟概览、殷墟博物馆、甲骨碑林、车马坑、甲骨窖穴、甲骨碑廊、妇好墓等景区。

殷墟是商朝后期的文化遗址，位于安阳市的西北郊，横跨洹河南北两岸，规模宏大、遗存丰富、分布密集。它的范围是以小屯村为中心，分散在洹河两岸的一些地方。公元前 1300 年，商朝第 20 位国王盘庚把都城从山东的"奄"迁到"殷"，共经历 8 代 12 王，共 254 年。这里成为商代政治、文化、经济的中心，到公元前 1046 年周武王伐纣灭商以后，这片土地逐渐荒芜，变成了一片废墟，史称"殷墟"。

殷墟之所以闻名世界，有三个非常重要的因素：甲骨文、青铜器和都城。殷墟核心价值，在于甲骨文。甲骨文是现代汉字的前身。甲骨文的发现，宣告了我国在殷商时期就已形成较成熟的文字体系，从而震惊了国际学术界和考古界。甲骨文不仅是中国目前已知最早的文字，在世界三大古文字体系中，也唯有甲骨文穿越时空，将生命延续至今。甲骨文是汉字鼻祖、"文字之根"。

殷墟是中国文化的故乡。殷墟商文明还对后来中国历代王朝和文化产生了深远的影响。殷墟发现的商代甲骨文是中国目前所知年代最早、最为确切的文字。它与后世的汉字具有确凿无疑的承袭关系；商代开创的天干地支的记日方法一直被作为中国的农历记日方法。殷墟时期流行的尊崇祖先的理念也深深地渗透在中华民族的精神体系之中。由甲骨文延续发展至今的汉字，不仅十几亿中国人仍在使用，而且还对日本、韩国等国文化产生了根本影响，中华文明的光芒穿越时空，照耀了半个世界。殷墟展出的每一件文物都具有强烈的历史冲击力，她不愧是中华民族的文字之根、文化之根。

殷墟，一段辉煌历史。殷墟，一颗璀璨明珠。正如一位学者所说，"没有废墟就无所谓昨天，没有昨天就无所谓今天和明天，废墟是课本，让我们把一门地理读成历史，废墟是过程，人生就是从旧的废墟出发，走向新的废墟……因此废墟是起点，废墟是进化的长链。我们，挟带着废墟走向现代，走向未来"。

作者 2011 年在安阳殷墟

游大鸿寨看《江山多娇》

2011 年禹州春节联欢晚会上，"禹州骄傲"再现当年女劳模郭仙女士的风采。当晚会大屏幕上播放电影《江山多娇》的画面和响起气势豪迈，热情开朗，表现山区人民改造大自然气概的主题曲：

> 共产党号召把山治，
> 人民的力量大如天。
> 蟠龙山上锁蟠龙，
> 要保住那水土不下山。
> 要在荒山摆战场，
> 不让那洪水再猖狂。
> 要把荒山变粮田，
> 要把荒山变成花果山。

许多上年纪的观众不禁热血沸腾，激动不已。光影唤起那个年代人们的记忆，一股亲切的暖意扑面而来。

电影《江山多娇》以禹州鸠山为故事发生地，反映共青团员们积极响应党的号召，在女主人公岳仙的带领下，为了建设家乡，不怕吃苦；为了实现理想，无畏艰险。用青春和汗水给荒凉的山中涂抹上了片片新绿，为家乡山水增添了勃勃生机，终于把荒山变成了花果山，被评为治山典型的事迹。《江山多娇》的许多场景是在鸠山大鸿寨拍摄。

记忆是历史的痕迹，也是无形的精神财富和资源。1958 年 3 月，禹县群众治山治水的业绩被八一电影制片厂拍成电影《江山多娇》，成为国庆十周年献礼影片之一，在全国公映，为那个激情燃烧的岁月增添了一抹似水柔情，为勇敢、勤劳、智慧的禹县人民在历史丰碑上镌刻了印记。

由于我爱人的家在鸠山乡，我们也就常去鸠山大鸿寨。大鸿寨的山很平常，没有什么独特之处，也没有留下什么深刻记忆的东西。青山依旧在，几度夕阳红？

不禁感叹：山不在高，无仙则渺。

近年来，在党和政府的领导下，鸠山人民群众生活水平不断提高，乡村面貌日新月异，新农村建设、基础设施建设、旅游开发等各项工作都取得了新的突破。一踏入鸠山乡，就走进了绿色走廊，尤其是唐庄村前涌泉河滨的涌泉大道两旁，鲜花盛开，杨柳成行；路边人行道彩砖铺地，岸边汉白玉栏杆长达七里。当年共青团员们治理过的荒山大鸿寨，从山脚到山顶一层柏树一层槐树，其间还夹杂着杏树、梨树，每年从初春杏花吐蕊，到仲春梨花盛开，再到暮春槐花飘香，远处望去，青白相间，像是给鸠山穿上了一件海军衫，非常漂亮。电影《江山多娇》歌曲唱的"不让那洪水再猖狂，荒山变成了花果山"美好憧憬，变成了现实。

我曾陪友人到鸠山大鸿寨景区游玩，常常遇到友人问：现在，不是提倡文化搭台，经贸唱戏吗？旅游与文化紧密相连，文化是帆，旅游是船，文化之帆越强，旅游之船越快。何不利用电影《江山多娇》开发旅游资源？

古往今来，禹州人发扬大禹治水精神，备加呵护禹州的山山水水，备加珍惜和努力改善禹州的生态环境。电影《江山多娇》里的女主角不就是仙吗？山不在高，有仙则灵。电影《江山多娇》是大鸿寨景区的灵魂所在，"游大鸿寨看《江山多娇》"不正是大鸿寨景区的活广告吗？

这使我茅塞顿开。旅游的六大要素吃、住、行、游、购、娱，而文化是旅游产业的灵魂，旅游是文化发展的依托。旅游的过程，实际就是体验文化、寻找文化差异的过程。旅游，可以实现文化的教化功能和娱乐功能；文化，通过旅游可以让软实力产生效益。文化提升旅游，旅游传播文化。凡是吸引力强的地方，都是文化品格独特、文化魅力独具的地方。在既有品牌、资源的基础上发掘、延伸和创造，将旅游资源和文化创意有机结合，最大限度地挖掘和激活文化资源，让文化和旅游"联姻""双赢"，才能真正让游客留下来，给游客留下一个记忆和再来的理由。

人们游玩大鸿寨能够留下什么记忆？面对激烈的旅游市场竞争，这些不正值得景区开发者深思吗？有的搞文化节，花大钱请明星撑门面，做广告，喧嚣一时，昙花一现。明星与人民艺术家有着本质的区别，而《江山多娇》这部电影里，像导演王萍，演员田华、陶玉玲等，他们大都是德艺双馨的人民艺术家，其影响力随着时光的流逝将会更加璀璨夺目。《江山多娇》是大鸿寨景区的金字招牌，我们应该抓住把大鸿寨森林公园建成全省一流、全国有影响的森林公园的契机，把"游大鸿寨看《江山多娇》"的品牌做大做强，做出禹州特色。

大鸿寨重阳节

在辉县郭亮村拍摄的电影《清凉寺的钟声》，让昔日寂静的小山村声名远播；在登封少林寺拍摄的电影《少林寺》，拉动一个地方的产业。

一部电影，记录下一个时代的脉搏。一座山，承载着一方水土的坚韧与纯朴。"游大鸿寨看《江山多娇》"，不正是人们需要留下的记忆吗？它是大鸿寨的灵魂，是拉动大鸿寨景区乃至禹州旅游产业发展的引擎。

乾隆与"大禹治水图"玉山

前些年，到北京中国工商报社参加通讯员座谈会。人们用天安门的庄严，故宫的神圣，颐和园的美丽来描绘北京。趁会议空隙到故宫游览。我与妻子在蜻蜓点水般参观精华景点太和殿、中和殿、养心殿及储秀宫后，来到故宫的北门——神武门，不觉已是中午时分，坐下休息片刻，准备结束参观，由此出故宫，却看见一块写有"珍妃遇难处——珍妃井，由此向东参观"的牌子，引发了我和妻子的猎奇心。

珍妃井，位于故宫外东路的最北端，珍妃井的井口实在小得可怜，直径有三十来公分，井眼上置井口石，石两侧凿小洞，用以穿入铁棍上锁。井口两边有一小片竹林，井的正中上方是珍妃井的介绍：珍妃是光绪皇帝的宠妃，她同情支持光绪帝变法维新的主张，慈禧太后扼杀"戊戌变法"后，光绪帝被囚禁在瀛台，珍妃则打入冷宫。1900年八国联军进攻北京时，慈禧仓皇出逃，行前命太监崔玉贵将珍妃推入井中淹死。次年后打捞出遗体葬于西直门外。1913年移葬清西陵之崇陵（光绪帝陵）妃园寝。后人重新制作井口，不再使用。在蒙蒙细雨中，我望着珍妃井边竹林不禁感叹：翠竹数枝珍妃泪，来世再报皇上恩。

服务人员告诉我们，由此北门向南，可以免费参观珍宝馆。于是，我和妻子逆向而行（由北向南），参观珍宝馆。迎面是一块被厚厚玻璃罩起来的高大玉石，上面雕刻着许多人物。中午，游人稀少，也没导游解说，我便向胸前挂有"实习员"的女生询问，玉石上雕刻是什么？"实习员"向我讲：大禹治水，也是中国玉器宝库中用料最宏，运路最长，花时最久，费用最昂，雕琢最精，器形最巨，气魄最大的玉雕工艺品，也是世界上最大的玉雕之一，更是达到了玉器制作的顶峰，被誉为中国的"玉中之王"。由于把大禹治水图雕琢在玉石上，也叫"大禹治水图"玉山。

在神圣的故宫，看到、听到"大禹治水"，对大禹的敬仰之情，油然而生。我来自大禹的故乡——禹州，大禹治水的故事，在我们禹州广为传颂，禹州也因大禹治水而得名。我拿出身份证让女"实习员"看，以验证我是大禹故乡的人。大禹治水怎么没见到"大禹"的身影呢？中午，游人稀少，女"实习员"见我疑问，主动给我仔细讲起"大禹治水图玉山"的由来。

和田玉天下闻名，被誉为玉中精英。到清朝时，皇室成员爱玉成风，乾隆皇帝更是不遗余力，还在养心殿设立了造办处玉器房，专门负责制作各类珍玩玉器。就在清朝乾隆年间，新疆和田地区的密勒塔山中，发现了一块重达5300多公斤的特大玉石。不仅体形巨大，而且色泽青绿，光洁滋润，质地十分罕见，真是一块天赐的奇石。消息传到了宫廷，乾隆皇帝听后龙颜大悦，急命人速将奇石运往京城。

玉料取自海拔近5000米的山脉，终年积雪，空气稀薄，每年只有七八九三个月才能进山开采玉料，在当年极端原始的开采条件下，单是把这玉料从山上移至山下，最少也要两三年的时间。在没有现代化交通工具的情况下，运输的艰难可想而知。据估算，从万里之外的新疆和田运到北京，竟耗去三四年时间。玉料到达北京后，如此天赐良石，该雕琢成什么样子呢？乾隆皇帝自然有他的打算。

在中国，大禹治水的故事家喻户晓，世代传颂。历代封建帝王都以法先王，学尧、舜、禹来标榜自己。风光无限的乾隆皇帝，更是在心中把自己比作大禹。他要把这块天赐特大玉石雕刻成《大禹治水图》，一方面是为了歌颂大禹治水的丰功伟绩，另一方面，是要显示自己效法先人功绩卓著，以博千古之名。经乾隆皇帝过目后，钦定用内府藏宋人《大禹治水图》画轴为稿本，由清宫造办处画出大禹治水纸样，由画匠在大玉上临画，再做成木样，扬州的玉匠铸成蜡模型，运回北京，再次让乾隆皇帝过目后才能运回扬州进行雕琢。

在扬州经过六年才将这块和田玉雕琢完成。因为，把大禹治水图雕琢在玉石上，也叫"大禹治水图"玉山，于乾隆五十二年运回北京。它高二二四公分（不包括同座），宽九十六公分，重约五千三百多公斤，玉上雕成峻岭叠嶂，瀑布急流，遍山古木苍松，洞穴深秘。在山崖峭壁上，成群结队的劳动者在开山治水。玉山正面中部山石处，刻乾隆帝阴文篆书"五福五代堂古稀天子宝"十字方玺；背面上部阴文刻乾隆帝《题密勒塔山玉大禹治水图》御制诗：

> 功垂万古德万古，
> 为鱼谁弗钦仰视。
> 画图岁久或湮灭，
> 重器千秋难败悔。

意思是，用这块巨大的珍宝来弘扬古代大禹治水的事迹可传千秋万代。下部刻篆书"八徵耄念之宝"六字方玺。

《大禹治水图》玉山从开采到最后全部完工，历经十余年，所用的工时和造价，已无精确的资料可据，但粗略估算，至少数十万人工，耗白银更是不计其数。

我在"大禹治水图"玉山前端详许久，想了许多：在治理洪水的漫长岁月里，大禹认真吸取了先辈治水的经验，特别是失败者的教训，亲自登高山，涉江湖，踏遍九州，体察山河形势，了解河流变化习性，使用原始的测量手段，测量地形高低；经过无数次实地调查研究，大胆提出了尊重自然、因势利导的治水方针，制定了"因水之力"疏导积水入海的方略，即"治水顺水之性，不与水争势，导之入海，高者凿而通之，卑者疏而宣之"的治水方针。大禹这种疏导的方法，不仅利于治水，而且对治国治民，构建和谐社会也有一定的借鉴作用。

大禹精神是中华民族精神的象征，体现了中华民族自强不息，勤劳勇敢，顽强不屈，百折不挠求生存、求发展的优秀民族精神。大禹精神已成为中华民族凝聚人心，激励斗志，团结一心，奋发向上的力量源泉和精神支柱。

人们崇敬大禹、怀念大禹、歌颂大禹。"大禹治水"的壮举，被雕琢在我国现存最大的玉器上，存放在浓缩优秀中华民族文化精华的故宫里。禹州是中华民族发祥地之一，是华夏民族之根，大禹的儿子夏启在禹州建立了中国历史第一个奴隶制王朝夏朝，禹州被誉为华夏第一都。大禹精神正激励着勤劳、智慧的禹州百万儿女为实施大开放、谋求大发展、建设美丽禹州而奋斗。正是因为大禹的精神是那么的崇高、伟大，使中华民族子孙为自己能是大禹后人而感到光荣、骄傲和自豪。

作者在故宫

"停靠在八楼的 2 路汽车"

深秋的一个夜晚，一阵寒风夹杂着枯黄的树叶，吹起地上的尘埃，刮得人脸颊生疼。我站在路边的梧桐树旁，急切地等待朋友开车来接我。看着枯干的树枝在寒风中无力地摇摆，我不由得感到凄凉。坐在朋友的车里，温暖如春，回荡着刀郎那充满"西域味儿"的嗓音，是那首《2002 年的第一场雪》：

> 2002 年的第一场雪，
> 比以往时候来得更晚一些，
> 停靠在八楼的 2 路汽车，
> 带走了最后一片飘落的黄叶。
> 2002 年的第一场雪，
> 是留在乌鲁木齐难舍的情结，
> 你像一只飞来飞去的蝴蝶，
> 在白雪飘飞的季节里摇曳，
> 忘不了把你搂在怀里的感觉，
> 比藏在心中那份火热更暖一些，
> 忘记了窗外北风的凛冽，
> 再一次把温柔和缠绵重叠，
> 是你的红唇粘住我的一切，
> 是你的体贴让我再次热烈，
> 是你的万种柔情融化冰雪，
> 是你的甜言蜜语改变季节。

听着这首歌，我感到体内血液的流速在加快，眼前浮现出 18 年前，乌鲁木齐下第一场大雪时，我在乌鲁木齐八楼前 2 路公共汽车站边与女朋友分手的情景：漫天的雪花飘飘洒洒，街道两旁已是满树"梨花"，路上汽车缓缓行驶，路旁行人步履匆匆。凛冽的寒风吹散了她的头发，飘在她胸前的红围巾，格外鲜艳，像一团燃烧的明亮而温暖的篝火，天上飘舞的晶莹雪花落在她的脸颊流下来，分不清是泪还是雪水，滴在我的手背上冰凉的。

　　她深情地说：我的心能把雪融化，我的眼泪不会掉下来。我告诉她：八楼，不会忘记我们来过，2 路车记得我们曾经坐过。我送她上 2 路公共汽车回铁路局，彼此挥手依依惜别。

　　乌鲁木齐的第一场雪，标志着乌鲁木齐进入了冬天，乌鲁木齐的冬天寒冷而又漫长。乌鲁木齐的冬天大地银装素裹，八楼路旁，那高高的白杨树期待着冰雪融化后的又一个春天。

　　乌鲁木齐的 2 路公共汽车是从火车站开往机械厂的，全程约 30 公里，贯穿乌鲁木齐南北，是乌鲁木齐的主要公交线之一，中途有一站叫八楼，是一个主要的中转站。

　　20 世纪五六十年代，八楼是一座八层的仿苏式、带民族特色的宾馆，叫乌鲁木齐昆仑宾馆，也是新疆维吾尔自治区的接待宾馆，位于乌鲁木齐友好路上，建成于 50 年代后期。不过，许多乌鲁木齐人不知道有昆仑宾馆，却知道八楼。它的过去很辉煌，之所以叫它八楼，因为它是当时新疆最高的建筑。八楼在民众心目中也是一个神秘的地方，新疆维吾尔自治区的重要政治会议都在这里召开，常有卫兵站岗。能到"八楼"开一次会，吃一次饭，对于新疆人来说，是很体面的事情。从 1959 年接待宾客开始，"八楼"作为新疆昆仑宾馆的"小名"流传至今，闻名遐迩。宾馆门前的公交车站，自然也以"八楼"命名。

　　如今，在乌鲁木齐这座充满现代气息的城市里，五星级宾馆已有多家，八楼早已不是"第一宾馆"了，它的"个子"早已不是"新疆第一"了。与"八楼"一路之隔，相对的是新疆人民会堂，是一座具有浓郁的新疆民族风格和地方特点并洋溢着现代色彩的大型建筑，是除了北京人民大会堂之外国内最大的会堂。

　　如今，八楼的外观变化不大，楼房还是那栋楼房，与北边的新楼相比，只是显得旧了些、矮了些。但八楼、2 路公共汽车见证了我的爱，也留下了对她难舍的情结，因此，八楼、2 路公共汽车在我心目中依然有着特殊的地位。

作者 1986 年在新疆人民会堂

愿有情人终成眷属

提起我国古典戏曲名著《西厢记》，人们总能想起那个聪明伶俐的小丫鬟——红娘，在她的撮合下，一对有情人终成眷属。我对《西厢记》最初印象是缘于1983年国家发行的《西厢记》邮票。

1997年11月下旬，我到三门峡市参加表彰会，会后随团到《西厢记》"红娘月下牵红线，张生巧会崔莺莺"故事发生地——山西省永济市蒲州镇西厢村普救寺，走马观花地游览了神话般的美好去处。

普救寺位于山西省西南永济市蒲州古城东3公里的峨嵋塬头上。东中西三轴线，规模恢宏，别具一格。从塬上到塬下，殿宇楼阁，廊榭佛塔，依塬托势，逐级升高，给人以雄浑庄严、挺拔俊逸之感。普救寺原名西永清院，它是一座佛教禅院，后汉时期，因为寺僧曾劝告当时的讨伐大将军郭威"发善心"，不要屠杀被攻城市的百姓，以至于郭大将军攻克蒲州后一人未杀，蒲州百姓感谢寺僧，将这个寺改称普救寺。

冬天昼短，车到普救寺已是下午两点多钟，只见广场中央竖立着张生、崔莺莺的塑像，神态栩栩如生，旁边设一巨大的同心锁，锁上龙凤图案，印有"永结同心""有情人终成眷属"的祝福。

普救寺门正中匾额上"普救寺"及两旁楹联"普愿天下有情，都成菩提眷属"是中国佛教协会会长赵朴初所题，气度雍容、笔力雄健。

寺院建筑布局独特。和《西厢记》故事密切关联的建筑如张生借宿的"西轩"，崔莺莺一家寄居的"梨花深院"，白马解围之后张生移居的"书斋院"穿插其间。寺后地势高低起伏，形成活泼的园林。园内叠石假山悬险如削，莺语双亭飞檐翘角。荷花池塘上横架曲径鹊桥，亭桥相接，湖山相衔。莺莺的"拜月台"掩映在青松翠柏、千竿修竹之中。

屹立在寺中的莺莺塔，原名舍利塔，不仅形制古朴、蔚为壮观，而且以奇特的结构，是为我国现存的四大回音建筑之一。游人在塔侧以石叩击，塔上会发出清脆悦耳的"咯哇咯哇"的蛤蟆叫声，令游人连连称奇。

最令游人向往和羡慕的是"梨花深院"，这是一座四合院。相传，老夫人、崔莺莺和红娘曾居住在此，《西厢记》故事中的"惊艳""请宴""赖婚""拷红"等情节都发生在这里。"梨花深院"巨大的影壁上写着：

> 待月西厢下，
> 迎风户半开。
> 拂墙花影动，
> 疑是玉人来。

这是崔莺莺托红娘带给张生的诗笺，人们在这千古绝唱前，争相留影，表达了人们对崔张爱情的向往和羡慕。在这里有张生越墙会莺莺的跳墙处，张生上墙踩踏过的杏树至今还在。"梨花深院"的北面是花园，是崔莺莺与张生"幽会"的地方。

巧逢这里正在拍摄电视片《西厢记》，莺莺的美貌和气质，张生的潇洒和才华，红娘的聪明、伶俐、热心、天真、正直形象，给人们留下了深刻的印象，让人牵肠挂肚、流连忘返。不觉夜幕降临，我和随团的人们沉浸在《西厢记》迷人的爱情故事中，忘却去离普救寺不远的天下名楼——鹳雀楼参观，便连夜匆匆忙忙返回三门峡市。

由于《西厢记》的问世，使得这个"普天下佛寺无过"普救寺名声大噪，寺内的舍利塔也被更名为"莺莺塔"而闻名遐迩。美丽动人的爱情故事，千百年来一直撼动着人们的心灵，使它成为闻名中外的游览胜地。

"愿天下有情人终成眷属"是《西厢记》所表达的主题。而剧中的喜剧角色红娘本是一个人的名字，因为她成人之美，是美好婚姻的牵线人，于是，"红娘"成了媒人的代名词，沿用至今。

作者 1997 年在莺莺塔

父亲的处世原则

父亲已去世多年，我常回想，生活在新旧社会交替，从那个特殊时代、特殊环境走过来的父亲能平安度过一生，离不开他"听党话，跟党走，不贪财，见色不迷，不攀富贵，不惧权势，不弃井下之人"的处世原则。

1920年10月1日（农历八月二十），父亲出生在一个家庭殷实的书香门第，祖父刘书礼是远近闻名的饱学之士，父亲天资聪颖，好读书，深受"岂能尽如人意，但求勿愧吾心"的家训熏陶。小时候，我曾问父亲：我们老家啥样？父亲总是淡淡地回答道："回到顺店街，谁家的门台高、楼高，那就是咱家。"后来，我从新疆回到老家工作，看到顺店东街临街四尺多高的门台，高楼不过十来米，墙就有一米多厚，楼内面积二十多平方米，见证着昔日的辉煌。村里上了年纪的乡亲告诉我，这幢楼房是防土匪、避险用的，过去，你们家是大舒坦（富豪）户，爷爷奶奶都抽大烟，家业很快就败落了。好在你爷爷（刘文良）是老中医，行医积德，家里的房子多，村里的人住，从来不收租钱，德行好、口碑好，没有引起什么民愤。

父亲十八岁那年，因反对封建婚姻离家出走，靠自己的天赋四处求学，追求真理。没有家庭资助的父亲思想进步，在中共地下党的帮助下，携带相关证明奔赴革命圣地延安的途中，被他人知道，烧掉了他赴延安的证件。父亲悔恨万分，写下了给党的诗歌：

> 母亲，
> 我多么想去到您身边，
> 依偎在您的身旁，
> 接受您的爱抚和教诲，
> 但那蜿蜒吐射毒液蛇的河水，
> 阻止了我的去路。
> 我在这里苦恼着，
> 又想着；

想着，

又战斗着。

我以诗为旗，

吹奏战斗的号角。

我像那羊儿，

圈在羊圈里；

像马儿，

羁在马厩里；

像鸟儿，

困在笼子里；

像久旱的禾苗，

企盼着甘霖。

我睁开清亮如水的双眸，

深情地向东方遥望，

等待着母亲，

等待着母亲的召唤。

当时，豫、晋、皖、东北等地流亡的进步青年学生数千人集结于天水，国民党当局借办学为名，阻挠进步青年学生去延安，笼络各地失学进步青年。父亲便报考了在甘肃清水县的"国立甘肃第二中学"（1946年移址河南，今郑州市第四中学），理由十分简单：学校管吃、管住、管讲义，很适合他这样的学生。

"关关雎鸠，在河之洲。窈窕淑女，君子好逑。"在求学中，父亲与出身官宦世家的大家闺秀胡燕云经历了初恋，分别时，两人山盟海誓，由于战乱，他们彼此永远失去了联系。父亲曾写了不少爱情诗歌：

风送愁，

月洒泪，

草枯叶落雁南归，

鸿雁绝，

我无限私语，

当告谁？

20世纪40年代中期，父亲在兰州上大学时，发表了反对国民党统治的诗歌，《冬天不是我们的日子》

冬天了，

我们还穿着没有棉絮的衣衫，
在街头奔波、流浪、乞讨。
我们没有生活来源，
我们没有栖身之地，
我们没有言论自由。
老李，我们的劳动果实哪里去了？
老张，我们为什么如此饥寒交迫？
小王，当局为什么查封进步书刊？
是祸国殃民的政府在压榨着我们，
是反动独裁的国民党统治着我们。
冬天不是我们的日子，
我们渴望温暖的春天。
冬天总会过去，
春天一定会来。
快起来吧！
老李、老张、小王，
让我们像兄弟，
像姐妹一样，
大家团结在一起战斗，
推翻国民党黑暗统治。
那明媚的春光，
那美好的日子，
就在前头。

作者1980年同父亲在新疆

　　父亲遭到国民党兰州当局的通缉，无处立身，在中共地下党的保护下才得以脱险，被安排冒名顶替国民党中尉军衔，随国民党国防部电影队成员到新疆慰问。读书、写诗成了父亲的生命。为发挥父亲的特长，地下党送父亲到新疆学院（今新疆大学）上学。新疆是一个多民族聚居的地方，也是歌舞之乡、瓜果之乡，那里特有的民族风情，给父亲的生活增添了更多的豪放与洒脱。在大学里，父亲按照党的指示，写了许多揭露国民党黑暗统治的诗歌；他与同学们一起办报纸、撒传单，搞策反，尽一个学生之力，迎接新中国解放的曙光，被国民党当局列为重点控制的危险"分子"。

　　1950年初，父亲投笔从戎，参军到新疆军区文工团。当部队领导问他为什么没入党时，父亲回答："旧社会，在黑暗中，我苦苦寻找党，党是我的母亲，是我的救星和明灯，没有党，就没有我的今天，我也不会继续上大学。是党教育培养了我。如今，解放了，党来了，跟着党好好干就是了。"

1951 年，父亲随文工团到南疆慰问，在南疆召开的镇压反革命分子公审大会上，父亲作为军区的代表发言，表达了军人捍卫新中国的赤胆忠心。当时，还拍了纪录片。在文工团里，父亲认真教队员们跳维吾尔族舞，父亲动人潇洒的舞姿令人折服，无数舞伴为之倾倒。他用歌、用舞、用诗，充分表达了自己对新中国的无限热爱，热情讴歌共产党，歌唱美好的新生活。

后来，父亲转业到新疆生产建设兵团农九师，后到农七师二十五团（今一二五团）。当时，正好赶上反"右派"运动。父亲以知识分子应有的观察力和分析力、判断力，对政治敏感而缺乏热情，言行保持缄默。做一个重气节、有良知、有独立人格的知识分子。

父亲将失意、沉默，将充满荆棘的人生，寄托在流淌、悠闲而又充满诗意里，后来，父亲到动物园，看到笼子里的老虎，有感写下了《虎歌》：

> 仰天长啸，
> 素有百兽"王"者之尊的虎啊！
> 竟蹒跚在那长不过丈的"自由"天地。
> 虎啊！
> 你那天性秉然，
> 纵山越谷的雄风呢？
> 莫非零涕那，
> 果腹之恩，
> ——几根断骨，
> 一堆碎肉，
> 忘却了游荡山谷的孤傲？
> 虎啊！
> 再无风花雪月的艳遇，
> 貌似安然无恙，
> 岁月悠悠，
> 山乡的情迷呢？
> 情幽幽，
> 羞悠悠，
> 愧悠悠，
> 悔恨悠悠。

1978 年冬，新疆伊犁哈萨克自治州召开文艺座谈会，会上，父亲就文艺界存在的极"左"现象提出了批评建议。

后来，父亲被下放劳动，正是劳动锻炼了父亲身体，也增添了他对生活的热爱，更激发了他的诗情。

飞　燕

展翅低飞燕，
翩翩穿梭欢。
纵横不停歇，
量我丰收田。

拾花姑娘

姑娘手灵巧，
拾花如穿梭。
苍茫暮色里，
胸前飞云朵。

赠友人

挥手从兹去，
能否思边陲？
相见岂有期，
知君挂念谁？

春　灌

引来冰峰水，
琼浆滚滚流。
星斗水中落，
浪花吻田畴。

作者 1985 年同父亲和母亲在新疆

　　"文化大革命"过后，经过劳动锻炼，父亲身体硬朗，精神矍铄。他风趣地说：自己是属猴的，天生好动。身体素质好，在学校就是体育健将，喜欢运动，不怕运动，每次运动得分，成绩总是优秀。

　　父亲一生不爱财。与初恋女友胡燕云分别时，女友赠送给他的金首饰、金条，当年学校有的同学遇到困难，父亲都先后送给了同学。后来，同学相会，感激父亲帮他们解了燃眉之急，他们后悔不该要父亲的定亲之物。父亲却安慰人家，钱财是身外之物，本来就是为人服务的，人不能当金钱的奴隶，没啥可惜的。父亲上学有地下党供应，参加工作后，每月按时领着国家发的工资，以至于一辈子也不清楚自己的工资是多少。他常说："听党的话，好好工作，不犯错误，愁啥薪水？"

父亲徘徊于冷酷现实与美好理想之间，寻找通往世外桃源的路，写了首《做真切横天的"人"》的诗：

> "人"字，
> 都说好写，
> 一撇一捺，
> 可做起人来难。
> 我初读《三字经》，
> 第一次认得它，
> 背起来真快，
> 写起来歪歪扭扭。
> 我由儒学转入新学，
> 从写得歪歪扭扭，
> 练得稍微端正，
> 做心清的人。
> 投笔从戎，
> 参军到部队，
> 书写人生第一页，
> 做有志的人。
> 我写着端端正正的"人"字，
> 做着堂堂正正的人，
> 事事处处留心，
> 做有德的人。
> 人之路，
> 难矣！
> 十字路口，
> 我徘徊踌躇。
> 左边响起一个声音，
> "喂！你走错了道。"
> 右边也提醒，
> "哎！你走歪了路。"
> 我驻足，
> 为之辨认，
> 这边喝斥我的"人"字太黑，
> 那边质疑我给"人"字抹了黑。

怪我不会，
人云我不然，
人云非我依，
做有思想的人。
中华民族，
写人是一个整体，
我并非超然群体，
做有情的人。
历史的脚步，
神秘蹒跚，
人啊！
岂能我行我素？

莫衷一是的年代
是非曲直，
我却一再，
因刚直遭忌谗。
我认认真真地写了，
几十年的"人"字，
也堂堂正正地做了，
真切横天的"人"。
我把"人"和做人，
秋色平分，
我视私欲杂念，
犹如淡淡的彩云。

镜中我的脸谱，
竟七颜六色，
"人"字，
也光怪离奇。

　　年逾七十的父亲，还经常参加健美操、篮球、足球比赛。他说，年龄不饶人，不像年轻时，当主力队员了，现在，当个后卫没问题。比赛空隙，他还表演三步跨栏投球及足球远射，人们不禁赞叹他的舞姿、球技和身体。根据父亲的特长和爱好，组织上安排他从事文化教育工作，父亲的一生可以说都是在文化教育战线上度过的。

蹉跎人生太匆匆。年逾古稀的父亲写道：

> 我虽已年迈，
> 但问心无愧，
> 我惋惜虚度的年华，
> 若能挽回，
> 像挽住绸缎一样，
> 将它紧紧拽在我的身下。

他曾写道：人海茫茫，世事沧桑。匆匆过客，终成归人。人若都有座墓志铭，我的碑文是：

> 风为我的歌，
> 云为我的舞。
> 高山是我凛然的风骨，
> 大海是我博大的胸襟。

八十光阴瞬息过。树高千丈，叶落归根。父亲是在医院下了"病危通知书"，在亲朋好友的倾力帮助下，由母亲陪伴着艰难地抱病辗转，从新疆回到故乡，实现了他"死后，埋在娘的脚头"的遗愿。

燕子声声里，不见故人归。我想，一个人的命运总是同国家和民族的命运联系在一起。在这个喧嚣浮躁、充满诱惑的时代，每个人都怀揣着梦想，追求着自由、幸福、快乐的生活，而自由、幸福、快乐的生活与否往往在于自己的一念之间，都在撕扯着许多人的选择、考验着许多人的定力。修炼定力，很难，但也很关键。

无论年代怎么变化，社会如何变迁，个人要虚怀若谷、恪守待人处世的法律、纪律和道德的底线：对组织要有感恩之心，对利益要有淡泊之怀，对法制要有敬畏之意。做到慎独、慎微、慎始、慎终，自重、自省、自警、自励，堂堂正正做人，干干净净做事。

文心即良心，诗心乃人心。无论如何，父亲是位诗人。他在生活中歌唱，他在歌唱中生活。他有一颗永远跳动的纯美自由的童心、爱心和诗心。

母亲走在春天里

2008 年 3 月 2 日，母亲带着对这个世界的深深眷恋，永远地走了，走在塞外寒意清新，暖意萌发的早春。母亲走得那样突然，使我接受不了，一直认为母亲还活着。一生没住过医院的母亲，因突发脑溢血，从发病到医院抢救，不到三十个小时，没对守护在身边的儿女留下一句嘱托，带着她终未能放下的牵挂，十分安详地走了。医生说：阿姨走得干净。

我不知道一生办事精明周全的母亲，为什么走得如此匆忙？也许，坚强不屈的母亲面对突然降临死神，无所畏惧，视死如归？也许，春风催促着母亲，匆忙去和父亲约会？也许，饱受漫漫严冬煎熬的母亲，脚步轻盈赶着走在阳光明媚的春天里。

母亲是春天来的，又走在春风刚刚吹来的时候。母亲走了，留给我的是内疚和思念。母亲走时，我远在中原故乡，没赶上给母亲送终，看母亲最后一眼，至今我仍然还不相信母亲真的走了，但无情的现实，只能化作对母亲永久的回忆。

母亲是一位勤劳、平凡的女性，却有不平凡的一生，虽然经历了挫折、尴尬、困境，然而面对这一切，她没有退却，没有屈服，更没有悲戚的诉说。相反，艰难困苦、复杂多变的环境，使她的意志和性格变得越来越坚强。

20 世纪 30 年代，母亲出生在河南鲁山一个日出而耕、日落而息的贫苦农民家庭，幼小的心灵里遭受了家人穷苦、没有文化、受人欺凌的伤害，对幸福和知识充满渴望。在简易的乡村学校里，母亲刻苦好学，好胜心强，是个心灵手巧的妮子。

50 年代，国家号召支援新疆，年满十八岁的母亲，告别了中原故

作者 1986 年和母亲在新疆

乡，来到新疆生产建设兵团，在荒无人烟的茫茫戈壁滩上，开荒种地。二十来岁时，仅有初小文化的母亲与比她大十七岁的父亲结婚。当时引来许多非议，母亲很有主见，父亲是当时团场唯一的大学生。

母亲生了我们姐弟三个，与天下所有的母亲一样，爱着她的每一个孩子，把她所有的爱给了我们。母亲原来是团场职工，拿国家工资，1961年，国家经济困难，动员团场女职工离职，母亲为了照顾我们姐弟，很不情愿地离职，成了团场家属。从此，母亲所做的一切，都是为了父亲，她唯一的事业就是儿孙。当儿女处于人生转折的关键路口时，她总是充满智慧，毫不犹豫，挺身而出，尽微薄之力，力争改变儿女的命运。

80年代初，我高中毕业，参加工作不久，团场招考教师，我工作单位离家一百多公里路，那时交通不便，母亲几经转车，找到我，告诉要抓紧复习。当我报名参加考试时，单位领导以我劳动表现不积极为由，不让报考。母亲得知后，心急如焚，她想到了组织，便去到团部找团长、政委，正赶上团领导开党委会，母亲说：我儿子报考教师，他们单位的领导以他劳动表现不积极为由，不让报名。这与广播、报纸讲的尊重知识、尊重人才，通过考试选拔人才不一样，请团党委给评个理。团长、政委当场表态，不让你儿子报考教师，是错误的。后来，我当了教师、干警，后来从事工商管理工作。

母亲常写信反复嘱咐：要好好工作，多看书，遇事头脑要冷静，多动脑，要有主见，清清白白做人、做事，不犯错误，她就放心了。当自己在生活中遇到困难时，想起母亲过人的胆识和智慧，浑身就充满了勇气和力量。

父亲出生在家庭富裕的书香门第，从小就深受儒家思想的熏陶，书生气十足，不会料理生活。父亲为反对封建婚姻，十八岁时离家出走，靠自己的天赋，四处求学，追求光明。姥姥看到父亲，埋怨女儿怎么寻了个"书呆子"，家里的日子该怎么过呀？奶奶见到母亲，心里胆怯，暗地不住责怪父亲说：这可是报应啊！

文化、年龄、出身家庭、社会阅历的差异，给父亲、母亲的婚姻生活蒙上了阴影。特别是在生活环境恶劣的戈壁滩上的团场，不会料理生活，而视诗歌为生命，对诗歌有着"童心"的父亲，生活充满浪漫和梦想。母亲是现实主义者，深知"一粥一饭，当思来之不易，半丝半缕，恒念物力维艰"的古训。家庭的赤贫，农场的艰辛，养成了母亲朴素勤俭的优秀品质。母亲里里外外"一把手"，把家里料理得井井有条。

光阴流逝，儿女们先后成家立业。父亲依旧以诗为生命。母亲多次奉劝父亲：现在，写诗歌的人，比看诗歌

2000年母亲在护理重病的父亲

的人多，老百姓欣赏不来那意境，不如写点反映军垦人把戈壁滩改造成绿洲的诗歌，也许不屈你大学生的才。母亲的话深深刺疼了父亲的心。父亲向法院提出离婚的诉状，母亲接到诉状，心里很痛苦，也很平静，放弃了答辩的请求。她告诉法官，家丑不可外扬，离婚判决书只要写明是刘锡典（父亲的名）提出与赵花荣（母亲的名）离婚就行了。当母亲拿到离婚判决书，打电话告诉我：人老了固执，小时候，他爹娘话都不听，老了何必惹他不快活？母亲没有对不起你爸的地方，好在比你爸年轻十几岁，让我别为此替她难过。

父亲"解放"了，孑然一身过着田园诗人般生活，常让母亲放心不下，父亲的行踪时刻记在心里。"天有不测风云，人有旦夕祸福。"1999年，父亲重病住院，母亲常到医院隔着窗户探望。俗话说：久病床前无孝子。何况，我们姐弟三人都在远离团场的外地工作呢？昔日，提起母亲名，气得饭都不想吃的父亲，如今，躺在病床上看见母亲，眼噙泪水，低声啜泣。母亲却安慰道：我们是同志关系，来看你，是出于同情心，没有法律上的义务，你也不必难过。父亲动情地说：花荣啊，我领你去办结婚登记，主动给你恢复名誉不行？这辈子，我算真是服你了。父亲八十岁时，与母亲又重新领了结婚证。

饱受疾病折磨的父亲，经过母亲精心护理，病好了许多，思维保持在高度的清晰状态，但毕竟耄耋之年，走路已离不开拐杖。秋去冬来，父亲病危，医院下了"病危通知书"，医生让准备后事。父亲留下遗书：在那个世界等待、拥抱母亲。母亲含泪问父亲还有什么要交代的事？被病魔折磨得形销骨立的父亲非常吃力地说："想……死……在……故……乡，埋……在……娘……的……脚……头，看……来……没……法……实……现……了，把……骨……灰……带……回……去……也……行。"

"羁鸟恋旧林，池鱼思故渊。"母亲深知父亲的心事，询问医生，还能维持多久。医生讲：如果回河南，看刘老师的精神和毅力，估计一个星期没有问题。事不宜迟，母亲立即给乌鲁木齐熟人打电话，买卧铺票。

十月的中原大地，秋风萧瑟，黎明前的郑州火车站，格外宁静。伴随着汽笛嘶鸣，"轰隆隆"的沉闷声响沿着铁轨由远及近，打破了站台周围的宁静。70次列车缓缓驶入站台，车门徐徐打开，当我看到瘦小的母亲手提行李，照护着背着父亲的弟弟，艰难地走下火车时，心里一阵痛楚，潸然泪下。

2007年母亲和孙子下棋

父亲回到家乡，不到一个星期就去世了，实现了他生前的遗愿。

处理完父亲的后事，母亲提出

回新疆，理由很简单，现在自己生活还能自理，如果不能动时，还得回老家，到时候，就要连累你和媳妇了。我理解母亲，新疆是她洒满青春和热血的地方，她把新疆视为自己的第二故乡。

后来，母亲得知小孙子贪玩，影响学习，而我们工作忙，担心这样会误了小孙子的前程，她深知"业荒于嬉而精于勤"的道理，提出让孙子到新疆读书。怕我们担心，母亲说：我身体好，这里老师大部分都熟悉，离学校近，我的责任是让孙子吃好、学好、身体好。当母亲看到又白又胖的孙子时，既高兴，又担忧。她打电话告诉我，父母疼爱孩子，要讲方法，孩子胖，说明缺少锻炼，这对孩子健康不利，农场是锻炼人的地方，学校有的是劳动，定苗、拾棉花等。

孙子每天按时上学、放学，母亲给孙子按时做饭，每个教师的手机号码都记在本子里，经常到学校询问孙子的学习情况，把孙子学习抓得很紧，孙子感到前所未有的约束。母亲认为：家有家规，国有国法，无规矩不成方圆，干啥都需要个规矩。母亲对孙子讲：你爷爷一辈子与书为伴，笔不离手，他常说，好记性，不如烂笔头。在母亲的严管下，孙子学习进步很快。面对代沟，母亲有过"儿大不由爷，女大不由娘"的感慨。面对坎坷人生，母亲埋怨自己的生辰八字不好，"属鼠的，怎么生在夜深人静的子夜？"

去年八月，我回新疆看望母亲，母亲久久凝望着我，双手抚摸着我清瘦的脸庞，一句话也说不来，布满皱纹的脸上闪着晶莹的泪花。"见面怜清瘦，呼儿问苦辛"。沧桑的脸颊滚下两行热泪，母亲拉我的手说："孩儿，妈天天都在想你啊！怎么这么瘦？说话也没力气？"我知道，母亲是为我的身体健康状况担忧。母亲悄悄地打电话给我姐讲：你弟的身体成这样子，当妈的心里很难受，不能给他精神上增加压力。几年不见，母亲矮小了，但精神很好，笑声依旧，办事利落，思维敏捷。同母亲在一起的日子，伴随我的是欢笑和对往日生活的温情回忆。

离开母亲的头一天，我在团场的招待所开了个房间，洗洗澡、换换衣衫，当母亲坐在浴盆里洗澡，我给她搓背时，母亲说，人老了，内分泌不行，身上也就没什么灰。我抚摸她已经变形弯曲的脊梁，母亲告诉我，都是好当先进落的。

第二天下午，母亲推着自行车送我到汽车站，为我买了车票，在候车室母亲拉着我的手，深情地望着我，动情地说："孩儿，妈真舍不得你走啊！小麻雀翅膀硬了，都要离开老窝的。你走了，妈也没什么交代的，就希望孩不管在啥时候，都要像你爸那样，精神乐观向上，干啥要有信心、勇气和力量，有病别往心里去，要及时治疗，注意饮食，注意锻炼，管住嘴，迈开腿。"这是母亲在心里积存多日想说的话。开车的时间快到了，母亲送我上车，怕我难过，说去邮电局缴电话费。当我坐车路过邮局转盘时，看见母亲一手扶着自行车把，一手挥舞着手绢，边擦泪，边向我挥手。泪水模糊了我的视野，泪水浸湿了我的衣裳。车走远了，母亲瘦弱的身躯却一直伫立在转盘的台阶上，舞动着手绢……在泪水中，母亲从我的视线里渐渐地远去。

儿子打电话讲：你走的那天晚上，奶奶情绪不好，像变了个人似的，没吃饭，早早地睡了。"母苦儿未见，儿劳母不安"。后来，得知我住院治疗，病好了，母亲哭了。

母亲热爱新疆、热爱兵团农场，眷恋那里的人们和土地，把她的至爱、身躯毫无保留地献给了戈壁绿洲。离开母亲的日子，我像一只断了线的风筝，在空中挣扎、彷徨，找不到回家的路，母亲是象征，象征着家的温暖、象征着生命永续。

为实现母亲与父亲生前的约定，阳春三月，我去新疆，接母亲的骨灰回故乡。"风吹新绿草芽青，雨湿轻黄柳条润。"农历三月三，安葬母亲的骨灰那天，天上下着蒙蒙春雨，雨水伴随着泪水，我想是母亲在那个世界与父亲相会时，洒下的悲欢泪水，更是中原大地饱含深情，拥抱她坚贞不屈的女儿回家。

爷爷和孙子

人们常说：隔代亲。这话不假。更何况，七十岁得孙，生活里充满着诗人般浪漫和洒脱气息的父亲呢？

1990年初秋，父亲从新疆回到阔别已久的故乡，七十岁生日时，与小时候的同学相聚畅饮，不久，恰逢小孙子降生，真是喜上加喜，给不会料理生活的父亲，带来童心，带来了天伦之乐。

妻子凌晨临产，我们匆忙去医院，因走得仓促，忘掉了一些准备好的用品。到医院不久，小孩降生。我赶紧回家拿东西，不料，门锁着，屋里准备好的东西也不见了。当我出门时，见父亲提着一个布包，从街上急匆匆回来，他气喘吁吁，满头大汗地对我讲：看到屋里丢下的布包，估计是媳妇用的，便赶紧雇了辆三轮车，往医院跑，跑遍了禹州城所有医院的妇产科，让他白跑了快一上午。难怪，那时候，电话、手机、出租车不普及，出门找人难啊！更何况，七十岁的老人，哪有老公公慌着到妇产科给媳妇送东西的呢？父亲认真地说，这有啥？是媳妇，也是闺女，有啥笑话的？

初有儿孙日，无如此日闲。每天，父亲要看小孙子几次，并以特殊的方式敲门，在院子里咳嗽几声，我们知道，父亲要来看小孙子了。当他充满喜悦和深情望着小孙子时，非要抱抱不可，在襁褓中的小家伙，闭着个眼睛，皱着个鼻子，脸蛋儿挣得通红，好像挺不满意似的，在那儿直吭吭。不过，这个吭吭声细细的、嫩嫩的，让父亲觉得怪好听的，好像孙子在对他说话呢！他告诉媳妇，小孩尿尿时，别忘了叫他看看。

小孩生下后，媳妇没奶，他心急如焚，四处寻找民间的偏方，仍不见效，只有买奶粉了。他嘱咐道，要买贵的，别心疼钱。怕小孙子喝奶被呛住，他独自到郑州，花二十多块钱，买了个带压力的奶瓶。每当听到小孙哭时，他从楼上下来，站在窗户下问，小孩咋了？进屋要看个究竟，才放心离去。

父亲说：古人讲，凡是人家当有三种声音，即读书声、织布声和儿童哭笑声，这样家庭才有生气。现在，社会进步了，织布机成了历史，将织布声改为儿女问候声，即读书声、儿女问候声和儿童哭笑声，尊老爱幼，其乐融融。

为了给孙子起名字，避免给我们起名带有浓浓时代和革命色彩的偏执，叫父亲煞费苦心，父亲结合我和媳妇及孙子的属相，给小孙子起名刘骥。

小孙子百天后，会翻身了，一天差一点从床上掉下来。父亲得知后，没征求我和爱人的意见，一边收拾着小孩的铺盖，一边埋怨着：小孩掉下床，摔着咋办？不听媳妇解释，抱着小孙子上楼，由他看管。好在媳妇贤惠，通情达理，理解父亲的童心。

孙子好动，怕孙子小脚蹬开被子冻着，父亲就把自己的棉衣让孙子穿上，扣子一系，只露个小头在外边，既保暖，又使小孙蹬不开。天气暖和了，他抱着孙子，坐在楼上阳台晒太阳。孙子拉大便后，他用塑料盆盖住，让媳妇回来看看，分析分析喂得怎么样。对这个爱动的小家伙，不可掉以轻心，父亲整天想着应付小家

1991 年爷爷和孙子

伙的对策，还自言自语道：小家伙，在爷爷手里，嫩着呢！推孙子上街，孙子的腿够不着推车的踏板，爷爷把别人送来的老虎鞋，绑在踏板上。天晴，在路口接媳妇时，怕小孙子坐累了，就把车子前轮仰起来，好让小孙子躺着；下雨天，打着雨伞，用车子推着孙子去接下班的媳妇；雨下大了，爷爷就穿上雨衣，拿上奶瓶，抱着孙子，打着雨伞，在街头等候媳妇。白发老翁与牙牙学语的孙子，舐犊之情，为之动容。多么温馨的画面。

爷爷天天同孙子在楼上玩，孙子躺在床上，爷爷敲着门说：刘骥快开门吧，爷爷回来了！逗得小孙子在床上"咯咯"直笑，小脚不停地拍打被褥。这情景深深印在爷爷心里，后来爷爷回新疆，在列车上写下梦中抱小孙子的诗：

枕着巨龙酣入梦，
又回家乡抱小孙。
刘骥连忙告父母，
爷爷又敲家大门。

由于爷爷掌握了孙子的生活规律，小家伙的棉裤没尿湿过。爷爷高兴地说，刘骥真给爷爷赏脸了。有时候，小孙子尿床，爷爷拿起尿湿的尿布，指一指小孙子的小鸡鸡，指指尿布，做出很难为情的样子，惹得小孙子高兴地手抓脚踢，发出"咯咯"的笑声。爷爷常给小孙子唱歌、讲故事，有板有眼地唱京剧、豫剧：

"苏三离了洪洞县，将身来在大街前，未曾开言我心好惨！过往的君子听我言：哪一位去往南京转，与我那三郎把信传，就说苏三把命断，来世犬马我当报还！"

"刘大哥讲话理太偏，谁说女子享清闲，男子打仗在边关，女子纺织在家园，白天去种地，夜晚来纺棉，不分昼夜辛勤把活干，将士们才能有这吃和穿，怎要不相信啊！请往那身上看，咱们的鞋和袜，还有衣和衫，千针万线可都是她们连啊！有许多女英雄，也把功劳建，为国杀敌是代代出英贤，这女子们哪一点不如儿男！"

在楼上的床上，爷爷将床的左边放一个大熊猫塑料球，右边放的是花瓶。我问，为什么？父亲说：怕小孙子眼睛看斜了。他讲：岂止可怜天下父母心？他常讲起古代一首打油诗：

隔窗看见儿喂儿，
想起当年我喂儿，
我喂儿来儿饿我，
当心你儿饿我儿。

爷爷推孙子上街，车把上绑着小熊猫、摇摇铃铛、小玉壶、水壶等玩具，把小车装扮得花枝招展，引来众多小孩围观。

"谁言寸草心，报得三春晖"。小孩一天一天长大，会喃喃自语了。一天午休，小孙子不停折腾，爷爷也没顾及照理，小孙子的一句"×"，惹得爷爷生气好几天，写了题为"小孙半岁'×'有感"的打油诗：

1992 年奶奶和孙子在天坛

小孙半岁才几天，
午休与爷共枕眠，
不停折腾未照理，
怎出秽言骂祖先？

以诗为证，让我们要从小教育孩子敬老尊贤，崇文尚德。

孙子给爷爷的晚年生活带来了无限的快乐和满足，他是老人的开心果，他的笑、哭、闹、动时刻牵动着老人的心，孙子的成长就是爷爷最大的幸福。

妈妈的推子

前些日子，整理妈妈遗物时，发现一把已锈迹斑斑的理发推子，那是勤俭持家的妈妈 20 世纪 60 年代在新疆花三元钱买的，曾为我家三代人服过务，长则十来年，短则不到两分钟，就完成了它的历史使命。

那时候，我们在新疆生产建设兵团的农场，一家五口人，理发也是一笔不小的开支，手艺不高，勤俭持家的母亲，便甘当理发师。后来，爸爸到中学当教师，教师为人师表，形象很重要，爸爸便屡屡光顾学校附近的理发店。妈妈虽然失去了第一位"顾客"，但没有危机感，还有我和弟弟呢。

年复一年，一月一次的理发，其实就是受罪，当推子夹住头发，疼得我和弟弟只好求饶时，妈妈一边修理推子，往上滴缝纫机油或煤油，还谆谆告诫我和弟弟：不动就不夹了。好像是我们爱动的缘故，绝对不承认其技能和推子的质量都存在缺陷，我和弟弟只得接受其免费的垄断服务。理发，若是夏天还好，要是冬季，新疆气候寒冷，很少洗头，留下满头的煤油味，留在身上的头发茬，扎得满身痒痒。什么时候能和爸爸一样，让理发店的人给自己理发呢？我和弟弟心里期盼着。

1978 年的秋天，我上高中，妈妈自然不便干预属于我的事情了。当自己花二毛钱，第一次坐在上海生产的能前后移动的铁沙发上理发时，才体验到理发原来是一种享受。弟弟脾气倔强，好攀比，同妈妈论理，妈妈理屈。一时说不清，把推子收藏起来，不知妈妈留着推子还有什么用呢？

1990 年，我的儿子出生，妈妈从新疆回河南看孙子，行李中夹带着推子。儿子一岁时，妈妈拿出珍藏十几年，依然油光发亮的推子，戴着老花镜，兴致勃勃，仿佛又回到给儿子们理发的岁月，拿着推子给孙子理发。不知人老眼花，很久没有动推子，还是妈妈的手艺真的生疏了许多，没推几下就夹着了头发，孙子的哭喊声让妈妈忍痛作罢，只好抱着孙子去理发店理发。

妈妈去世时，姐姐请美发师为妈妈梳理了头发。

理发对母亲来讲，是一种情怀，更是一种兴趣爱好的寄予。

羊肉串

父亲是 20 世纪 40 年代中期到新疆迪化（今乌鲁木齐）的，在从事革命工作的同时，求学于新疆学院（今新疆大学）。1949 年 12 月，参军到新疆军区文工团。新疆是多民族地区，是歌舞之乡，有独特民族风情和特色民族饮食文化。特别是那羊肉串的烤制、美味和吃法更是深深感染了父亲。

50 年代后期，父亲转业到距离乌鲁木齐三百多公里远的兵团农场从事文教工作。

1978 年 1 月，父亲应新疆歌剧团张体仁叔叔的邀请，到阔别二十年的乌鲁木齐访友，欲去二道桥（乌鲁木齐市少数民族聚集区）"巴扎"（集市）吃烤羊肉串。叔叔听后，哈哈大笑：那是"资本主义的尾巴"，早就割了，没"巴扎"，哪还有人卖羊肉串呢？为了不让父亲失望，叔叔通过关系买了几公斤羊肉，亲自动手在自家的煤火炉上，烤起羊肉串来。火燎的羊肉味弥漫了叔叔家的三间小屋，了却了父亲近二十年的心愿。

父亲从乌鲁木齐回来，除带回许多书籍外，还特地告诉我和弟弟吃到了叔叔做的羊肉串。我和弟弟困惑不解，羊肉怎么能串着吃呢？

伴随着改革的春风，市场逐渐繁荣起来。1980 年初冬，我参加工作到独山子，第一次吃到羊肉串，至今还清晰记得那情景：

那是一个初冬的夜晚，天空飘着雪花，地上灯光点点，路上人影绰约，夜市炉烟迷蒙。只见，两个大铁烤槽里炭火通红，用一尺多长的铁扦子串起的羊肉横放在槽上，烤槽前放着低矮而宽大的木板凳。只见一个少数民族中年男子坐在木板凳中间，一手持酒瓶，一手持羊肉串，仰面喝酒，大口嚼着羊肉。卖羊肉串的是位中年维吾尔族男子，一手不停地翻动烤槽上的羊肉串，一手不停地往上撒着盐、辣椒面、孜然，还热情地给我们打招呼："朋友，来羊肉串？一毛钱一串（市场羊肉价格6元/公斤），不香不要钱。"看着烤得金黄流油，散发着浓郁香气的羊肉串，不由垂涎三尺。羊肉串嫩香，辣得我不停地"嘶嘶哈哈"，不禁赞道：过瘾，痛快，别有风味。吃后有一股说不上来的味，后来，才知道这是烤羊肉必须有的调料——孜然。

1992年的秋天，我同不满两岁的儿子从河南回新疆探亲，新疆人有句话：不到喀什，就不算来过新疆。不到二道桥，就等于没到过乌鲁木齐。二道桥就是乌鲁木齐的代名词。母亲带孙子去二道桥集贸市场，在这个飘着羊肉串味道的地方，儿子口福不浅，小小年纪就吃上了正宗的新疆羊肉串。

师生情未了

梁老师，名德元，字善亭，山东齐河人。1966年毕业于北京农业机械化学院（今中国农业大学工程院）。曾就职于新疆生产建设兵团农七师一二五团二连、二中、一中，师史志办。历任文教（文化教员）、高中语文教师、语文教研组组长、农七师史志办主任。他工作认真，成绩突出，每年被单位评为先进工作者或优秀共产党员。他是农七师劳动模范、全国党史系统先进工作者，受到胡锦涛等党和国家领导人接见。他主编的《农七师志》，130万字，人民出版社1995年出版，广受好评，被称为：带着祖国西部的剽悍，载着边疆垦区的风采，一部颇具新姿的志书。

1975年秋，我和父亲第一次去梁老师家，感到梁老师热情，给我拿从北京寄来的水果糖，味道好，比我们平常吃的高粱糖、甜菜糖不知好多少。老师家的家具是从北京托运来的。梁老师说：北京家具简洁、明快、大方，用料实在。在边疆农场，北京来的大学生梁老师真让人羡慕。

父亲爱好诗歌，梁老师文学功底扎实，父亲经常到梁老师家探讨诗歌，父亲写道：

　　数年风雪夜，
　　把杯常忘喝。
　　教言如酒醉，
　　门前脚印多。

梁老师谦虚和道：

　　数年星月夜，
　　雅吟赛酒喝。
　　刘老解我醉，
　　忽地诗更多。

　　父亲把梁老师当作老师、兄弟、可信赖的知心朋友，不管在一二五团二校、一校或奎屯，父亲常去梁老师家，即使重病缠身，也扶病去梁老师家探讨诗歌。

　　2001年秋，父亲病危，我从河南赶到新疆。梁老师和王老师一起，到一二五团医院看望病重的父亲。父亲一生为结识梁老师而感到欣慰。年逾八旬的父亲抱病辗转，在母亲的陪伴下艰难地从新疆回到中原故乡，他对我和母亲说："梁老师是好人。"

　　梁老师赢得了一个"好人"的名声，因为他友善、和蔼、以诚待人、平易近人、宽以待人、朴实严谨、谦逊厚道、淡泊名利的高尚情操，表现在内心的坚毅不拔，默默地思考着、坚持着他的良心，他的立场，他的原则。

　　父亲去世后，梁老师写了首《送诗翁》的诗：

　　沧桑历尽寸心丹，
　　总耀童真字句间。
　　笔会天国乘鹤去，
　　清风洒泪唱君还。

作者1984年和梁老师

　　1978年秋，我在一二五团二校上高中，梁老师第一次面对面给我改作文，非常认真，逐字逐句地改，改标题，改错别字，润色文句，使作文有主题，有思想，有文采。改完后，老师给我讲：写作文要做到"信、达、雅"，这就需要多读书、读好书。老师亲笔在我的作文本上一笔一划、工工整整地写下："信、达、雅"。"信"就是真实、准确、无误。"达"就是符合逻辑、通顺畅达。"雅"就是文字要规范，优美自然，有文采。谆谆教诲，谨记于心。老师的微笑是那么真诚，聆听老师的教诲让我感到温暖和充实，一下子拉近了与老师之间的心理距离。从那以后，我对老师除了"敬"，又多了几分"亲"，愿意接近他。在以后的岁月里，每有请教，老师每问必答，循循善诱，深入浅出地讲解，使我获益匪浅。我和梁老师成了忘年交，应该说，是一个良好的开端。我敬重他为师长，我人生道路的引路人。

1980年，高考落榜，参加工作后，老师曾数次对我讲，人生工作的时间长着呢，而在学校学习的时间是有限的，大学考不上没什么，要多学点文化知识，在漫漫人生路上是有用的。在老师的劝说下，1981年春，我又复读了半年。正如老师讲的那样，经过文化考试，我当过教师、干警。后来，调回河南从事工商行政管理工作，老师给了我许多知识，知识改变了我人生的轨迹。

当时，二校的高中撤销，高中都在一二五团一校，我就住在老师家，与老师朝夕相处，耳濡目染老师对人和蔼可亲的谦谦君子之风，渊博的学识，孜孜以求的敬业精神，令人仰慕。那时候，物资匮乏，生活艰苦，加上撤销兵团建置，农场人就更是困难。即便如此，老师每天晚上挑灯夜读，清晨坚持跑步、做操，锻炼身体，以健康的身体，渊博的学识，迎接着生活的考验。

老师讲：书籍，是我们瞭望世界的窗口。崇尚读书是中华文化传统，读书让人头脑充实、心灵丰盈。书香能致远，读书能怡情。莎士比亚有句名言："书籍是全世界的营养品，生活里没有书籍，就好像大地没有阳光；智慧没有书籍，就好像鸟儿没有翅膀。"读书，是修炼定力的重要途径。

其实，老师有自己的为人处世原则。

害人之心不可有，防人之心不可无。不做坏事，不做有害他人的事，这样便不会树敌，保证了人与人的一般关系，但无论在什么地方，总会有那么个别的人心术不正，做坏事，害及于你，所以要防。所谓"防"就是要有思想准备，特别遇到较大的事件，要细心，细节决定成败。千万不要书生气十足，要坚定大多数人是好的，好人总比坏人多。

与人无争，与世无争。如果做到了这一点，即便在事业上有了成就，也不致于惹人嫉妒，人的欲望是多方面的，忌讳的是权欲的膨胀和私欲的横飞，以及对功名利禄的追求。崇高产生于无私，力量来源于朴实，功业成就于勤谨。

讲贡献，不要索取。对人、对事、对集体、对党、对国家和人民都应如此。人人都应做有益于人类、社会和他人的事情，当然也应享受应享受的待遇，但决不受无功之赏、取不义之财。在法律、社会道德范畴内，必要的时候，可以为朋友两肋插刀，为人民舍生忘死，宁肯饿死，不吃嗟来之食。

求同存异。"党外无党，帝王思想；党内无派，千奇百怪。"党内有派，党内有不同的声音，应该是正常的、不奇怪的事情，否则，就是一人做主，一人独裁，铁板一块，带来灾害。这是说对任何人，任何事都不能要求那么绝对，不能要求统一，试想世上这么多人，生在不同的家庭，有着不同的经历、体质、天分，兴趣各有差异，怎能求得一致呢？但作为同学、同事，或推广开来作为一般的人，总有相同的东西作为基础，便可能搞好人与人之间的关系。

善于学习别人的长处，背后绝不说别人的坏话。孔子曰，"三人行，必有我师"，这话有道理。一个国家不被灭亡，说明它有存在的因素；一个人能在世上活着，他总有一些长处。愚蠢的人最会挑剔别人的毛病，因而使自己封闭起来，孤立起来。聪明的人总能发现别人的长处，善于学习别人的长处。所以，总使人高兴，自己也不断进步，总是尊重别人，自己也受到尊敬，至于别人的缺点、短处，甚至不良行为，则应劝导，不能劝导就等待，千万不要背后说人家的坏话，背后说人家的坏话，不仅会使人家伤心，甚至燃起对方仇恨的火焰。

宽以待人，严于律己。不卑不亢，眼睛向下，不哗众取宠；尊重领导，不阿谀奉承；尊重他人，不牺牲原则。

向前。俗话说：谁人背后无人说，哪个人前不说人。做好事，会有人说闲话，怎么办呢？且把闲话来开心，一日三笑乐陶陶。要方向正确，要目标始终如一，任别人说三道四，我做我的事，任别人指手划脚，我走我的路，有时脚步迈得不稳，有时路走弯了，也不能回过头来重走，而是要努力把前边的路走好，要永远向前走。胜利、欢乐、幸福都在前边，不在后边。

关系学重要，更重要的是身体和事业。安康是生命存在的形式，做事是生命的内容，二者应是自然和谐的统一。

有一天，我在老师影集里，看到一张像电影票那么大小的淡红色入场券，原来，是老师参加"北京市高等学校毕业生报告会"的入场券。当时，中央领导每年给首都高校应届毕业生作报告是一项传统。老师讲：1964 年 7 月 31 日晚，周总理作报告，往年的报告都安排在人民大会堂，那年因为人多，安排在了北京工人体育场。

梁老师说："世界上没有无缘无故的爱，也没有无缘无故的恨。"这话不假，没有毛主席、共产党，我这个农民的儿子就不可能上大学，更何况到北京上大学呢？更谈不上成就一番事业。生我者，父母，他们赋予我生命，不惜艰辛把我抚养长大成人。教我者，党、老师、同志、朋友。毛主席、共产党的恩情比山高、比水长。

1992 年 5 月，我和母亲带着儿子去北京，夜晚，华灯初上，庄严雄伟的天安门广场流光溢彩，游人如织，长安街上车流如水，火树银花，不禁让我想起一首歌中唱的：无论你曾经飘流多远，你都永远在我的梦里面，深夜里走过长安街，捧着你的脸，在烛光下面仿佛是昨天。

梁老师生长在山东。也可能是山东人固有的憨厚宽容、朴实无华、真诚坦率、善良宽厚的性格，粗犷、刚烈、正直、勤俭、忠孝的风度。

梁老师负笈在京华。首都北京开扩了他的眼界和胸怀，梁老师的工作和生活在沉稳中总有一种淡定和自持。

梁老师屯戍在新疆。1968 年夏天，梁老师被分配到新疆生产建设兵团农七师一二五团二连劳动。他出身在耕读世家，从小下田，白天干农活，晚上在油灯下读书。耕读是中国人的传统，渐渐地，他把"耕"升华为实践；"读"升华为理论。在实践经验中提炼理论，用理论指导实践，提高实践。所以，他在连队里劳动，人人称赞；在连里讲国内外形势，讲毛泽东著作，讲哲学，都能深入浅出，翁妪皆懂。

1973 年开始，他先后在一二五团二中、一中当语文教师。在读书无用论和批判师道尊严的"文化大革命"年代，他抵制极"左"思潮，把语文课上得生动、有趣、感人，学生们喜欢上他的语文课。改革开放，他创办了全师第一个文学社团"拓荒社"和《小草》刊物；他连续在报刊上发表文章和诗歌，名声渐远。

农七师党委很重视梁老师这个难得的人才，1984 年，调他到新疆生产建设兵团农七师史志办公室，从事史志办工作，任史志办公室主任。不过大家仍都亲切地称他"梁老师"，凡是和他接触过的人，都会为他的朴实平易、和蔼可亲而折服。他谦逊、真诚、质朴、纯正。人们叫他老师，是十分敬佩梁老师的精神、品格和学识。

梁老师调到奎屯后，我在红山煤矿当干警，每月有五天的休假，从红山回一二五团家，红山到乌鲁木齐，梁老师家都是中转站，我每月基本上要住上一两天。

初恋，不懂爱情。同乌鲁木齐的一位女孩谈恋爱时，老师从我的言谈里发现态度犹豫，便提醒我，恋爱是严肃的事，爱要坚决、热烈、专一，不能让女孩心里没底。

老师人缘好，他给人以亲近感、信任感。老师家也成了一二五团人在奎屯的集聚场所，那时候，有的调到奎屯的人没有房子住，就临时住在老师家里。

其实，老师对交友有自己的见解：不有意交友，因交的朋友不一定可靠，只有在工作、学习，特别是战斗的泥土中生长出来的朋友，才是真正的朋友；在特殊时期，出卖你最得力的是你的朋友，因为他最了解你；容忍朋友的缺点，不然就没有朋友；你是你朋友的朋友，不一定是你朋友的朋友的朋友，你朋友的朋友，也不一定是你的朋友。你自己应该有选择你自己朋友的自由，你也应该给你的朋友以有选择他自己朋友的自由；区分亲人、朋友、同事三者的关系；俗话说："人生得一知己足矣！"确实如此；要成就事业，要减少应酬。

1988 年春天，我离疆前夕，在老师家住了好几天。每天晚上，我炒菜，醋溜土豆丝、炒白菜，喝点酒。离开奎屯的前一天下午，老师上班前，告诉我，晚上，炒醋溜土豆丝、花生米，别烧汤了。我不知为什么。

晚上，老师下班回来，提着一包东西，又进厨房后，拿出一盒午餐肉，一瓶鱼罐头，让我打开，然后，把包里的东西往窗外阳台一放，关上窗户，到卧室，从床底下，拿出两瓶酒，老师讲，过年时，单位分了两瓶酒，一瓶奎屯特曲、一瓶天池特曲，都是新疆名酒，明天你东归，喝新疆名酒，为你饯行。举杯动箸，桃李情深，不一会儿，一瓶酒喝完，老师又要打开一瓶，我怕老师喝多，老师摆手解释道，我不会醉，再喝半瓶，半斤八两，恰到好处，朦朦胧胧，飘飘然然，是一种境界。老师的女儿梁丽问起：晚上吃什么饭？老师好像想起什么似的，神秘地对我说：前天去饭店，让他们提前包了饺子，给冻着。梁丽问：又不是过年，怎么买饺子吃？老师讲：明天你晓红哥回河南，北方人有一种习俗叫"出门饺子，进门面"。

老师娓娓讲起了"出门饺子，进门面"："出门饺子，进门面"这是亲人聚散时的饮食礼节。饺子在中国人的心里就代表着圆满、团圆。一个人即将踏上旅途，远走他乡之时，家里人都会包一顿饺子为他送行，意思是盼望着他能够早日回家和家人团圆。面条细细长长，似乎有绳子的意思在里面，一个刚刚从远方归来的游子，家里人希望他吃了这碗面条可以把在外漂泊的心收回来，牢牢拴在家里，踏踏实实过日子。

梁丽去下饺子，我和老师又喝，三两酒下肚。梁峰说：没见过我爸喝这么多的酒，别醉了。梁丽连忙把剩下的酒，放到她屋里。老师一边用手阻拦，一边嘴里念叨着：别拿走，再喝点，不醉。于是，抑扬顿挫地吟诵起李白《月下独酌》诗来：

> 花间一壶酒，独酌无相亲。
> 举杯邀明月，对影成三人。
> 月既不解饮，影徒随我身。
> 暂伴月将影，行乐须及春。
> 我歌月徘徊，我舞影零乱。
> 醒时相交欢，醉后各分散。
> 永结无情游，相期邈云汉。

又吟东坡句：

> 人有悲欢离合，
> 月有阴晴圆缺，
> 此事古难全。
> 但愿人长久，
> 千里共蝉娟。

老师已醉，我亦流泪。

调回河南，老师给我的来信充满着师生间的情谊，流露出他对学生的一片深情。信的字里行间，朴实中透着灵气，文静里藏着激情，敦厚中闪着智慧，温良中露出刚毅，平易中寓着哲理。

他写道："到一个新单位，好的开端可以有两种发展，应谦虚谨慎，总结经验，不断取得新的成绩。""工商行政管理工作原则性强，在工作中要准确地把握原则性，但也不乏灵活性，要把原则性与灵活性结合起来，以灵活的手段推动原则性的工作贯彻和落实。"我远离父母，老师常写信提醒我："要多写点信问候父母。"他特别提醒我："母爱是细腻的、丰富的；父爱是深沉的、严肃的。做儿女的既要充分理解父母的心情，又要坚定地走自己的路，这种理解将是对自己的极大鼓舞和鞭策，而人生道路的每一步前进，又给父母以极大的安慰和幸福。父母对子女的感情，子女是永远不能全部领会理解的，而父子感情，又往往在最亲密、最真挚之上罩着一层严肃的轻纱，使其不易交流和沟通，是一种伟大的悲剧。要在新的时代，用新的观点，对此有所改变。"

老师每次出差，去也匆匆，回也匆匆，老师坐火车，路过郑州，遥望窗外："茫茫人海，匆匆过客，中州大地，古今往事，一种混合着亲切和怅然的情绪笼罩着我，很久不能解脱。"是老师此时的心情。春风化雨，桃李情深。

梁老师在事业上取得成功，与他有个贤内助王德英老师分不开。王德英老师很明事理，说起话来，有板有眼，办起事来，非常认真。有了王德英老师的贤惠和操劳家务，使老师事业上走向了成功。

"梁老师生在山东，学在北京，奉献在新疆。梁老师的一生做了两件事：当老师、编纂史志。"王德英老师是这么评价他的。是啊，当老师的岁月里，老师饱受了人生的喜怒哀乐；而编纂史志，寄托着他的理想和追求。老师取得的荣誉也凝聚了王德英老师付出的汗水，我们应该深深地感谢王德英老师。

梁老师从事史志工作，二十几度春秋如一日，默默奉献在兰台。雪案萤窗，穷经皓首，"为求一字稳，耐得半宵寒，""吟安一字准，捻断数茎须。"正如他在《志稿讲评会》一首诗里抒发的豪情：

> 斟词酌句细心功，
> 论志评文大将风。
> 性命华章千古事，
> 身无佩剑亦英雄。

这也是他严谨治学态度，淡泊名利，志趣高尚的真实写照。

梁老师到史志办就参与编辑了农七师《大事记》，后来又主编了《准噶尔的苏醒》《屯垦戍边昭日月》《永恒的辉煌》等一系列记载军垦战士屯垦戍边的书，组成农七师史志丛书。

梁老师主编的《农七师志》，上自中国人民解放军第二十二兵团二十五师挺进戈壁荒原，下迄改革开放的1990年，历时四十余年，以唯物史观为主导思想，以人的社会和自然坏境、人的本身、人的各项社会实践活动三大部类为主体框架，开发垦区、建制、地理、人口、人物、经济、政治、军事、文化、丛录等无所不包。讲天文，防灾救灾耕云播雨注重环保；谈地理，治沙治碱植棉种粮开垦荒原；看人和，艰苦创业无私奉献英雄辈出。《农七师志》林林总总，浩繁翔实，丝丝入扣。荣获新疆生产建设兵团地方志一等奖、中国近现代史史料学学会科学著作一等奖。傅振伦、来新夏、陈桥驿等著名教授、专家及方志界同仁在报刊发表评论《农七师志》的论文30多篇。

进入21世纪，梁老师创办农七师年鉴事业，逐年编辑百万字的《农七师年鉴》，编制《农七师历史》编撰方案和提纲，撰写史稿。梁老师的治学精神如青松之坚强，修志学术成果丰硕。梁老师结合二十多年修志积累的经验，在刊物发表学术论文30多篇，修志专著《志书编纂》，得到史学专家的一致肯定和同行的好评，被称为：修志工作者不可多得的重要参考书。2000年1月，梁老师正届花甲，2月办理退休手续，应聘留在史志办公室继续从事史志工作，至2008年6月，7月在家开始编纂《农七师交通志》，2011年出书。之后，他还有更多的诗歌和历史理论需要研究和著述。

梁老师被评为全国党史系统先进工件者、全国地方志系统先进个人、全国年鉴奖优秀编辑。

梁老师在一二五团二中时，到我家，母亲总是热情地做好饭菜，最让母亲高兴的是和老师喝酒，猜"老虎、鸡、杠子、虫"的游戏了，当父亲和老师探讨诗歌时，母亲忙着收拾家务，当老师发表对社会的看法时，母亲坐在一边静静地聆听。母亲讲：梁老师说话，处世，站得高，看得远，想得深，难怪是北京毕业的大学生。后来，梁老师家搬到奎屯，母亲每次路过奎屯，不是到梁老师家，就是到梁老师办公室，总要看看梁老师，不见见梁老师，好像缺点什么。

2004年4月，当母亲知道梁老师得孙子的消息，她高兴地带上礼品去梁老师家表示祝贺，却不见梁老师。梁峰说：我爸不在家，就去办公室找，他不会去别的地方。母亲在办公室见到了梁老师，向他表示祝贺。后来，母亲告诉我：梁老师写史志，你爸写诗歌，就像农民爱土地，爱耕作一样，是他们生活的方式。

2008年早春二月，一生没住过院的母亲，因突发脑溢血，从一二五团医院送到奎屯农七师医院抢救，我远在中原，时刻与医生保持电话联系，母亲终因出血太多，去世。医生说：阿姨走得干净。清明时节，我去新疆接母亲骨灰回故乡，才知道，当时，梁老师得知消息后，立即与王老师一起到

作者2007年和梁老师在新疆

医院抢救室看望弥留之际的母亲，当姐姐告诉母亲：梁老师和王老师来看你来了，母亲心里知道，嘴角微微蠕动，用力想说什么，已欲语不能了。梁老师告诉我，母亲走得十分安详。在我一生最悲痛的时刻，老师给了我们家人温暖和安慰。

"书当快意读易尽，客有可人期不来。"我常想、常念老师。我想：思念老师和被老师思念，都是很幸福、很温馨的！

齐鲁青未了。师生情未了。

我认识的苗老

我本来不认识苗锡锦老先生，虽说，早在二十年前，我已久仰他的大名了，然而，去年秋天，我们在颍河岸边散步时才相识。

苗老1930年出生于钧瓷故乡——禹州市神垕镇，他是著名钧瓷专家，《钧瓷志》（河南人民出版社出版）主编，编纂有《钧瓷赞歌》《中国钧窑考》等书。苗老以其艰苦卓绝的史海跋涉，在钧窑史的探源上，留下了珍贵史料的《钧瓷志》。人们称苗老为"钧瓷活字典""前无古人为钧瓷树碑立传者"，当之无愧。苗老谦虚道：自己是钧瓷界一个永远没有毕业的老学生。

每逢节假日，清晨，我和苗老都会在北关大桥颍河北岸的河边不约而至，结伴而行，边走边谈。苗老步履稳健，精神矍铄，满面慈祥，双眼放射出智慧、和善的柔和之光。苗老说：散步是一种雅兴，能陶冶情操，增强思维能力，诱发灵感。许多名人都有散步的爱好。古人云：饭后食物停胃，必缓行数百步，散其气以输于脾，则磨胃而易腐化。说明饭后散步能健脾消食，延年益寿。养生重在养心，散步贵在散心。散步是最简单的、最经济的、最有效的，最适合人类防治疾病、健身养生的好方法。

苗老与韩美林大师关系甚好，他最佩服韩大师在《闲言碎语》中所说的"没心没肺，能活百岁；问心无愧，活着不累，没有过夜愁、过夜气，就没有过夜的病。"苗老认为，不为私心所忧，不为名利所累，不为物欲所惑，是一种境界，一种胸怀，一种智慧。

苗老的经历告诉我，做学问绝不是一件可以应付的事情，不下苦功夫不行，不坚持真理，没有百折不挠的精神更不行。

苗老1949年元月参加工作，后来，经神垕政府介绍，苗老怀着对钧瓷的挚爱，到刚组建的人民工厂（即地方国营瓷厂）工作。一到人民的工厂，所见到的一切都是新鲜的，苗老以主人翁的高度责任感和高涨的革命热情，在工作中，为国家多生产，多给国家做贡献，出色地完成了每一件工作。后来，经厂领导推荐，苗老到河南省工业干校学习。

几十年来，苗老一直从事钧瓷的研究，参与了钧瓷恢复的全过程，不但对新中国成立后钧瓷恢复和发展情况了然于胸，而且对古代钧瓷的发展历史也作了深入细致的调查，并有不少新的发现。苗老在学习中思考，在思考中总结，在总结中创新，为撰写编辑《钧瓷志》《钧瓷赞歌》《中国钧窑考》打下了深厚的理论基础。

苗老主编的《钧瓷志》，是有关钧瓷的第一部志书。《钧瓷志》详细记述了钧窑烧造的历史背景、地理环境、历史沿革、窑区分布、制作工艺美术及其传播，还对钧瓷的品种特点、钧瓷艺人、钧瓷文献和传说掌故，对国内各地钧瓷的发现进行了充分的表述，记录了国内外的著名钧瓷藏品，并简要记述了新中国成立以后到80年代中期，原产地神垕钧瓷的传承创新和产业情况。《钧瓷志》的出版，填补了国内五大名瓷书书的空白，对弘扬中国传统陶瓷文化起到了极大推进作用，引起极大的反响。该书先后三次再版，几乎成了当今学者研究钧瓷的必备书目。

《钧瓷赞歌》是苗老将散落在书刊、民间有关文人墨客，社会贤达和工农大众咏钧的诗词歌赋三百多首，搜集整理成册。诗言志。诗因瓷成，瓷借诗美。钧瓷艺术，为历代文人雅士所喜爱，众多的诗人墨客用他们传神的笔墨，吟咏钧瓷，创作了浩如烟海的华丽诗篇，流传于世，成了光辉灿烂的钧瓷文化的重要组成部分。

《中国钧窑考》（中州古籍出版社出版）是苗老耄耋之年的新作。他对学问的判断力、做学问的勇气令人敬佩。《中国钧窑考》是苗老近年来，对于钧瓷起源、变迁和烧制工艺的探索，也是他对钧瓷研究的新尝试。书中收录了近代学者们在钧瓷研究方面的一些成果。《中国钧窑考》与《钧瓷志》一脉相承，但着力点不同。前者重在论证，后者重在记述。《钧瓷志》对中国钧瓷历史面上的盘点，《中国钧窑考》侧重对中国钧瓷历史点上的深度挖掘；《钧瓷志》对中国钧瓷工艺、技术、事件等的详细记录，《中国钧瓷窑》对其中某些重要史实的补充考证，其中还有对《钧瓷志》部分史料的修订。

苗老讲：自己没学历，小时候，读了点私塾，小学也没毕业。私塾先生的水平也很低，让他记忆犹新的是，私塾先生将赞美孔子的诗"高山仰止，景行（hang）行（xing）止。"读成："高山仰止，景行（xing）行（hang）止。"先生照本宣科，学生死记硬背，囫囵吞枣，更谈不上融会贯通了。

当我问起苗老的成功奥秘时，苗老讲：生活即教育，社会即学校。法国著名教育家卢梭有句名言：人的教育在他出生的时候就开始了，在能够说话和听别人说话以前，他已经就受到教育了。几十年来，自己自觉地向人民学习，向社会学习，向实践学习，向老师学习，向知识学习，学习中遇到困惑向社会、向字典和工具书请教，才取得了一点建树，自己在老师面前，还是一个没有毕业的老学生，好在这个学校永远开放，他会无止境刻苦勤奋学习。

苗老讲：做学问要实实在在、清清楚楚，不能哗众取宠，虚张声势。编纂志书工作更是清苦、辛苦、艰苦。写志书遵循"存真求实，言有据，论有凭"的原则。要做到不为尊者讳，不为亲者讳，为贤者讳，使志书真正经得起现实和历史的检验不容易。

苗老不由感叹《钧瓷志》编纂工作量之大，令人难以想象。当时，办公设施简陋，由于经费的严重缺乏和需要大量的考证等技术问题使编纂人员都先后离去，冷清编辑室只剩下了他一个人，成了名副其实的里里外外"一把手"。几十万字的材料全凭他自己手抄，再加上无数次去外地请考古专家进行查证、审稿，特别是后期全书的编排、综合、校对、誊写，还要"化缘"筹经费，使他步履维艰，头晕脑涨。苗老讲：《钧瓷志》是集体智慧的体现，是众多仁人志士劳动总结，自己能够完成《钧瓷志》这项功在当代、利在千秋的文化工程，没有政府的倡导，各级党、政领导的关心，厂家和钧瓷研究所的支持，乡亲的鼎力相助，凭他自己的才智和资力是不可能完成的，他只能是拙笔代劳，付出些辛苦而已，要感谢哺育他的土地和人民。

苗老告诉我，他在"《钧瓷志》编纂出版始末"一文里未写，而藏在他心头十几年的《钧瓷志》"从公费开支到自费出书"，他为《钧瓷志》编写和出版"不仅耗费了十多年的心血，而且在经济上也付出了很大代价"的秘密。1994年《钧瓷志》定稿，《钧瓷志》人物篇中记载的也都是钧瓷匠师和有突出贡献的专家学者，苗老谢绝了原禹县（1988年6月25日，国务院批准禹县改为禹州市）的某位老领导把"关注钧瓷发展的领导都入志"的意见。时隔不久，市里准备拨给《钧瓷志》出版的专款停拨，已定稿的并经全国著名陶瓷专家审定的《钧瓷志》稿，又在禹州市地方志总编辑室搁置了多年。由于筹集不到书款，出版计划再次搁浅。在市有关领导以及许多钧瓷匠师的关心和支持下，1999年1月，《钧瓷志》第一版，由苗老自费，出版发行。

古人云："家有万贯，不如钧瓷一片。"收藏几件钧瓷，是不少人梦寐以求的事。而苗老家里却藏有唐宋元明清各个时代出产的钧瓷标本，细数下来，几乎就能列出一张钧瓷编年史来，家里却没有一件钧瓷珍品。他说：钧瓷的珍品都在他心里装着，在书里记载着。苗老告诉我过去禹州市瓷厂、禹州钧美一厂、禹州钧美二厂的展品室有许多钧瓷珍宝和名人字画，后来，大部分散失了，非常令人痛心，他准备写一篇有关钧瓷和名人字画散失记的文章。

苗老对陶瓷收藏有见解，陶瓷是人类的本源文化。喜欢陶瓷收藏，就要了解中国的历史，了解中国文化，要知道中国历代纪元表。中国瓷器的制作历史悠久，窑口众多，产量极大，收藏瓷器先知晓产地特点，不同产地制作的瓷器有不同特点。面对越来越稀缺的古瓷和鱼龙混杂乱真陶瓷"高仿品"，陶瓷鉴定专家也"走眼"的古瓷市场，苗老建议，收藏陶瓷买得"担心"，不如买得"放心"，收藏货真价实的现代陶瓷精品。

苗老赞美钧瓷是我国陶瓷文化史上灿烂的杰作，钧瓷以沉稳、厚重、古朴、端庄、粗犷、雄烈的造型，成为中华民族品格的表达。苗老给我讲如何选择钧瓷，首先，看釉色、质感。钧瓷的特长之一是釉色千变万化，除了要让人感觉赏心悦目，也要看它和器形是否搭配协调、相得益彰。

其次，看器型。器型是展示钧瓷艺术美的基础，也是选择藏品的首要条件。因此，造型大方、端庄、精巧、灵动，且比例适当、线条优美的钧瓷是首选。

另外，还得看"窑变"。这是钧瓷最奇特的，当然要演绎得当，并且富有意境。值得注意的是：传统工艺烧制出来的"窑变"更有韵味，更加丰富多彩。但这也不绝对，以天然气为燃料的钧瓷有时也会出现"窑变"，给人惊喜。

苗老对钧瓷发展有独到见解和冷静思考，他认为，优秀的当代钧瓷首先应该有诱人神奇的窑变釉色，设计美感，造型大方。同时，应该既有传统气息，又贴近当代人的日常生活——传统的东西一定要走进生活才有生命力。传世瓷今天看来是艺术品，但在当年也只是生活用品。我们只有把当代钧瓷做成被世人所喜爱的，穿越国界，穿越时空的艺术品，才能真正把浓郁的中国传统气息继承下来。

苗老经常思考如何提升陶艺师群体的审美训练和文化素养。他对天津美术学院准备在神垕设立天津美术学院神垕分院，没有实现，失去与国家级美术院校联手合作，为禹州培养出更多的陶瓷专业技术人才的机遇，感到非常痛心。

苗老对钧瓷发展繁荣背后，暴露出来的问题表示忧虑：大量次品充斥市场，各个窑主竞相降价，一些人急功近利，甚至用描画来替代钧瓷独有的窑变艺术，完全背离了钧瓷的本质。更可怕的是，大量的不可再生资源被浪费，环境污染严重。他认为，钧瓷这一古老的产业已走到了关键时刻，需要引起钧瓷界仁人志士的关注，使钧瓷文化得到更好的继承传承和繁荣发展。

苗老对钧瓷的研究，为钧瓷的发展做出了杰出的贡献，在他的专著中提出了许多创见性的观点和独到见解，即使有不同看法，对钧瓷的研究和发展也是有借鉴价值的。

苗老对钧瓷的痴情是崇高的，让人可以感受到他为钧瓷事业发展而热忱跳动的年轻心。苗老几十年如一日，坚持健身著书，他活到老、学到老、著书到老，坚持真理，修正错误，不

2012 年苗老在颍河健走

断探索，百折不挠的精神令人敬佩。

激情燃烧的岁月

前些日子，我看望曾在新疆生产建设兵团工作过的孙树清老人，顺便为他捎去了两本反映兵团人把戈壁荒原变绿洲的回忆录《准噶尔的苏醒》。

看着《准噶尔的苏醒》，不由得唤起了孙树清老人对在兵团激情燃烧岁月的回忆，那一幕幕把戈壁变绿洲的场景历历在目，成了老人心中永远抹不去的记忆。

1956 年 6 月，当时只有十六岁的孙树清响应国家号召，随禹州两千多名军垦队员，来到了新疆准噶尔盆地边缘的兵团农场（车二场，现农七师一二七团场）。新疆真大、真荒凉、真艰苦。孙树清老人至今忘不了初到农场时的情景：真是满目荒凉，茫茫戈壁，芦苇、红柳遍地，梭梭、枇杷丛生，看不到一间房。他们乘坐的汽车在这片荒地上突然停了下来，有人说到地方了。大家坐在汽车上惊呆了，这是什么地方？怎么连村庄、房子也没有？正纳闷人住什么地方呀？让人没有想到的是，只见一群穿黄衣服的人从地底下走了出来，热情地招呼大家：快下车吧，先在这里住一夜地下室，明天就进城了。下车一打听才知道，他们住的地下室是地窝子（像河南的红薯窖）。老同志们说，你们可别小瞧这地窝子，人住在里面可舒服啦，冬暖夏凉呢！到农场后，孙树清就和地窝子、砍土镘打上了交道。地当睡床天当房，钻进地窝避寒霜。有的没有住房，只好露宿在戈壁滩上，有的女青年住进帐篷，男同志则自挖地窝子，有人说他们住的地窝子是：

> 远看好像坟，
> 近看难见人，
> 仔细一打听，
> 才知农场人！

有人躺在地窝子里，仰望天空便吟起打油诗：

> 戈壁明月光，

　　红柳搭成房。
　　举头望明月，
　　低头想爹娘。

有的后悔道：

　　不怨爹来不怨娘，
　　只怨儿女腿太长，
　　一脚踏上新疆地，
　　又割苇子又开荒。

　　在开垦农场初期的贫瘠年代，苍茫无垠的天空下，一间间小小的地窝子静静地卧在千古荒漠的怀抱，那就是我们兵团人最初的家。

　　把戈壁滩变绿洲苦啊！吃饭是大锅饭，"十人一盆菜，看谁吃得快"。在内地看来平常的饮水之需，在戈壁滩却成了大难题。因为缺水，十天半月洗不上脸、洗不成澡是常事；因为缺水，衣服被汗渍浸得白花花坚硬如牛皮，穿在身上极不舒服。为了节约用水，一些女同志剪掉长发变成了假小子。

　　六月的新疆，骄阳似火，干土烫脚，天气闷热，不干活儿人的身上也是汗渗渗，无不渴望洗把脸，擦擦身，但这只是奢望和梦想罢了。土井水盐碱重而苦涩，人喝了腹胀、腹泻，洗头头发梳不开，洗脸洗脚皮肤裂小口，火辣辣地痛，真是"滴水贵如油"。为解决饮水问题，连队专门组织战士修建土渠引来天山上融化的雪水，因为渠道是堆土筑成的，长十几公里，水流下来全是泥糊糊的。当时流传这样的顺口溜：

　　天山雪水进农场，
　　一碗水来半碗浆。
　　要想用它洗个澡，
　　浑身上下直痒痒。

　　水虽然经过渠道沉淀凑合着能饮用，但却摒弃不掉原有的泥腥味。有时，大家为了能喝上纯净一点的水，宁愿牺牲午休时间，也要成群结队步行三公里，到场部的渠道里洗澡和洗衣服。下水前，大伙先把所带的茶缸、大碗、洗脸盆等器具盛满黄泥水，待洗完澡，再用沉淀好的清水冲身子和洗衣服。

　　孙树清老人讲：戈壁变绿洲，就要修水渠，开荒种地，修水渠是相当艰巨的，人们不分白天晚上地加班干，手磨破了，流出的血把砍土镘把子都染红了。自己就是在农场的劳动中，不怕累、能吃苦，而且效率高，连年被评为劳动先进。不仅得过奖状，而且在场里召开表彰大会，领导还给挂过大红花呢。

人们常说，把戈壁变绿洲主要是人与大自然的矛盾，这话不假。在新疆最难忘的要数春灌和冬灌浇水了，一上班就是十二个小时。新疆的初春，不像河南，虽说是早春二月，但仍是冰天雪地，寒风刺骨。更何况天山雪水就是在炎热的夏天也是刺骨的，浇水虽说穿着胶筒靴，也常常渗进去水。水是冰凉的，地是盐碱质。腿、脚弄湿了，经风一吹，很快就裂开了口子。为了保暖，下水之前，大伙都要先喝上一点儿酒，久而久之，酒量也变得大了。那时，孙树清老人是浇水班长，他听领导的话，服从分配，工作积极。尽管很能吃苦，也常常是两条腿冻得裂着血口子，肿胀得受不了，解大便都蹲不下去，只能挖个坑，身子躺下去才能解决。

到了夏天，牛虻咬，蚊子又大又多，飞起来就像一团团烟云。解大便得先生一堆火，不然等你蹲下来，蚊子叮上来，一巴掌下去，满手血腥子。在地里浇水，要先往身上抹一层泥巴，只能露两个眼睛，这样才能抵御蚊子的侵扰。在困难面前，兵团人没有临阵退缩，没有因为生病而耽误工作，他们用自己的实际行动印证了垦荒人的爱国情怀。

好儿女志在四方。来自大禹故乡的青年儿女们到戈壁滩上屯垦戍边，亲身感受了让荒原变为绿洲的豪情，在不毛之地建起家园的博大胸怀，虽备感艰辛，却万分坚强。在开荒的日子里，军垦队员们送走了一个又一个星光下鏖战的夜晚，迎来了一个又一个朝霞中拼搏的黎明。队员们的生活虽然是单调、艰苦的，然而却又是热烈、充实的，整个精神世界是无比富有的。展现在眼前的是美好的远景，幸福的家园。充满活力的年轻人，总觉得身上有使不完的劲。他们怀着建设边疆、保卫边疆的豪情壮志，在人迹罕至、野兽出没的戈壁荒滩开荒造田、兴修水利、植树造林、盖房建场。没有工具自己造，没有耕畜人拉犁。当年就达到了粮食、蔬菜自给。到1965年，自己离开时，农场已经发展得很有规模了。荒野变绿洲，条田似棋盘，渠道如网络，绿树也茂盛，道路条条通。兵团农场对国家的贡献不可估量，成为国家亦工亦农亦军的典范。

生活虽然艰苦，但大家的精神却十分乐观向上。当地流行一句顺口溜：

> 过了玉门关，
> 两眼泪不干，
> 往前看，
> 戈壁滩，
> 往后看，
> 思故乡。

孙树清的夫人也是禹州军垦队员之一，当时，作为十六七岁的小姑娘，在河南老家是无忧无虑、充满幻想的青春少女，但到了新疆兵团农场就成了名副其实的女军垦战士。修水库、修渠道、播种、定苗、拾棉花、施肥料等农场重体力劳动，她样样争先。她们与其他班组的小伙子展开了社会主义劳动竞赛，在新开垦的土地上，修毛渠，打地埂，平整土地，清除杂草，挖坑植树，浇水施肥。每天的劳动时间都在十五六个小时以上。

在那个与天斗、与地斗的特殊年代里，真苦、真累也真锻炼人。女青年们吃的苦受的累，无法用语言来形容。每年九月开始，团场连队就要进入"三秋"（即秋灌，准备种冬麦和明年种的地要浇水。秋播，是播冬麦。秋收，是三秋中也是全年农业劳动中的重活，全部靠人工收摘棉花，也是农场最忙的农活，时间长，一般从九月初开始到冰天雪地不能进地为止）大忙。一个连队最少也有几千亩棉花，抢收棉花是头等大事，要把棉花从地里摘回来，女青年们是主力军，全连上下齐上阵，大战七十天，轻伤不下火线，重伤继续贡献，人人出全勤。女青年们摘棉花，两头不见太阳，天不亮出工，天黑透了收工，三顿饭在地里吃，真是巾帼不让须眉。

那个年代，人们精神上是富有的，精神世界是充实的。每天晚上不但要学习，还要总结一天的工作。每个星期要开一次评比会，评出先进的同志给予表扬，表现不好的就受到批评。

那时的农场人，生活虽然很苦，还经常饿肚子，但人际关系特别好。男的、女的、老职工、新职工之间，友好和谐，互相理解，互相帮助的氛围很融洽，就像一家人。纯朴、简单、实在、真诚。大家都坚持着一个共同信念，相信党、相信国家，团结乐观，勇敢地面对困难，携手战胜和度过艰难的岁月。从那个年代走出来的人，同志友谊坚如磐石，经过艰苦生活磨炼的情谊，才牢不可破，永远也忘不掉。

那个年代，提倡"革命老黄牛"精神，在新疆生产建设兵团，无论军垦战士，还是领导干部，人人都以"老黄牛精神"为荣。老一代兵团人在艰苦恶劣的自然环境中挖渠引水、开荒造田、治沙治碱、植树造林，建成了一片片绿洲、一个个农场、一座座军垦新城，创造了一个又一个人间奇迹，也凝成了热爱祖国、无私奉献、艰苦创业、开拓进取的兵团精神。

人们常说：劳动产生力量、劳动忘却烦恼、劳动孕育着美、劳动产生爱情。孙树清夫妇也正是在艰苦恶劣的工作中产生了纯真的爱情，两人相聚，充满了对美好生活的憧憬，内心世界丰富而充实，备感幸福，浑身有使不完的劲儿，干不完的活儿，也不知道世上有难事和烦恼。用当时的话讲，是革命需要，祖国需要；用现在的话讲是，有理想、有抱负。那个年代的人就是这样啊！孙树清老人说："要把戈壁变绿洲，就需要拼命精神、奉献精神和牺牲精神，人类就是在同大自然的不懈斗争中，不断坚强和醒悟起来的。现在，给年轻人讲起这些，可是天方夜谭了。然而，不管什么时候，人是需要有一种精神的，一个家庭、一个单位、一个民族也是这样。"

听领导的话，服从分配，好好工作。那时，孙树清刚到兵团，只有小学文化程度，要给家里写信，还得买盒烟，请别人写。领导为了提高他的文化水平，便让他抄材料。不懂写材料的格式，领导就认真教、认真讲。后来，孙树清到团保卫股工作，领导便教他怎样审讯犯罪嫌疑人，如何做审讯笔录等。兵团这个大家庭把他从一个农工培养成一名干部、一名从事公安工作的行家。说到这儿，孙树清老人动情地说："是兵团锻炼了我、培养了我、教育了我，兵团的生活净化了我的灵魂，锤炼了我的意志，使我获得了新的知识、智慧和力量，是兵团改变了我的人生。"也正是在工作和生活中，他才真正体会到"在家靠父母、出门靠领导"这句话的含义，体会到兵团大家庭的温暖，经过兵团这个大熔炉的锻炼，也为自己走好今后的人生之路奠定了稳固的基石。

1961年春，孙树清夫妇结婚，那时候，结婚可是太简单了，单位给孙树清分了一间地窝子，用红柳把子和芦苇制作了一张床，两人各自把自己以前的铺盖洗干净合在一起，也没什么家当，新房就算布置好了。婚礼也简单，买了几斤糖，等领导讲话以后，把糖发给大家也就完成了。

当时，车二场机关的同志凑钱买了一个礼品——托盘送给他们。这托盘现在看来太土气了，实在拿不出手。然而，在那个年代，八九块钱的东西也就是大礼了，他们格外珍惜这个托盘。即使如此，也挺高兴，感到很满意，两人感到无比幸福和富有，对未来的生活充满了希望。他们坚信："面包会有的、牛奶会有的、一切都会有的。"是啊！人只要有信心，有脚踏实地的精神，一切都会有的。如今，他们不是也已经含饴弄孙、享受天伦之乐吗？

1965年，孙树清从新疆兵团调到四川西昌支援"三线"建设，后调回禹州老家从事公安工作。如今，他们回到了故乡，离开兵团不觉四十年多年了，但他始终把兵团当成自己的第二故乡。前些年，他随市"纪念禹州军垦队员赴疆四十周年"代表团到兵团慰问，见到昔日的老战友，仿佛又回到了激情燃烧的岁月。

"白发无情侵老境，青灯有味忆儿时。"鲁迅先生有句名言："我们从古以来，就有埋头苦干的人，有拼命硬干的人，有为民请命的人，有舍身求法的人……这就是中国的脊梁。"我想，我们大禹的儿女是把戈壁变绿洲的脊梁之一。

孙树清夫妇

前尘梦影，往事烟云，常常会不期而至，浮现徘徊于孙树清夫妇的心间脑际，缭绕不去，让他感怀不已。现在，孙树清常常想念培养教育自己成长的领导，时时挂念至今还在兵团的战友，想起那些与自己一同去的战友有的已长眠于戈壁沙滩，不禁感叹唏嘘。

最难能可贵的是，直到今天孙树清夫

妇还保存着 1961 年春天他们结婚时苏兴滩机关同志们凑钱买的结婚礼品——托盘，这也许就是他们激情燃烧岁月的见证。

情系雪域高原

前不久，在禹州市工商局举办的退伍军人联谊会上，监察室原主任田章福动情地讲：无论时代如何发展，环境如何变迁，条件如何改善，边防军人的牺牲和奉献精神没有变，边关军魂没有变，对国家、对家庭的情怀没有变。人们常说，岁月如歌，旋律是一种温暖的怀旧，是往事的回眸，《花儿为什么这样红》《手握钢枪保边疆》《十五的月亮》《祖国不会忘记我》是我们军人钢铁般的意志和无限的情怀的见证。

1978 年冬天，田章福作为 1000 多名禹州籍的热血青年的一员，告别家乡、告别父老乡亲，怀着保卫边疆的豪情壮志，伴随着军列隆隆的车轮声和高亢的汽笛声，向茫茫戈壁的大西北奔驰。进入新疆，从哈密开始，吐鲁番、库尔勒、阿克苏、喀什等地就有人员陆续分配到当地的部队，最远的分配到西藏阿里。

在喀什新兵营集训后，剩下的禹州籍的250多名新战士，集体分配到南疆军区边防某团，该团位于塔什库尔干县的边缘。塔什库尔干是我国 3 万多塔吉克族人主要生活的地方，边界线长达 1200 多公里，分别与巴基斯坦、阿富汗、塔吉克斯坦、吉尔吉斯斯坦四国接壤，是我国大陆唯一与四国接壤的县。因此，驻守这里的边防某团也就有了 5 项全军之最：接壤国家最多；守卫的边境线最长；执勤点位最高，平均海拔 5200 米；巡逻任务最重，全团一次性巡逻线路为 4600 公里；防区居住民族最多，有塔吉克、维吾尔等 13 个民族。电影《冰山上的来客》故事发生地就在塔什库尔干，电影里的许多场景和镜头都是在这儿拍摄的。

花儿为什么这样红？
为什么这样红？
红得好像，
红得好像燃烧的火，
它象征着纯洁的友谊和爱情。

花儿为什么这样鲜？
为什么这样鲜？
鲜得使人
鲜得使人不忍离去，
它是用青春的血液来浇灌。

《冰山上的来客》的主题歌《花儿为什么这样红》，以其浓郁的民族风格和抒情色彩广为流传，到今天仍传唱不衰。

塔什库尔干塔吉克自治县，坐落在帕米尔高原东部的怀抱里。然而，广袤的帕米尔高原，美丽与严酷同在，温馨与艰苦共存。帕米尔是万山之宗，世界之脊。喜马拉雅山脉、昆仑山脉、喀喇昆仑山脉和天山山脉，都从帕米尔高原绵延而去。

走近高原，才发现高原的天空深远而空灵，高原的太阳很近也很远。面对如此浩瀚而凝重沉寂的高原，似乎可以触摸到生命的古老，岁月的漫长。你会觉得人是多么渺小，大自然以它无法抗拒的魔力，给人蒙上一层神奇的色彩。军人是高原不可缺少的组成部分，随着岁月的流逝，他们的生活被高原提纯和压缩，他们不变的身影，成了高原舞动而鲜亮的生命。手握一杆钢枪，身披万道霞光，战士策马巡逻在边防线上，为我们伟大祖国站岗。战士们用自己的血肉之躯，为共和国筑起了一道边防钢铁长城。

对于没有登上过帕米尔高原的人，很难想象与体会那里气候的严酷。在4000米以上地带，高原的含氧量不足海平面的一半，水的沸点仅在80摄氏度左右，馒头、面条也非得用高压锅蒸煮才能食用。大多数初到那里的人都会感到胸闷、气喘、头昏、恶心，吃不下饭，睡不好觉，这就是强烈的高原反应。

帕米尔高原地形十分奇特，天盖着山，山支着天。人迹罕至的高原上，雪山连着冰川，被地质学家称为"永冻层"，被生物学家称为"生命禁区"。常年白雪皑皑，是世界上最不适宜人类生存的地区之一，当地人用"天上无飞鸟，山上不长草，氧气吸不饱，风吹石头跑"来描述这里环境的恶劣。帕米尔高原的天气变幻莫测，刚才还是晴朗的天空，倏忽之间就浓雾密云，鹅毛般的大雪飞舞，变成银装玉雕的世界，片刻却又风止云散，太阳又出来了，红妆素裹，分外妖娆。真可谓：十里不同天，三里一个样。当地温差变化很大，夜晚零下30多度，放哨时皮带冻裂脆断，寒风刺骨，冷冻难熬。

在帕米尔高原，雪崩、山体滑坡随时发生。一天，田章福同战友乘车

边防巡逻（左二）田章福

执行任务，突然，听到战士拍打驾驶室顶的声音，连忙停车，原来，有的战士要解手，车刚停稳，战士们还没来得及下车，便见数不清的巨石夹杂着泥沙从山顶滚下，落在他们车前方十几米的路面上。生死一瞬间，如果，不是战士要解手，恐怕人都砸成肉饼了。

边防部队生活非常艰苦，吃的是萝卜、土豆、白菜"老三样"，穿的是学习、训练、执勤不换样的绿军装。文化生活单调枯燥，听不到广播，读不到书报，收不到家信，到了冬季大雪封山，几乎与世隔绝。有人说边防战士的生活是：白天是兵看兵，晚上是只有数星星。

那时候，通讯设备落后，电报算最快了。有一年，田章福到乌鲁木齐学习，他提前给妻子发了封电报："我到乌市学习15日，来否？请回电。"由于，译报员失误，译成了"我到乌市学习5日，"妻子看电报后，只好作罢。

雪域高原生活苦，高原的训练就更苦，科学研究表明，在海拔4000米的地方，人体承受的生理压力相当于背负30公斤的重量。普通人到那里都会产生高原反应，更何况战士们还要完成艰苦的训练任务。"巩固国防，抵抗侵略，保卫祖国，保卫人民的和平劳动，"是《宪法》赋予军人的神圣责任。禹州籍的战友们紧握钢枪，策马巡逻在雪域高原千里边防线上，正如《手握钢枪保边疆》歌中唱的那样：

> 祖国的山山水水连着我的心，
> 决不容豺狼来侵犯。
> 阿爸帮我饮战马，
> 阿妈给我缝补衣衫。
> 挤奶的姑娘向我招手笑，
> 喝一杯奶茶情意深。
> 边疆就是我的家，
> 人民和军队心相连。
> 到处都有母亲的爱，
> 到处都有亲人的笑脸。

每当全国人民节假日休息之时，却是戍边官兵们最忙碌的时候，边境巡逻，预防各种突发事件的演练。特别是逢年过节，不仅仅要进行各种演习，战士们还要顶着零下30多度的严寒，爬冰卧雪守卫着祖国的边疆。正是有了这样最可爱的人，人们才可欢庆盛世，方得万家团圆。

每当夜晚，月亮辉映着雪域高原，万籁俱寂，整个世界显得异常安谧，禹州籍的战友们，格外想念家乡的父老乡亲，想念妻儿和恋人，歌曲《十五的月亮》把战友们对祖国、对家乡、妻儿和恋人的爱和情怀表达得淋漓尽致：

十五的月亮，

照在家乡，

照在边关，

宁静的夜晚，

你也思念，

我也思念，

你守在婴儿的摇篮边，

我巡逻在祖国的边防线，

你在家乡耕耘着农田，

我在边疆站岗值班，

啊！

丰收果里有你的甘甜；

也有我的甘甜，

军功章呵，

有我的一半，

也有你的一半。

十五的月亮，

照在家乡，

照在边关，

宁静的夜晚，

你也思念，

我也思念，

你孝敬父母任劳任怨，

我在保卫国家安全，

啊！

祖国昌盛有你的贡献，

也有我的贡献，

万家团圆，

是你的心愿，

也是我的心愿！

　　田章福的妻子讲：小儿子出生后，他从部队回到家乡，让他抱着小儿子一起走亲戚，他还不好意思抱。后来，儿子会跑了，却不让他抱。每当提起这，田章福心里非常愧疚。

　　我们军人的意志，像钢铁般坚强；军人的心灵，像帕尔米高原的雪一样纯净；军人的胸怀，像海洋一样宽广；他们的歌声，像《花儿为什么这样红》一样悠扬。

　　俗话讲：铁打的营盘流水的兵。其实，铁打的营盘造就"铁打"的兵。随着时光的流逝，田章福和禹州籍的战士，陆续告别了部队，回到了家乡，参加国家建设事业。伴随着经济体制的改革，有的下岗，有的自谋职业，有的在家务农，有的转业分配到机关，高职低配，复员退伍军人发扬"听党指挥、服务人民、英勇善战"的优良传统，保持革命军人"特别能吃苦、特别能战斗、特别能奉献"的优良作风，退役不褪志、退伍不褪色，自觉投身于国家经济社会建设实践，做守法的模范、创业的先锋、致富的骨干、社会和谐稳定的基石，保持军人的本色。正如《祖国不会忘记我》歌中唱的：

> 在茫茫的人海里，
> 我是哪一个？
> 在奔腾的浪花里，
> 我是哪一朵？
> ……
> 不需要你认识我，
> 不需要你知道我，
> 我把青春融进，
> 融进祖国的江河。
> 山知道我，
> 江河知道我，
> 祖国不会忘记，
> 不会忘记我。

　　"秦时明月汉时关，万里长征人未还。"如今，每当田章福和战友们相聚，大家时刻没有忘记在那雪域高原上，一批又一批年轻的军人，为了祖国的安全和万家的团圆，日夜守卫在祖国的边防线上。昔日的战友们心里时常默默地向年轻的共和国卫士们致敬！

作者 1987 年在新疆天山

董老著书鉴后人

我生在新疆，长在新疆，回禹州工作后，如何了解家乡的历史、风土人情，适应、融入陌生的、新的工作生活环境，在工作生活中多走捷径，少走弯路呢？

世界著名文学家塞万提斯说得好："历史孕育了真理，它能和时间抗衡，把遗闻旧事保存下来，它是往古的迹象、当代的鉴戒、后世的教训。"历史是条绵延不绝的长河，了解历史，更重要的是认识昨天，把握今天，创造明天，可以充实自己的头脑，借鉴历史的经验，走好自己的人生路。

我便看一些有关禹州地方史志方面的书，地方史志作为一个地方的百科全书，记录了一个地方自然风光，风土人情，经济发展，社会制度等情况。遗憾的是这些史志，不过是保存资料的工具书，空泛枯燥，简单的记史，没有感情，缺失鲜活的生活。

20世纪50年代末60年代初，有大批内地逃荒人涌入新疆，新疆人称这些人为"盲流"。当时，我刚出生不久，奶奶带着儿子、媳妇、孙女五人到新疆投亲。听他们讲，老家发生了饥荒，饿死人不少，没有办法，才来新疆找儿子。父亲看着瘦如干柴的亲人，困惑不解，旧社会，才发生饿死人的事，解放了，怎么会发生饿死人的事？老家究竟发生了什么样的事情，造成饥荒呢？

回到家乡工作后，为此，我问老股长孟德成，孟股长是20世纪50年代末，在禹县（1988年禹县撤县建市）高中读书就入了党，是学校的积极分子，经历了所谓的"三年自然灾害"。他告诉我，那些年，咱县风调雨顺，原因是，县里主要领导，刮"共产风"（共产风是1958年"大跃进"、人民公社化运动中发生的绝对平均主义错误。）说大话、吹牛皮，不按客观规律办事。咱禹县本不适合种水稻，却把长得好好的麦苗铲了，种水稻。他姐夫疑问道：咱这里也能种水稻？不料，被打成"右派分子"。县、公社干部动员社员，把个人私有生产资料或其他财产自动交给公家。猪羊鸡鸭归公社，地里种的蔬菜也归公社。公共食堂的建立，农民吃饭不要钱，而恰恰是集中管理农民的口粮，剥夺了农民自己拿饭碗的权利，咋不发生灾难和饥荒，饿死人呢？

后来，我读了董振寅先生所著《六十年的轨迹》一书后，对新中国成立后，禹州的历史有了清晰认识。《六十年的轨迹》实事求是地讲述了事件的由来，又实事求是地讲出了事件的所以然。《六十年的轨迹》重要的是有人物、有故事情节，用清新明快的语言把历史清晰地呈现出来，把厚重的史实变得简洁明了，而不是简单的记史。

我在董老《六十年的轨迹》一书《乘卫星驾火箭跃进战果辉煌》《水稻飞上菜坪山》《我县日产钢铁三十一万三千四百多吨》《中共禹县县委第一书记孙士升在禹县万人大会上的讲话》等文章里，找到了"老家发生了灾难和饥荒""咱这里也能种水稻？"的答案。

1959年至1961年，咱县是本无天灾的三年，三年大饥荒最主要的原因是"左"倾狂热下的大炼钢铁、大办食堂和大打刮"共产风"等原因造成的。

正如意大利哲学家、历史学家克罗齐所说，"历史照亮的不是过去，而是今天""一切历史都是当代史"，历史是割不断的，历史上发生的事情会以新的形式再次出现。我们对过往的历史采取怎样一种态度，一些人不能正视历史，忏悔自己，反而欺世盗名，把错误说成正确，把失败说成成功，希望人们失去记忆。"后人哀之而不鉴之，亦使后人复哀后人也。"这是最可悲的。

20世纪80年代初，在新疆看以禹县鸠山为故事发生地，反映共青团员们积极响应党的号召，治理荒山，经过艰苦卓绝的苦战，终于把荒山变成了花果山的电影《江山如此多娇》，由于是反映故乡的事，所以记忆犹新。

在董老《六十年的轨迹》一书的《〈江山如此多娇〉影片在我县拍摄外景》《〈江山如此多娇〉摄制组全体同志给县委、县人委和全县人民的一封信》，为那个激情燃烧的岁月增添了一抹似水柔情，为勇敢勤劳智慧的禹县人民在历史丰碑上镌刻了印记。

由此可见，《六十年的轨迹》是真实，可信，可读的，向事实负责、向历史负责、向读者负责，是了解新中国成立后，禹县社会发展近四十年历史的一本好书，是党和人民探索社会主义建设并充满艰辛和坎坷的微观史记，也是对《禹州志》的有益补充。

《六十年的轨迹》一书，《罹祸与解脱》《大块文章的背后事》《冲出漩涡坑》《人民代表失踪记》等文章，夹叙夹议，给人以启迪，是一本读后令人掩卷沉思的书。自己对董老十分钦佩，遗憾的是，同在禹州城，却不曾相识。

前年夏天，我在北关颍河岸边散步，与骑自行车在河边悠闲的董老相识。董老精神很好，看上去只有六十来岁，怎么看都不像耄耋之年的老人。董老良好的精神状态，谦逊的作风和平易近人的态度就给我留下了深刻印象。

董老告诉我，他们这一代人经历了翻天覆地的改朝换代的时代，从新中国社会主义建设在曲折中的探索，到改革开放，建设有中国特色的社会主义。他的《我们一代人的经历》以自己的亲身经历的事件为主，议论和评述为辅。目的在于忏悔自己，感悟人生，记存经历，保持"财富"。使年轻的读者既能知之，又能鉴之。

我很赞赏董老这种客观公正的态度。当然，无论何人，对历史总会有自己的认识。而且，记载历史，根本的目的还是总结经验、吸取教训，以史鉴今、资政育人。

我俩边走边谈，不觉从北关桥头，走到东关桥头，我这才想起，董老已是年近八十的老人了，董老骑自行车是在适度的锻炼，不料，陪我走那么远的路，我向他表示歉意。董老讲：树老怕空，人老怕松，身怕不动，脑怕不用。骑自行车主要活动筋骨，咱们走路交谈，也是健身，健身从脑开始。不过，对于老年人来讲，运动要适度。做人处事，也要讲究个度。不久，董老将亲笔签名的《我们一代人的经历》一书，亲自送到我家，让我羞愧难当。

《我们一代人的经历》一书是董老对经历的人生冷峻地观察、思考、反省之作，充满了惋惜、充满了眷恋，更充满了启示，同时也是董老人生智慧的集中表达。内容非常丰富，董老的经历、见闻、思考、感悟等，带我们走进那段不平凡的岁月。全书共分《社会经纬》《史海钩沉》《鉴镜台》《他山之石》《人物专访》《感悟篇》等十大部分。

董老以宏阔达观的心态，淡定从容的心怀，反思烟雨人生，一吐心中块垒，都流露在《我们一代人的经历》一书的字里行间。《我们一代人的经历》书里的每一篇文章，都是凝集着董老的心境和情怀，是一声叮咛，一份希望，促人反省，催人向前。

董老对经历的历史富矿进行了开挖、冶炼，使所结晶的《我们一代人的经历》一书，形成一种特殊的光彩夺目的文化景观，这一文化景观及其传播，最直接的效果是实现了文化承接。文化承接可以铲除历史虚无主义生长的土壤，可以使事业的接力棒代代相传，可以转化为不可估量的物质力量。

董老讲：他们这一代人的经历，可谓是前无古人，后无来者。他们是社会独特的富有者和神奇的拓荒者。人的一生，本来就充满酸、甜、苦、辣，他更是在逆境中奋进。逆境，是锻炼意志的熔炉；困苦，是完成人格的助燃剂；理想，是建设人生的航标灯；信心，是到达目标的原动力。他是"通过苦难，走向欢乐"的人。人到老年，欣逢盛世，将《我们一代人的经历》一书出版，了却了他平生一桩心事。

董老自1952年参加革命工作，1958年被调到《禹县报》社当编辑、记者，从1960年起。先后在县委、县政府办公室工作近30年，一直从事文字起草工作，县委、县政府许多重要文件的起草和修改，董老是主要执笔者之一，是禹县一位了不起的大笔杆子。

古人云，郡县治，天下安。县委、县政府是党和国家政权的重要组成部分，处于上报下达、协调左右的位置，担负着把党的路线方针和政策，贯彻落实到基层的重要职责。县委、县政府办公室是党委的重要工作机构，处于承上启下、协调左右、联系内外的枢纽地位，对党委领导的工作起着举足轻重的特殊作用。

董老讲：中央的方针政策和任务要求，通过文件和会议下达到省，省下达到地区（地级市），地区里传达布置到县，县里就要把条条方针政策落实，项项工作任务完成，所以，县里的工作非常重要。

旧社会，老百姓把县官叫"父母官"。

董老是以笔作为武器的职业者，人们称他为"九朝元老"。在城乡结合部和理论与实践的结合点——县委、县政府办公室工作近30年。主要任务是必须吃透两头：一头是中央的各种政策；一头是禹县客观的实际情况。起草文件和领导讲话，把党的方针政策贯彻落实好，把基层的实际情况反映好，做综合分析和上报下达方面的工作。人们称董是一头拉车不松套的"老黄牛"。

在波诡云谲的岁月里，董老有太多的所历、所见、所闻，有机会接触到社会的方方面面，经历了新中国成立后，各种复杂的政治运动。《我们一代人的经历》就是那个年代，来自社会最基层、最真实、最鲜活、最完整的历史画卷。

董老讲：他一生最大的遗憾是，写了很多遵命文章，竟没有一个"保留节目"。这话值得商榷，英国著名哲学家奥克肖特说："历史不是别人而是历史学家制造出来的，写历史就是制造历史的唯一办法。"因为写历史的人掌握着对历史认识的话语权，尤其要尊重历史，而不能无所顾忌、随心所欲地书写历史。

其实"没有一个'保留节目'"，却是一个真正的"节目"，它是一部真正的历史。一本优秀的纪实书肩负着思想文化传播责任，历史不容戏说，真相不能穿越。董老用辩证唯物主义和历史唯物主义的观点，剖析造成"没有一个'保留节目'"的原因？董老真实的记录，理性的反思，深刻的着眼于未来的思考，成就了《我们一代人的经历》，这本留给后人的书。

古人云："以铜为鉴，可正衣冠；以古为鉴，可知兴替；以人为鉴，可明得失。"对于历史，我们须本着辩证唯物主义的历史观，择其善者而从之、其不善者而改之，牢记经验、牢记教训、牢记警示，把握大势、把握规律、把握今日，让昨日的教训成为今天的启示，我想《我们一代人的经历》一书的意义恰在于此。

董老虽年近八旬，身体健康，才思敏捷，笔耕不辍。他"小车不倒只管推，车倒扶起往前追"的精神，令人钦佩，是我们更加值得学习的地方。

又念于叔

　　时光似水，静静流去。在如歌的人生历程中，有的人，有的事会牢牢地留在你的心里，成为一生难忘的回忆。近日，我在《永恒的辉煌》《农七师志》等书里，看到于叔写的《我在指挥部三十年》《奎屯河水唱英雄》《军垦记事》等回忆录，于叔的音容笑貌又浮现在眼前。

　　于叔，名惠民，河南西平人。青少年时代在家境贫困、食不果腹的苦难中，于叔仍以坚韧不拔的毅力完成了学业，并且萌生了投身革命的崇高理想。于叔离休前，任新疆生产建设兵团农七师副参谋长。

　　20世纪80年代初，我认识了于叔。他当时任新疆伊犁州奎屯农垦局基建处处长，50多岁的年纪，中等身材，圆形脸庞，梳着乌黑发亮的背头，一对不大的眼睛炯炯有神。他没有领导干部的架子，给人的印象是朴实、忠厚，又不乏机警、诙谐而幽默。他足智多谋、有非凡的政治工作才干，也是农七师（被戏誉为世界上最大的师，曾有36个农牧团场，27个直属工、交、商企事业单位）、奎屯市熟知管理之道的开明人士。

　　1982年春天，我第一次去于叔家，看到一台进口20英寸的大彩电感到很惊奇，于叔自豪地说："这可是我的物质财富，精神上的财富则是三个正在上大学的儿子。"后来我才知道，当时奎屯市仅有两台20英寸的彩电，而于叔家就有一台。

作者1988年在于叔家

他的三个儿子大学毕业后，分别分配到了北京、乌鲁木齐、石河子市工作。于叔幽默地说："首都、首府、戈壁绿洲都有人，退休后，我去北京、乌鲁木齐也就不用住招待所了。"

　　1983年夏天，我在农七师去氟工程指挥部当统计、出纳。当时，于叔是新疆生产建设兵团农七师副参谋长兼车排子垦区（拥有五个大型国有农场）"三通"（通车、通电、通水）指挥部副总指挥，正如于叔在《我在指挥部三十年》一文里写的，"三通"指挥部的首长们都忙着抓大事去了，具体的日常工作就落在他的肩上。"三通"第一期工程要求一年完工。

那时，兵团建置刚刚恢复，百废待兴，百业待振。工程建设资金短缺，而工程的劳动力全靠各农场出义务工，工程涉及方方面面，千头万绪，于叔却干得如鱼得水，游刃有余。"三通"指挥部是一个临时的协调机构，作为指挥部的领导人，没有师党委的支持和良好的群众基础，没有权威、魄力，没有好的人事关系和协调能力，没有精通的业务和谋略，没有高超的组织能力，没有充沛的精力，这是绝对当不好的，于叔干得非常出色。

通车第一期工程是从独克（独山子至克拉玛依）公路61公里处，往西修到一二三团团部长25公里的柏油公路，工程所用的石子要从70公里外的奎屯石子厂拉运。当初，有的师领导主张，从独克公路72公里处修到一二八团，由一二八团修到一二三团，实现两个团场通柏油公路。

于叔提出不同意见，阐述自己的主张：一二三团的大部分连队都是沿独克公路61公里处到一二三团部沿线分布，车排子乡也与这条公路为邻。如果，先从独克公路72公里处往里修，名义上，实现了两个团场通柏油公路，实际上，车排子垦区，一二三团的大部分连队，相邻的车排子乡的交通状况，没有得到改善，同时，也影响了通水、通电工程，是一个"花架子工程""面子工程"，群众没有得到实惠。

沿独克公路61公里处修到一二三团部，虽然，工程量大些，可是，把有限的资金用在刀刃上，听起来，一个团场通柏油路，没啥新闻价值，它却惠及了一二三团的大部分连队及车排子乡的群众，一二九团、一二八团的部分单位也受益，是实实在在的民心工程、惠民工程。后来，师党委决定，通车第一期工程从独克公路61公里处修到一二三团。

于叔讲：一切从实际出发，实事求是，讲实话，办实事，求实效，说起来容易，真正做起来难啊！

1983年7月，"三通"工程进入施工关键期。为及时处理工程问题，便于协调工作，于叔吃住在一二三团团部。七月的新疆，骄阳似火，烈日炎炎。于叔每天早出晚归，冒着酷暑，风尘仆仆，奔波在人们诙谐幽默说的"三跳"公路上（车在公路上跳、人在车里跳、肠子在肚里跳），深入各施工单位，检查指导工作。

他尊重科学，重视人才，注意充分发挥和调动技术人员的积极性。他鼓励技术人员要结合实际，用科学智慧把书本知识用到具体工程中，并特别叮咛工程设计人员，设计要有发展的眼光，"三通"工程框架设计要考虑和预见到垦区50年发展的需要，要大手笔、高起点地设计，现在多投资，花点钱没啥，不能使工程投入使用后出现"先天不足"，让人埋怨，设计上出现问题由他负责。当遇到工程技术难题，于叔就召开由各施工单位、技术人员参加的现场会，集思广益，权衡利弊，当场拍板。

每当"三通"工程涉及到团场、地方利益，需要于叔出面协调解决时，他总认真地对有关领导干部职工说："用电、吃水和出行关系百姓切身利益，也是制约垦区各项事业发展的瓶颈。咱们进新疆是听着'楼上楼下，电灯电话'宣传来的，而现在仍住的是简易房，用的是煤油灯，吃的是肩挑的含氟水，走的是盐碱路。人们不是戏说农场'四季四样路'吗？春天是'水泥'路（化冻后全成了泥水浆子）；夏天是疙瘩路（被车辗人踏得凹凸不平的碱路晒干后全变成了又坚又硬的铁疙瘩）；秋天是'洋灰'路（车辗人踏往往是尘土几十公分，风起灰扬）；冬天是玻璃路（全是清一色的冰面，光滑得人仰车翻）。我是快离休的人了，在有生之年，为垦区人民办点实实在在的事，是我一生最的大心愿。"

我问起于叔工作的奥秘时，于叔笑着说："当领导干部看事、想事、做事，要学会灵活运用辩证法。在具体工作中，要善于抓民心，从当地干部职工最盼、最急、最难的事着手，抓住了民心，就抓住了纲。俗话说，纲举目张，相关问题不就迎刃而解了吗？"

人非圣贤，孰能无过？于叔从不推诿领导责任，敢于承认、敢于改正工作中的错误。方明泉是60年代的中专毕业生，分配到农七师勘察设计大队工作。勘察设计大队是"知识分子成堆"的地方。方明泉从江南水乡分配到戈壁沙滩，难免对恶劣的生活工作环境，说点牢骚怪话，不料，正赶上反"右派"运动。反"右派"，上面给单位有硬性指标，当时，于叔是勘察设计大队的书记，一言九鼎。在反"右派"大会上，于叔口头宣布方明泉为"右派"分子。

党的十一届三中全会后，给戴"右派"分子帽子的人平反，组织上在方明泉的档案中，找不到划为"右派"的相关材料。方明泉困惑不解：自己当了十几年的"右派"分子，在历次政治运动中"享受"的是"右派"分子的待遇，怎么该平反了，又不是"右派"呢？于是，他找到自己的老领导，时任奎屯农垦局基建处长的于叔，补写证明材料。于叔听后一愣，没有听过补办手续争当"右派"的。于叔解释说：勘察设计大队是反"右派"的重点单位，讲你是"右派"分子，不过是权宜之计，应付上面的，俗话不是讲：私凭文书，官凭印吗？听了方明泉遭遇之后，于叔，神情凝重，深感内疚。虽然，没有害人之意，不料，自己的一句话，却给人家政治上、精神上遭受伤害。于叔感慨万千地说：极"左"路线害死人！后来，于叔到一二七团看望下放劳动的方明泉，向他赔礼道歉，请求谅解。古人云："君子之过，如日月之蚀，知过能改，善莫大焉。"

于叔的言行，正表现了共产党人高风亮节的品质和知错能改、勇于认错的政治风度，这让方明泉全家激动不已。"三通"工程需要技术人才，于叔把方明泉调到指挥部当技术员。

"三通"指挥部是一个临时的协调机构，人员都是临时抽调，工作中难免发生误会和矛盾，反映到于叔那里，告不响。他厌恶空谈，崇尚实干创新。于叔常说：能在一起工作是缘分，人人都有长处，要互相学习；人人都有难处，要互相关爱；人人都有短处，要互相提醒。要多琢磨事，少琢磨人。抓住别人的"小辫子"（错误）不放，自以为有了资本，这种人最愚蠢，自己也进步不了。能在一起干好事、干成事，这才是真本事。

"三通"指挥部是一个临时的协调机构，随着工程的结束，人心浮动，临时抽调人员面临回原单位的现实。于叔讲，兵团的事业要大发展，离不开工程建设，有的是活干。有的人员跟随于叔转辗好几个工程，当有的工程完工后，即将纳入正常的管理，于叔力排众议，说服有关领导，优先安排原来指挥部抽调的人员。人们讲，于叔是很重感情的人。

前些年，我见到原"三通"指挥部的货车司机刘守元。他讲，1985 年夏天，在工程中发生车祸，于叔得知后，急忙赶到医院，慰问伤员，要求医院组织抢救。于叔还安慰他，不要有精神上的负担，今后的工作中，要更加注意安全。于叔对指挥部的同志说：当领导干部就是在别人困难、困惑的时候，给人家温暖和信心，不使同志犯错误，领导干部就起这个作用。刘守元知道后，激动地说：咱是一个普通职工，人家是师领导，咱出了事，人家还来看咱，安慰咱，还到医院组织抢救，于副参谋长真是个好领导、好老头。后来，听到他去世的消息，大家心里很难过，都很怀念他。

1984 年 9 月 28 日，农七师在一二三团车排子举行"三通"第一期工程竣工典礼。在庆祝大会上，于叔怀着喜悦心情向参加大会的各级领导和农场职工介绍"三通"工程概况，展望"三通"给车排子人民的美好未来。《新疆日报》、新疆电视台、新疆人民广播电台在头版头条、头题刊登、播发了车排子垦区实现"三通"的消息，并发表短评，称赞"三通"让车排了垦区人民用上了幸福水、光明电，为垦区人民铺设了致富道路。

事后，我看到于叔写的"三通"有感诗：

昔日旧路驱车行，
坎坷颠簸骨欲松。
犹记戏言张公①怨，
犯法何须再判刑？
今日公路坦荡荡，
车流急驶如流星。
兵团儿女斗天志，
告慰张公在天灵。

注：①张公指张仲瀚，新疆军垦事业开拓者。

于叔对我说："这不是诗,是一位老军垦人的心里话。"

我在去氟指挥部工作只有短短一年时间。去上班时,于叔亲自坐着吉普车到我们家来接我,送我到单位。后来,于叔到单位、工地检查工作,没见到我,总是问单位的领导:小刘呢?当我见到于叔时,他总是关切地询问起我的工作情况,谆谆教导,要尊重老同志,虚心向老同志学习。当我离开去氟指挥部去红山当干警时,于叔给单位领导打电话讲:要给小刘开个欢送会。我当干警后,每次到奎屯总要去看看于叔,他总是语重心长地说:要知法、守法、用法、文明执法,不能因为工作犯错误,这是原则,要牢记。

1986 年 12 月的一天,我在单位接到于叔打来的电话,原来,于叔到红山实地察看公路建设规划,顺便来看我。我想,天寒路滑,还要翻越几百米的大山沟和陡峭的盘山公路,不想让于叔来。于叔说:来看朋友,何必客气?于叔坐车来到我们单位,打开车门,我紧紧握住于叔的手。司机感慨地说:山高路滑沟深。于叔笑道:朋友意切情真。

·1988 年春天,调回河南的前夕,我去办公室向于叔辞行。于叔说:"晚上,邀请上你的朋友到我家喝酒。"那晚,于叔亲自下厨,做了几道拿手好菜,拿出伊犁老酒,举杯动箸,为我饯行。席散,于叔送我到一楼大门口,他紧紧地握着我的手,充满感情地说:"再见了,小刘,不要忘记我们之间的友情!"

回到河南,每逢新春佳节,我都要给于叔寄贺年卡。春季谷雨后,香椿上市,我将腌制的香椿,给于叔寄去。于叔来信讲:礼轻人意重,这是我们之间难以割舍的情愫。

老骥伏枥,
志在千里。
烈士暮年,
壮心不已。

于叔到了离休年龄,在各级领导的要求下,他又继续干了三年多,"三通"工程完工,奎柳公路通车后,才正式办理离休手续。垦区人民给他送了一块写有"年高又修奎柳路,造福柳沟千万户"的匾牌。于叔谦虚道:修路是我分内事,大功还在一二五。于叔深有感触地讲:我们的党、我们的领导干部,只要为人民群众做点实实在在的事情,人民群众是永远不会忘记的。

于叔离休后,一直居住在石河子市自治区干休所,过着恬静的离休生活。于叔心系农垦事业,关心社会发展,写了大量军垦人把戈壁变绿洲的回忆录,每一篇文章都叠印着历史的深邃和现实的敏锐,都充满着人生的哲理和对生活的激情。我从于叔的回忆录里知道,于叔是实践兵团"三个队"(生产队、工作队、战斗队）的模范代表。

于叔任连指导员期间，他带领连队官兵发扬"拥政爱民"的光荣传统，牢记毛主席"要为新疆各族人民多办好事"的教导，主动帮助当地少数民族群众科学种地，为少数民族群众办好事，他注意培养少数民族中的积极分子，发挥他们的骨干作用和带头作用，组建乌苏县第一个农业合作社——毛丹农业合作社，与各族人民鱼水相依、并肩奋斗、共建美好家园。于叔所在的连队和毛丹农业合作社，是自治区、兵团民族团结的旗帜。

于叔任师设计大队教导员、书记期间，带领设计人员，披荆斩棘，在万古荒原，对天山北坡最肥沃的玛纳斯河流域、奎屯河流域及额敏河流域的上百万亩荒原进行着最壮阔的勘测、规划和开发，按照"五好"建设总体要求（好居民点、好道路、好条田、好渠道、好林带），对农七师、农九师、农五师、农八师下野地的几十个大型国营农场进行规划。亘古荒原变良田、戈壁沙滩嵌绿洲、麦浪滚滚棉花白、瓜果飘香赛江南，实践了前无古人的伟大创举。伟大创举，美好的图画，离不开设计。听设计队同志说：于头（人们私下称于叔）聪明，头脑灵活，崇尚科学，勤于学习，善于学习，知识渊博，工作干练、务实，关心群众生活，是位可亲、可敬、可信的好领导。

于叔任奎屯河流域管理处政委期间，他牢记毛主席"水利是农业的命脉"的教导，加强对奎屯河流域科学管理，确保柳沟水库、奎屯水库、车排子水库安澜。

撤销兵团建置后，于叔任伊犁哈萨克自治州奎屯建筑公司经理期间，率领建筑大军，把昔日丝绸之路上的古道驿站——奎屯市，建设得更加璀璨夺目。

于叔是奎屯的规划者，也是奎屯的建设者，他目光远大又脚踏实地。他在回忆录里讲：1957年师部搬到奎屯后，春秋两季植树造林便是奎屯人们的中心义务，从单位到个人，每年都有硬性指标，设计队技术人员一个人没有增加，师里又分来350多名造林队员，设计队的主要任务是造林，于叔把主要精力都放在了奎屯的绿化造林上。

于叔深知，在茫茫戈壁建绿洲新城，规划设计先行，奎屯的绿化需要实施，设计队不但能为奎屯（规划面积五十平方公里）设计出美好的城市建设蓝图，也能把美好的蓝图变为现实，设计队把树种植起来，管理好，名正言顺，是工作延伸和拓展。

于叔对在戈壁新城种树，有独特的见解，树是大自然的杰作，是大自然的集中表现，一棵棵树，一片片林，葱茏茂密，华荫如盖，吸着日精月华和大自然结为一体，才有了大自然的生态平衡。兵团人把戈壁荒原变良田，把昔日奎屯驿站变绿洲，就要突出种树，突出园林。当时，"七师的树，八师的路"的赞誉，我想，七师的树，奎屯的树，戈壁绿洲，不会忘记于叔他们那一代军垦人。

于叔任奎屯农垦局基建处长期间，此时期是农场最困难的时期。他负责组建奎屯第二建筑公司，组织农场职工到奎屯、独山子、克拉玛依承揽建筑工程，积极探索拓宽农场脱贫致富的路子。

1992 年秋天，我回新疆探亲，专程到石河子市看望于叔。当于叔送我下楼时，我回想起同于叔接触时如同领导、长辈、朋友般美好的时光，不禁泪如泉涌。于叔是很重感情的人，他默默无语，走得很慢，一直送我到干休所门口，他深情地对我说："再握握手吧！谢谢你，还来看我，要永远记住我们之间的友谊！"走远了，回头看见于叔，仍站在干休所门前高高的白杨树下，向我频频挥手。

2004 年 8 月，于叔是在动身去上海定居的前一天晚上，因突发心脏病，在石河子辞世。当得知于叔离世的噩耗，我的大脑立刻一片空白，悲痛的泪水簌簌往下落。悲歌当哭，是在痛定之后的。我一动不动地站在秋风掠过的中原大地上，久久地遥望着西北的天空。我含泪写了怀念《于叔》的文章，先后在《河南农村报》《兵团日报》等媒体发表，寄托了对于叔的无限思念，文章被《农七师年鉴》收录。

燕子声声里，相思又一年。读着于叔《情海》《奎屯河水唱英雄》等回忆录，于叔的音容笑貌便浮现在眼前，于叔的亲切话语犹在耳边萦绕。

中秋月圆泪满裳

李景玉是禹州工商界的知名人士、开明人士，也是我的好朋友。人之相识，贵在相知；人之相知，贵在识心。我们相识快三十年了，总有一些十分难忘的事，使人为之动情，在我心里留下了不可磨灭的记忆，仿佛是刚刚发生的事情，在脑海中不断萦回，犹如电影画面般，一幕幕浮现在眼前，像波涛汹涌的海浪，拍打着我的心灵，像清澈的泉水，洗涤着我的心田。

1995 年的夏天，景玉哥承包禹州宾馆配套楼建设，为了确保工程的质量和进度，他就住在工地。人们说景玉哥，白天像监理，晚上像保安，不像大老板干的活。景玉哥笑道：有句俗话说得好，自己不哭，眼里没泪。干啥吃喝啥。干啥要操啥心，搞建筑最操心的是质量，最不放心的是安全，只有自己亲自看着施工，心里有底，才能吃得下饭，睡得着觉。他给我说：在单位没事了，就来工地转转、看看，两人是个伴。我每天都去工地转转、看看，虽帮不了什么忙，却不少蹭饭，陪他喝酒。许多人认为，我入的有股份，其实，我们是有原则、有底线、守规矩，有交往、无交易的好朋友。

中秋节前夕，景玉哥在宾馆宴请公疗医院为母亲治病的医生和护士们，举杯向他们表达谢意！母亲去郑州做手术，如今，在禹州住院，兄妹哥嫂不分昼夜护理着母亲，但自己做为儿子的不能常在医院陪护卧床不起的母亲，愧疚不已。"孝在于质实，不在于饰貌。"医生和护士们被他的孝心所感动，纷纷安慰他，酒席中，景玉哥的眉宇之间，无法掩饰心里的无奈和忧愁，怎么照顾好自己的母亲？面对自己特殊的家庭，他对谁诉说？母亲的病情让他牵挂，工地上方方面面的事情，都离不开他，他岂能放下心来？真是"家家都有本难念的经""大有大的难处"。

景玉哥常给我讲："诸事不顺，皆因不孝。"对自己父母不孝的人不可交。做人要善良、真诚，这是人的本性，善良、真诚是人生画卷中靓丽的底色。人要有向善之心，人如果失去了善良、真诚，是可悲的、可怜的、可恨的，也是可怕的，也不可能干净地活着，实在地活着，有尊严地活着。自己做生意也好，搞建筑也好，挣的是一个责任钱、良心钱、操心钱。

用现在的话讲，责任就是担当。景玉哥建设、经营梅园酒店、开发府东花园，挣的也是担当钱，操心钱，这话一点不假。

中秋佳节，历来被人们赋予了团圆、美满、幸福等诸多美好的愿景，堪称除春节之外团圆味最浓的节日。工地上施工的人们，提前回家过团圆节去了，在工地忙了一天的景玉哥，早有打算，晚上去医院看母亲。

那年夏天，禹州市委、市政府为提升城市形象，改善市民的生活和居住环境，对市区主要街道进行旧城改造，老街上古色古香的房屋扒的扒，拆的拆，瓦砾成丘，没有了昔日的繁华，也没有了白昼的喧嚣。

我和景玉哥穿梭于市区拆扒的街道之间，街上不时传来叫卖的吆喝声，我不禁想起，景玉哥的母亲以前对我说过的话：你知道，小时候，景玉的小名叫什么吗？她给我讲起景玉哥的小名的由来：原来，小时候，母亲蒸好红薯后，让景玉哥去街上卖，他口齿伶俐，叫卖声大，嘴甜惹人喜爱，很会卖东西，用不了多长时间就把红薯卖完了。人们都叫他小铃铛。回到家，问卖了多少钱？都在篮里头哩，去查吧！话没说完，一溜儿烟跑出去玩了。景玉从小就大摊，不在乎，好朋友。

好朋友、重商情、大胸襟、大境界是景玉哥成为一个成功商人的胸襟和傲骨。

我和景玉哥在街上走着，他不时同熟人和街坊邻居热情打招呼，共祝中秋节团团圆圆。俩人走着、想着、说着，不觉到了繁华的老百货楼十字路口（现在钧州大街和公栈街交叉口），景玉哥的老宅在路西，他从小就生长在这里，景玉哥触景生情给我讲：小时候，有一次，父亲从平顶山修白龟山水库走路回来，走了两百多里地的路，见他时，啥也没说，从上衣怀里拿出半拉白面饼子，让他吃，父亲忍受着饥饿煎熬，走了十几个小时的路，想起父亲所承受的苦，不曾诉说的累，自己的泪水总是忍不住地流。有一年，父亲借信用社 600 块钱，叮嘱他一定要还人家，信用社嘛，卖房子也要还人家，人没信用，什么都没有了，做人做事，一定要诚实守信，脚踏实地，这是我父亲的原则。父亲把诚信看得比生命还重要，诚信带来高尚，带来尊严，带来生命高贵的价值，父爱就这么简单，父亲简单的一个举动，一句话，深深震憾了他，教育了他，影响了他的一生。

俗话说：商道即人道。一个人怎样为人就会怎样经商。查理·芒格说过这样一句话："许多智商很高的人却是糟糕的投资者，原因是他们的品性缺陷。优秀的品性比大脑更重要。"这真是至理名言。

景玉哥深邃的目光中充满智慧的光芒，他与时俱进，善于发现商机、捕捉商机、抓住商机，赢得商机，善做善成，追求卓越。

父爱是深沉的、厚重的；母爱是细腻的、丰富的。

我不由地告诉景玉哥，1981 年的秋天，他有一次外出从云南回来，母亲给他烙油馍，母亲一边往平底锅倒油，一边自言自语道：挣个钱多不容易，景玉在外边不知受了多少罪，眼泪不住流下来，泪水不断滴到平底锅里的油中，冒出嗤嗤的白烟，烙好油馍，做好饭，母亲从橱柜里，拿出腌制香椿，倒上小磨油，让景玉吃。母亲和善微笑地对我说：你俩是好朋友，我才给你说这些家庭的事，也不怕你笑话。景玉哥说：母亲喜欢干净，她烙的油馍，又酥又脆，又香又软，看到烙油馍，香椿菜，就想起了母亲。

我俩走着说着来到了位于小口的公疗医院。节日的病房，除了重病号外，大多数病号都回家和家人团聚在一起过团圆节了，显得比平常冷清，医院的走廊里只见医护人员给病人忙碌换药、打针的身影，

我和景玉哥来到母亲的单人病房，姨家的姑娘在忙着护理着。昔日，皮肤白皙，衣着得体，干净整洁，慈眉善目，面带微笑，手拄拐杖，有一种在俗脱俗的气质，给人以亲切和善感的母亲，如今，在医院的病床上已躺了三个多月，瘫痪在床不能自理，没有言语和神情。

景玉哥凝视着脸色苍白，躺在病床上，含辛茹苦、操劳一生的母亲，不禁声泪俱下，喊了一声"娘"，跪在了母亲的床头前，"呜呜"哭泣起来。母亲好像知道了什么，目光呆滞地看着他。

我被眼前的一幕惊呆了，景玉哥身材魁梧，肩宽腹满，他给人们的印象笑容可掬，特别亲切，是没有忧愁的人，殊不知，他的外表坚毅，内心却是很细腻，很丰富的孝子，面对母亲，做儿子的只有眼泪，无尽愧疚和哭泣。

景玉哥在母亲病床前长跪不起，我连忙去搀扶他，他哭得很伤心，泪流满面，泪水浸湿了他的衣裳，双腿跪在地上，怎么也扶不起他，我怕哭声惊动医院的人们，便轻声地告诉他：医护人员来了！这才将他扶起。

"羊有跪乳之恩，鸦有反哺之义"。中秋节，景玉哥在母亲病床前长跪不起，泪流满面，泪湿了衣裳的场景，永远定格在我记忆中的画面里。

古人曰：忠孝难以双全，现今如何呢？

父亲谈诗

父亲一生以诗为伴，对古诗词及现代诗歌有独到的见解。

父亲说：心有所感，借物寓意，吟咏成诗，是中国人代代相传、文人皆能的文化传统。中国古人作诗，是带着身世经历、生活体验，融入自己的理想意志而写的。抒情表意，是社会文化的一个重要内容。人类抒情表意的方法很多，诗歌是最为重要的方法之一。中国诗歌源远流长，拥有两千多年的历史。

中国诗歌有句古训："诗言志。"诗，在心为志，在言为诗。诗歌的主要功能是言情，诗歌是心灵的秘语。孔子论诗曰："小子何莫学夫诗？诗，可以兴，可以观，可以群，可以怨。迩之事父，远之事君；多识于鸟兽草木之名。"孔子有"不学诗，无以言"的感慨。

在孔子时代，所谓"诗"通常指的是《诗经》，《诗经》是诗歌的生命起点，也是农耕文明的源头，满载着古人的信仰和情感。更是人类的精神之源，灵魂之泉。饥者歌其食，劳者歌其事。《论语为政》：诗，三百首，"一言以蔽之，曰：'思无邪。'"

《毛诗大序》："诗者，志之所之也。在心为志，发言为诗，情动于中而形于言。言之不足，故嗟叹之。嗟叹之不足，故咏歌之。咏歌之不足，不知手之舞之足之蹈之也。"陆机《文赋》中提出的"诗缘情而绮靡"是与传统"诗言志"相对的诗学理论，它体现了古典诗歌的抒情特质。诗歌不仅要言志，还要抒情，心志与情感不可分离。诗歌有思想，但要"思无邪"；诗歌有性情，但要真情至性。正如刘勰在《文心雕龙·明诗》中所讲"人禀七情，应物斯感；感物吟志，莫非自然"。

父亲讲：诗歌是美好的，它是关于美的体验，是奇妙的精神享受。古往今来，人们从牙牙学语时就诵读诗歌，在经典作品的浸润中培养起生活趣味和写作才能。文学被称为"语言的艺术"，诗歌是最精炼有力的语言创造，被称为"文学皇冠上的明珠"。集诗书画印于一体，是中国传统绘画一个很重要的特征。古人云："诗画同源"。苏东坡说"诗不能尽，溢而为书，变而为画"。诗是无形画，画是有形诗，诗中有音乐，音乐中有诗，令人回味无穷。能给人带来一阵清风、一地花香，让你的眼前变得单一而纯净，让你的心灵得到诗性的滋润，变得丰满而细腻，安静而从容。

父亲还讲：古人早就认识到诗歌是抒发情感、表达意志的重要方式，而且，在上古时代，诗、乐、舞功能相近，三位一体。诗歌作为一种精神和象征，将引领人类从物欲横流的世界，走向一个更为光明的高地。诗歌能感动我们的心灵，点燃我们的激情。诗是生活的诠释，是人生的感悟，是心灵的礼花，瞬间的永恒，它植根于深厚的文化沃土，来自于丰富的生活积累。

父亲认为：格律诗凝练，概括性强，朗朗上口，易记易诵；缺点是艺术规范太严格，不易掌握，不易普及。毛主席1957年1月致《诗刊》主编臧克家的信中说："诗当然以新诗为主体，旧诗可以写一些，但不宜在青年中提倡，因为这种体裁束缚思想，又不易学。"毛主席的这些观点，牵涉到诗的内容和形式问题。新诗比旧体诗更自由，也更宽阔及，易学易懂，能够很方便地容纳各种各样的内容；但不够凝练，比较散漫，缺乏形式美，难记难诵。

父亲谈起诗歌，依然是那么朝气蓬勃，充满激情和活力。诗歌对父亲而言，是一种生命需要，是一种未加雕琢的真诚与率直，是温暖心灵的篝火。父亲的生命里怀揣一颗诗心，以诗为杖，在土地上行走，且行且歌。诗歌陪伴着他，激励着他，抚慰着他。诗歌贮存了他的情感秘密，记录了他的心路历程。

酒文化的精髓是什么？

一天晚上，景玉哥从许昌回到禹州府东花园，脸色红润，精神疲乏、困倦，原来，中午，他同朋友喝酒喝晕了，他向我娓娓道来酒文化。

我们的祖先发明酿造了白酒，陶醉了我们，把我们陶醉得喜怒哀乐，把我们陶醉得其乐无穷。曹操醉酒，论天下英雄；李白醉酒，为我们留下了美好的诗篇；武松醉酒，景阳冈上打老虎；千家万户婚丧嫁娶，主人家热情招待来客，把亲朋好友们，喝晕喝醉；除夕的团圆饭，一家人亲亲热热地围坐在一起，面对着美味佳肴，觥筹交错，弥漫着浓浓的亲情，其乐融融，其情切切。中国人的喜怒哀乐都融进了酒文化里。

俗话说：无酒不成宴。朋友来了有好酒。喝酒能协调人际关系，酒能刺激我们，麻醉我们。"酒饮微醉处，花看半开时。"喝酒把握得好，能让人际关系融合；如果把握得不好，烂醉如泥，一切就荡然无存了。喝酒是美好、温馨和善良，也有庸俗、丑恶和无情，这也是生活的真相。

中国五千年的白酒文化的精髓是什么？这是中国人的情，中国人的义，中国人的礼仪，还有阴谋和邪恶。

刘备、张飞和关羽，桃园三结义，干出了一番惊天动地的事业。

汪伦用真情邀请李白，用美酒款待李白，李白留下了"桃花潭水深千尺，不及汪伦送我情"的千古的诗篇。

楚汉相争，千古一宴的鸿门宴，五个明白人（项伯、范增、项庄、刘邦、张良）陪着一个糊涂人（项羽）喝酒，英武神勇但刚愎自用并优柔寡断的糊涂人，经不住善于审时度势更知人善任的大政治家刘邦的忽悠，重情重义，认不清自己真正的敌人是谁，眼看到手的江山丢了，最后，落得个霸王别姬，乌江自刎的下场。

胜者为王败者寇。政治是高智商、高情商的游戏，充满着阴谋，杀机和智慧。历史上多少政治游戏都发生在酒席中，把酒言欢的背后是刀光剑影，杀机四伏。

赵匡胤召集禁军将领饮酒，算是最文明、最仁慈的，只要交出兵权就可以荣华富贵的"劝退宴"，多么温馨、多么和谐。民间传说的火烧功臣楼的"阴谋宴"，太血腥了，太残忍了。

赴宴本是件愉快的事，在《红灯记》中，老鬼子鸠山请李玉和去赴宴，其实他是醉翁之意不在酒，只是想从李玉和的身上找出密电码的下落而已。鸠山派人请李玉和赴宴去，李玉和心里明白，鸠山刀丛中摆酒宴，凶多吉少，有去无回，做好了为革命牺牲的准备。离开家时，李玉和临行喝妈一碗酒，浑身是胆雄赳赳，鸠山设宴和他交"朋友"，千杯万盏会应酬。李玉和在宴席上，无论是老鬼子鸠山的敬酒（劝降）还是罚酒（刑罚），都不吃，这是共产党人威武不屈的革命气节。

酒能乱性，乐极生悲。贪官、庸官喝醉了，酒色财气一起来，利用酒场米敛财负色。

地痞无赖喝醉了，寻衅滋事，糟蹋百姓，这是赖家伙，二流子，黑恶势力，给社会带来了不安定因素，禹州百姓骂他们：斜耙地，抵角偶（牛），不抵人，抵墙头。

一些文人喝醉了，不把中国几千年的优秀文化宣传好，用优秀文化温暖人、鼓舞人、教育人，用文化振奋民族精神，激励人们积极向上的精气神，却糟蹋了中华民族的文化，伤害了中华民族的感情，有的演员、主持人，歪戴帽子，提拉鞋，有话偏不好好说，站没有站相，坐没有坐相。

中国酒文化博大精深，像八卦图一样，是我们祖先的智慧结晶，喝起来，转起来，难以捉摸，奇妙无穷，妙不可言。

景玉哥以自己的人生阅历，生活感悟，用幽默、直白、生动朴实的语言，提纲挈领，深入浅出地把中国酒文化的精髓，表达得清清楚楚，明明白白，是有的文化人说不清，道不明的。

在路上

　　人们在社会活动中，少不了交往和应酬，有时候，情之所钟，身不由己。身不由己是客观的，也是放纵的、消极的、被动的。情之所钟，在不确定中保持确定的生活，是理智的、积极的、主动的。情之所钟，不由己了，喝坏了身体，喝坏了胃的事，就会常常发生，久而久之"三高"（高血压、高血脂、高血糖）随之而来。到医院看病，不禁感叹"有人花钱请客，看病无人埋单"。不仅引人深思："出来混，迟早要还的。""你怎么对待身体，身体就会怎么对待你。"天和、地和、人和，更要己和。热爱生活，更要爱自己、爱身体、爱家庭。健康是幸福的保障，健康是最大的财富。

　　健康地生活，健康地工作，就是"以人为本"。健康是生命的物质基础，工作生活是生命的价值内容。工作不只是上班，退休后做家务，做任何有益的事，都是工作。把工作和锻炼融合起来，统一起来，自己做主，自己确定。没有了健康，以"三高"为伴，也就退出了江湖，无力笑傲江湖，痛苦反思：如何保持一个良好的心理状态、饮食习惯、运动方式，要在不确定中，保持确定生活，以不变应万变，既有松树的挺拔，又有柳树的摇曳，把握好二者之间的尺度，对自己、家庭、社会非常重要。

　　怎样选择自己的行为方式？尽可能地适应自然、调整自身，在大自然与自身之间寻找最佳结合点，一方面改变自己，适应自然；一方面创造条件，适当影响环境。知天知己，方能其乐无穷，快乐生活，每一个人应如此。

　　从电视里看到，随着全球气候变暖，北极海域浮冰面积逐渐减小，使北极熊难以在浮冰上长久立足；加之一些国家对海豹大量捕杀，其生存面临威胁。北极熊瘦骨嶙峋，体重明显减轻，以至于可以从一块浮冰轻易地跳跃到另一块浮冰。北极熊改变了"不下水"的习性，开始跳下冰冷的海水，抓鱼为食。因为这个改变，它们个个身体肥硕，北极熊都能适应环境条件，毅然改变捕食习惯，得到良好的生存，从它们的行为里，人类又能悟到什么呢？人们丢弃了自己的判断与对自然规律的笃信，怕是难以生活。

医学之父希波克拉底说：健走，是人类最好的医药。德国伟大诗人歌德曾说：我最宝贵的思维及其最好的表达方式，都是当我在散步时出现的。医生讲：每个人在健康上投资的区别，在于每天一个小时运动。这就需要合理安排时间，挤出时间，采取适合自己的运动方式，进行有氧运动，在保持一定运动量的基础上，持之以恒，对自己、家庭、社会的益处就慢慢显露出来。

我曾一年住过两次医院，如芒在背，如鲠在喉。坚持健走多年后，身体明显好多了。"健康就在脚下""走出健康"，是从理论与实践两方面对健走的升华。我家离机关的距离走路大约90分钟左右，每天早上，早起一个多小时，从春走到夏，从秋走到冬，在固定的时间里、固定的路线，不紧不慢地向前走着。流水不腐，户枢不蠹。生命在于运动，千里之行，始于足下，运动循序渐进、量力而行并持之以恒的真理诠释了一切。

我为什么选择健走而不选择跑步一类剧烈的运动，这是根据个人所居环境、身体状况等决定的。几年以前，颍河改造，修了一条护河通道，而我家刚好住在离河不远的地方，每天早上，沿着河边走着去上班。春雨绵绵，秋雨淅沥；草长莺飞，落叶飘零。春去春又会来，花谢花会再开。人在路上，思想在路上，喜悦在路上。感受着：春的花香，夏的葱郁，秋风萧瑟，寒风凛冽。为增加健走过程中的乐趣，自己边走边听广播、听音乐，走着，想着，享受着，感悟着。

颍河边有清澈河水相伴，岸上是垂柳依依，煞是迷人，无疑就是健走者的运气了。河里不时还有鱼儿跃起，形成的涟漪，风吹垂柳，一湖倒影，护坡上是各种花草树木，草青、树绿、花香、鸟鸣，一幅田园诗情画意，人走其中，心情无限惬意。民间有"饭后百步走，活到九十九"的谚语，说明健走是简单的一个动作，一种健身方式，它展示着一种潮流。

健走，特别是春天，在那鲜花盛开的地方，每当晨风轻轻拂过，芳香的气息，让我的肺腑和内心被或淡或浓的香气充盈着，仿佛整个身体都轻捷得要飞一样。

美好的时光在路上。在不同的地方遇见不同的人，他们各不相同的人性闪烁，在那个与你交错的瞬间，改变、点化、充盈着你的人生。健走就像是一个完美的社交场合，不加约定，不限时间，就会在熟悉的小道上相遇，彼此问声好，久了，便成了朋友。其他地方相遇时，老朋友一般对待。《禹州通讯》（《禹州报》）李同志每天早晨，我们都在彩虹桥游园相遇，不论细雨蒙蒙，还是雪飘纷纷，只要能走，打着伞从未间断。上班的路上，谈古论今，说天道地，有不少的文章题材，就是在走路的谈话中得来的，每次有题材后，我都亲自动手写作，为报社写了不少稿件。

"樱桃好吃树难栽，不费苦心花不开。"美好的结果是等不来的。生活是美好的，美好的生活需要珍惜、发现、利用，更需要呵护。在不确定中，挤出一点时间，寻找、选择简单、健康低碳的生活方式，是迈向幸福生活的第一步。运动需要靠坚定信念和毅力来支撑，坚持本身就是一种力量。

我坚持多年的健走，得到了经常在颍河岸边散步的人们和同事们赞誉"晓红健走真任性，日复一日沿河行。"我笑道"不如人时应内省，大道至简悟真情。"这样四句联起来：

晓红健走真任性，
日复一日沿河行。
不如人时应内省，
大道至简悟真情。

健走，包含着一种令人向往的情怀，那种情怀，朴实而真诚，简单而美好。工作和生活是充实的、快乐的、幸福的，需要积累、总结、创新，更需要珍惜。

禹州颍河岸边

后 记

从 1988 年起，我在报纸上陆续发表过"小豆腐块"简讯，到消费者协会负责工作后，注重研究投诉热点、难点问题，认真总结经验，经常就处理投诉的典型案例，通过新闻媒体向社会公布，唤醒消费者的自我保护意识，督促经营者讲诚信、守信用，履行法定义务，在各类报刊发表文章千余篇。写文章对工作、思想、道德等修养非常有益。

有领导、同志和朋友劝过我，何不把过去在报刊上发表的文章整理一下，出本书，为社会做一件十分有意义的事。既对自己的过去有个总结，也能为消费者和经营者解疑释惑，给人以心灵启迪，对自己、对社会都有益，何乐而不为？我总想，出书是学富五车人的事，自己充其量是个蹭在文化边缘上的人，岂能登大雅之堂？

我离开消费者协会工作后，经常有消费者、经营者来单位找我，咨询消费维权的事，有的拿着媒体刊登我处理消费纠纷的案例，我深为感动，深受启发，萌发了把报刊上发表的部分文章整理出来的念头，用法律把这个世界看个真真切切。

本书的大部分文章是我负责消费者协会工作期间，在媒体上发表过的，可谓一碗"大杂烩"，一杯"凉白开"，一份心灵深处的情怀，整理时对文中的个别地方做了订正。书中引用的有关法律法规条文与修正后的有异，读者应以修正后的法律法规条文为准。生活、工作涉及是多方面的，自己写了有所感悟的人或事，殷切地希望本书能给您的生活和工作带来有益的帮助。

我在工作生活中得到单位领导、家人和同志们关心、帮助和支持，在我遭遇坎坷与挫折时，给了我许多鼓励与慰藉。让我思考，使我在逆境中增强了奋发向上的信心和勇气。没有他们的热情帮助，这件事是不可能做成的。一个人的能力是有限的，在工作中依靠组织的理解、关怀和支持，离开组织将一事无成，这次成书，我深感如此。

人一生想要做成点事情，必须要自己要行；有人说你行；说你行的人一定得行；自己的身体得行。

一路走来，我要感谢信任、支持我的消费者、经营者！更要深深地感谢培育我、关怀我、支持我的组织领导、家人、同事和媒体！

本书在编写中得到了王慧、王春燕、侯高燕、郑新、郭贤生、郭金峰等同志的大力支持。我的老师，新疆生产建设兵团第七师史志办原主任梁德元，对本书做了最后的修订。中国国际广播出版社的编辑、装帧设计、责任校对的严谨工作作风，使我深受教育，收获颇多。在此，表示诚挚的感谢！

希望《3·15维权情怀》不辜负读者一片片浓浓的情意，一路走好。

由于本人的水平有限，书中的欠妥和疏漏之处在所难免，殷切期望读者不吝赐教。

作 者

2017年1月于禹州

图书在版编目（CIP）数据

3·15 维权情怀 / 刘晓红著 . -- 北京：中国国际广播出版社，2017.4

ISBN 978-7-5078-4023-0

Ⅰ.①3… Ⅱ.①刘… Ⅲ.①消费者权益保护 – 中国 – 文集 Ⅳ.① D922.294.4–53

中国版本图书馆 CIP 数据核字 (2017) 第 080980 号

3·15 维权情怀

出 品 人	宇 清
著 者	刘晓红
责任编辑	张娟平
装帧设计	陈丽维
责任校对	董满强

出版发行	中国国际广播出版社 [010-83139469 010-83139489（传真）]
社 址	北京市西城区天宁寺前街 2 号北院 A 座一层
	邮编：100055
网 址	www.chirp.com.cn
经 销	新华书店
印 刷	北京市金星印务有限公司

开 本	720×1020　1/16
字 数	307 千字
印 张	15.25
版 次	2017 年 5 月 北京第 1 版
印 次	2017 年 5 月 第 1 次印刷
定 价	45.00 元

CRJ 中国国际广播出版社　欢迎关注本社新浪官方微博　官方网站 www.chirp.cn